FRANK SCHÄFFLER

NICHT MIT UNSEREM
GELD!

Die Krise unseres
Geldsystems und die
Folgen für uns alle

FBV

Bibliografische Information der Deutschen Nationalbibliothek
Die Deutsche Nationalbibliothek verzeichnet diese Publikation in der Deutschen Nationalbibliografie;
detaillierte bibliografische Daten sind im Internet über **http://d-nb.de** abrufbar.

Für Fragen und Anregungen:
schaeffler@finanzbuchverlag.de

1. Auflage 2014

© 2014 by FinanzBuch Verlag
ein Imprint der Münchner Verlagsgruppe GmbH,
Nymphenburger Straße 86
D-80636 München
Tel.: 089 651285-0
Fax: 089 652096

Redaktion: Ulrike Kroneck
Lektorat: Desirée Šimeg
Umschlaggestaltung: Maria Wittek, München
Umschlagabbildung: Frank Schäffler, shutterstock
Satz: Georg Stadler, München
Druck: CPI books GmbH, Leck
Printed in Germany

ISBN Print 978-3-89879-652-1
ISBN E-Book (PDF) 978-3-86248-660-1
ISBN E-Book (EPUB, Mobi) 978-3-86248-661-8

Weitere Informationen zum Verlag finden Sie unter

www.finanzbuchverlag.de

Beachten Sie auch unsere weiteren Verlage unter
www.muenchner-verlagsgruppe.de

»*Der Ausgangspunkt aller staatsdirigistischen Eingriffe in die Wirtschaft ist das Geldsystem – das ist Frank Schäfflers Erfahrung nach vielen Jahren als Bundestagsabgeordneter. Er will deshalb eine marktwirtschaftliche Geldordnung als Grundlage für eine liberale Ordnung von Politik und Wirtschaft in Deutschland und Europa. Schäfflers Buch ist für alle, die einen neuen liberalen Aufbruch für dringend nötig halten.*«

Bert Flossbach, Gründer der Kölner Vermögensverwaltung Flossbach von Storch und einer der erfolgreichsten deutschen Vermögensverwalter

Frank Schäffler ist seit vielen Jahren Anhänger einer marktwirtschaftlichen Geldordnung. Er wirbt damit nicht nur für ökonomisch-ethisch akzeptables Geld, sondern auch für eine Reform des Geldes, die den Weg aus der Krise des ungedeckten Papiergeldes weist.

Dr. Thorsten Polleit, Chefvolkswirt der Degussa Goldhandel GmbH und Präsident des Ludwig von Mises Institut Deutschland

Frank Schäffler, dem klassisch-liberalen »Euro-Rebellen«, ist ein packendes Buch zu seinen politischen Kämpfen und zu seinen Zielsetzungen und Idealen gelungen. Es bezeugt einen Mann von Zivilcourage, Mut, intellektueller Aufrichtigkeit und analytischer Klarheit, wie er in der politischen Szene selten geworden ist.

Dr. Gerd Habermann, Vorsitzender der F.A. von Hayek-Stiftung für eine freie Gesellschaft, Berlin

Frank Schäffler ist, anders als die meisten Bundestagsabgeordneten, mit der Österreichischen Schule der Nationalökonomie bestens vertraut. Sein sachkundiges Protokoll über Ereignisse während der aufkeimenden Finanz- und Eurokrise wird auf Dauer eine wesentliche Erkenntnisquelle, nicht nur für Wirtschaftshistoriker, bleiben.«

Carlos A. Gebauer, Buchautor, Anwalt und Richter am Anwaltsgericht

Frank Schäffler ist einer der wenigen Politiker, denen ich mein Geld bedenkenlos anvertrauen würde. Abgeordnete sind nach dem Grundgesetz nur ihrem Gewissen verpflichtet. Frank Schäffler ist das. Dieser erhellende und erschütternde Bericht zeigt, wie weit ansonsten die Herrschaft der Pateifunktionäre bereits fortgeschritten ist. Ein Blick hinter die Kulissen von jemandem der den Diebstahl an deutschen Bürgerinnen und Bürgern durch die politische Klasse verhindern wollte. Gnadenlos.

Prof. Dr. Max Otte, Bestseller-Autor, Ökonom, Leiter des Instituts für Vermögensentwicklung (IFVE)

Für Marie und Anton

DANKSAGUNG

Ich danke den folgenden Personen, ohne die ich das Buch nicht hätte verwirklichen können:

Dr. Markus Schiml, Dr. Thomas Mayer, Norbert F. Tofall, Dirk Friedrich, Kalle Kappner, Benjamin Buchwald, Prof. Dr. Thorsten Polleit, Claus Vogt, Günther Lachmann

INHALT

Vorwort

Griechenland war unter den Eurostaaten der sprichwörtliche Kanarienvogel in der Kohlemine, der von der Stange fiel, als die globale Kreditblase platzte. Griechenland war auch das Land, das die Tür zu einer umfangreichen Stützungsaktion für mehrere Mitgliedsländer der Europäischen Währungsunion (EWU) öffnete, die den Charakter der Währungsunion verändert hat. Weil viele Veränderungen in Griechenland angestoßen wurden und werden, bin ich seit Ausbruch der Eurokrise mindestens einmal im Jahr nach Athen gereist, um der Krise den Puls zu fühlen. Im Jahr 2012 stieg mir noch der Geruch von Tränengas in die Nase, als ich über den Syntagmaplatz spazierte. Damals stand das Land am Rand des Zusammenbruchs. Ein Jahr später betrat ich das Finanzministerium durch die Tiefgarage, denn vor dem Haupteingang lärmte ein Trupp von Demonstranten, der mich mit einem Vertreter der Troika verwechselte. Die Stimmung war düster und angespannt. Dagegen schien im Jahr 2014 die Frühlingssonne über ein befriedetes Athen. Die übliche Demonstration gegen die »Austeritätspolitik« der Regierung schien eher wie eine für Touristen arrangierte folkloristische Veranstaltung.

Vertreter von Politik und Wirtschaft erklärten mir, man habe es nun geschafft. Die Krise sei vorüber und die Stimmung hebe sich. Vom Europäischen Stabilitätsmechanismus (ESM) brauche man kein Geld mehr, da sich die Anleger um Anleihen des griechischen Staates und der Banken wieder reißen würden. Die europäische Statistikbehörde Eurostat habe zertifiziert, dass der Staatshaushalt vor Zinsausgaben und besonderen Belastungen durch die Bankenrettung im Jahr 2013 einen Überschuss von 0,8 Prozent des Bruttoinlandsprodukts (BIP) ausgewiesen hätte. In zyklisch bereinigter Form entspreche das einem Überschuss von mindestens 4,5 Prozent des BIP, wie es das Anpassungsprogramm der »Troika« erst ab Mitte des Jahrzehnts fordere. Man brauche also keine weiteren

Sparmaßnahmen, sondern müsse nur noch die Erholung der Wirtschaft abwarten, um die fiskalpolitischen Ziele zu erreichen. Außerdem habe man 80 bis 90 Prozent der von der Troika geforderten strukturellen Reformen verwirklicht. Auch da bleibe nur noch abzuwarten, bis sich die wirtschaftlichen Erfolge zeigen würden. Die Arbeit der Troika sei daher beendet. Allenfalls lasse man das IWF-Programm bis zu seinem natürlichen Ende im März 2016 weiterlaufen, um ausländische Anleger nicht zu verstören. Es war klar: Der Kanarienvogel saß wieder auf der Stange.

Auf die Frage, ob denn eine Staatsschuldenquote von rund 177 Prozent des BIP nicht etwas bedrückend sei, kam von hoher politischer Warte die entwaffnende Antwort: Dies sei kein Thema mehr, denn man habe die griechische Staatsschuld »japanisiert«. Gemeint war damit der Umstand, dass nun der größte Teil der griechischen Staatsschuld von europäischen Regierungen und Institutionen gehalten wird, die wie die japanischen Besitzer einheimischer Staatsanleihen nicht mehr auf die Rückzahlung der Schuld drängen. Man möchte die Laufzeit dieser Schuld auf 50 Jahre verlängern und die Schuldzinsen möglichst nahe an die Refinanzierungskosten des Europäischen Stabilitätsmechanismus drücken. Das Platonische Ideal, dem man sich nähern möchte, ist der Nullzinskredit mit unendlicher Laufzeit. Der noch in privater Hand verbleibende Teil der Schuld wird indirekt durch die Garantie der EZB gedeckt, alles zu tun, was nötig ist, um die EWU zusammenzuhalten. Wie die Bank von Japan steht nun auch die EZB hinter der Staatsschuld als Käufer der letzten Instanz, falls es noch einmal schwer werden sollte, am Markt Käufer zu günstigen Konditionen zu finden.

Dieses Mitglied der griechischen Regierung hatte mir die Augen geöffnet. Unter dem im Maastricht-Vertrag gesetzten Rahmen für die EWU hatte die Schuld der Staaten der EWU den Charakter von Schuld in Fremdwährung. Den Staaten war ja der Zugang zu der Druckerpresse der Notenbank vertraglich strikt verwehrt. Da viele Euroländer während des ersten Jahrzehnts der EWU hohe Leistungsbilanzdefizite auflaufen ließen, die durch Kapitalimporte aus anderen Euroländern finanziert wurden, hatten sie zudem hohe Auslandsschulden. Die Erfahrung vieler Schwellenländer hat gezeigt, dass Fremdwährungsschuld an Ausländer höchst gefährlich sein kann. Schon mit einer staatlichen Schuldenquote von 40 Prozent oder weniger kann das Land bankrottgehen, wenn die ausländischen Gläubiger ihre Anlagen abziehen. Deshalb ist die Schuldentragfähigkeit eines Landes unter diesen Umständen recht gering. Dies wurde einigen Euroländern, mit Griechenland an der Spitze, zum Verhängnis, als ausländische Anleger nach dem Platzen der globalen Kreditblase unsichere Schuldner zu meiden begannen. Die Schuldentragfähigkeit kann aber erhöht werden – und zwar auf japanische Verhältnisse von 250 Prozent des BIP und mehr – wenn es gelingt, in Fremdwährung denominierte Auslandsschuld zu in heimischer Währung denominierter Inlandsschuld zu verwandeln. Die Errichtung des ESM und die Aufstellung der EZB als Kreditgeber der letzten Instanz für Staaten mithilfe der Ankaufprogramme der Bank für Staatsanleihen hatten exakt diesen Effekt. Das hatte die griechische Regierung sehr gut verstanden.

»Japanisierung« der Schuld ist das Instrument, das die Politik zur Entschärfung der Finanzkrise der EWU gewählt hat. Damit wird abzutragende Schuld in nicht rückzahlbare Buchungsposten verwandelt, die man getrost vernachlässigen kann. »Japanisiert« wird auch die Schuld anderer Euroländer, die sich wie Griechenland finanziell übernommen haben. Zwar können Länder wie Italien oder Spanien nicht wie Griechenland ihre Schuld vertrauensvoll in die Hände des ESM legen. Dafür ist dessen Kapazität zu klein. Doch entfaltet die Aufstellung der EZB als Kreditgeber der letzten Instanz für Eurostaaten die gleiche Wirkung. Sollte die Refinanzierung staatlicher Schuld am Markt nicht möglich sein, steht im Notfall die EZB bereit. Die Möglichkeit der Hilfe durch die Zentralbank macht auch sehr hohe Schuldenlasten tragbar und den Abbau der Verschuldung weniger dringlich. Deshalb erlahmt der Elan zu fiskalpolitischen Anpassungen und strukturellen Reformen.

Nicht mit unserem Geld! zeigt, wie es zu der »Japanisierung« der Eurozone gekommen ist. Durch die Krise getrieben und dem Prinzip »Not kennt kein Gebot« folgend, hat sich die Politik Schritt für Schritt von dem im Vertrag von Maastricht geschaffenen Rechtsrahmen für die EWU verabschiedet und eine neue, außerhalb dieses Rechts stehende Form geschaffen. In diesem Prozess wurde der Euro von einer unpolitischen Währung mit dem Charakter von Warengeld zu einem staatlichen Finanzinstrument, zu Staatsgeld. Die EZB wurde von einem unpolitischen Emittenten von Warengeld zu einer Staatszentralbank. Und um das Staatsgeldsystem abzurunden, wurde über die Errichtung neuer Institutionen sowie den Abschluss zwischenstaatlicher Verträge und Pakte ein staatsähnliches Gebilde für den Euroraum geschaffen, das man wegen seiner Existenz im Verborgenen einen Euro-Schattenstaat nennen kann. Die Architekten dieser Konstruktion halten ihren Kritikern entgegen, dass jeder Schritt zur Errichtung dieses Schattenstaats demokratisch legitimiert war, da die Parlamente allem zugestimmt hätten. Wie Schäfflers Erzählung der Ereignisse jedoch zeigt, agierten viele Parlamentarier wie Schlafwandler, die sich den Konsequenzen ihres Tuns nicht bewusst waren. Auf diese Art kann demokratische Legitimität nicht entstehen.

Schäffler macht deutlich, dass die Vergiftung der EWU von den Wurzeln unseres Geldsystems ausgeht. In diesem System wird Geld in einer öffentlich-privaten Partnerschaft (ÖPP) erzeugt. Banken werden durch staatliche Lizenz ermächtigt, über die Vergabe von Krediten Giralgeld als privates Schuldgeld zu schöpfen. Die Zentralbank versucht, den Prozess zu steuern, indem sie den Zins am Geldmarkt setzt. Auch ist es ihre Aufgabe, das System gegen Liquiditätskrisen abzusichern, indem sie als Kreditgeber der letzten Instanz für Banken bereitsteht. Staaten übernehmen in diesem System die Rolle des Rückversicherers für die privaten Versicherungen der Einlagen, die mit staatlicher Lizenz von den Banken geschaffen wurden. Und wie die Finanzkrise gezeigt hat, ist der Rückversicherer des Rückversicherers wieder die Zentralbank. Die Geldproduktion im ÖPP-Verfahren braucht also eine Zentralbank und einen Staat als Partner für die Banken. Der Geburtsfehler der EWU war, dass man die ÖPP nur teilweise institutionell abgesichert hat. Der EWU fehlte von Anfang an der Staat, da Versuche, eine politische Union parallel zur Währungsunion auf den Weg zu bringen, scheiterten. Die meisten Staaten waren nicht bereit, größere Teile ihrer nationalen Souveränität – darunter vor allem die Hoheit über die Staatsfinanzen – an eine europäische Zentralregierung in einem europäischen Bundesstaat abzugeben. Mit der Errichtung des Schattenstaats hinter dem Rücken der Bürger wurde versucht, diesem Mangel abzuhelfen. Doch weil dem Schattenstaat die demokratische Legitimation fehlt, wird er kaum die wirkungsvolle Rolle spielen können, die für eine stabile öffentlich-private Partnerschaft in der Geldproduktion notwendig ist. Gegenwärtig schlägt dem Schattenstaat Widerstand von zwei Seiten entgegen: Die Schuldnerländer wehren sich gegen die mit der fremden Hilfe verbundene Einschränkung ihrer nationalen Souveränität. Man möchte zwar gerne die Schuld, aber ja nicht die staatliche Souveränität vergemeinschaften. Die Gläubigerländer fürchten dagegen, auf ihren Forderungen sitzen zu bleiben. Die Haltung Griechenlands zeigt, dass diese Furcht gute Gründe hat. Am Ende wird die EZB die Rolle des Kreditgebers der letzten Instanz für Banken und Staaten mit Liquiditäts- und Solvenzproblemen übernehmen müssen. Damit kann man zwar einen plötzlichen Kollaps der EWU kurzfristig verhindern. Aber wie das Beispiel historischer Währungsunionen zeigt, kann Staatsgeld ohne Staat langfristig keinen Bestand haben. Deshalb ist es sehr wahrscheinlich, dass der von den Regierungen und der EZB eingeschlagene Weg zur Eurorettung letztlich zum Scheitern der EWU führen wird.

Die Krise der EWU ist aber nur ein Teilaspekt der Probleme unseres in öffentlich-privater Partnerschaft erzeugten Geldes. Wie insbesondere Ökonomen der Österreichischen Schule, der Frank Schäffler angehört, gezeigt haben, führt die Kredit- und Geldschöpfung aus dem Nichts zu systematischer Instabilität der Wirtschaft. In der jüngeren Vergangenheit wurde dies nirgendwo so deutlich sichtbar wie in Japan. Nach der »Blasenökonomie« der Achtzigerjahre begann mit dem Abschwung des Kreditzyklus in den Neunzigerjahren eine lange Leidensphase der Wirtschaft. In dem Bemühen, die privaten Haushalte von der Misere abzuschirmen, ließ der Staat seine Verschuldung in schwindelerregende Höhen steigen. Mit dem im Jahr 2013 angelaufenen Programm der Bank von Japan zum Kauf von Staatsanleihen auf breiter Front setzt nun die Phase der Monetisierung der Schuld ein. Man hofft, aus dem Schuldenberg herauswachsen zu können, aber auch die Optimisten können nicht sagen, wie dies gelingen soll. Wenn kein Wunder geschieht, dürfte daher am Ende der Geschichte eine Krise der japanischen Währung stehen. Mit der »Japanisierung« der Staatsschuld im Euroraum haben wir uns angeschickt, Japan auf dem Weg in die Geldkrise zu folgen.

Was kann man dagegen tun? Schäffler plädiert für die Ausgabe privaten Geldes im Wettbewerb, wie es F. A. von Hayek vorgeschlagen hat. Hayeks Idee blieb lange unbeachtet, da die Wirtschaft mit billigem Staatsgeld von Scheinblüte zu Scheinblüte getrieben wurde. Seit dem Kollaps von Lehman Brothers steht jedoch unser Finanzsystem in der Kritik, und seit dem Beginn der Eurokrise sind die Schwächen eines Staatsgelds ohne Staat offensichtlich. Vor diesem Hintergrund ist die Verwirklichung von Hayeks Vorschlag in Europa wieder möglich geworden. Das Buch von Frank Schäffler liefert triftige Gründe dafür.

Thomas Mayer im Mai 2014

Senior Fellow, Center for Financial Studies,
Goethe Universität, Frankfurt am Main

I.   WORUM ES GEHT!

Als ich im August 2012 mit meinen beiden damals fünf und acht Jahre alten Kindern bei meiner örtlichen Sparkasse ein Sparbuch eröffnen wollte, um den Inhalt ihrer Spardose dort einzahlen zu können, fragte mich die freundliche Sparkassenangestellte, ob ich denn einen Freistellungsauftrag für die zu erwartenden Zinsen für meine Kinder benötige. Immerhin könnten beide 801 Euro pro Jahr an Zinserträgen steuerfrei vereinnahmen.

Ich erwiderte diese Frage mit der Gegenfrage, welchen Zinssatz es denn derzeit auf das Sparbuch gebe? Etwas verstohlen sagte sie 0,25 Prozent. Instinktiv, ohne es genau nachzurechnen, winkte ich mit einer kurzen Handbewegung ab, weil mir die Mühe das Ganze nicht wert erschien. Zu Hause angekommen, tippte ich die Zahlen in den Taschenrechner. Tatsächlich hätten beide Kinder jeweils bis zu 320 400 Euro auf ihrem neuen Sparbuch parken können, ohne bei einem Zinssatz von 0,25 Prozent Kapitalertragsteuern zu bezahlen. Oder anders ausgedrückt, wer 320 400 Euro auf dem Sparbuch hatte, bekam zu diesem Zeitpunkt 801 Euro Zinsen pro Jahr – steuerfrei. Im April 2013 sagte mir ein Sparkassenmitarbeiter, dem ich diese Geschichte erzählte, dass es mittlerweile nur noch 0,1 Prozent Zinsen auf einem Sparbuch gebe. Und auch mehr als ein Jahr später, im Mai 2014, hat sich an dieser Miniverzinsung nichts geändert. Doch jetzt könnten meine Kinder theoretisch bis zu 801 000 Euro auf ihren Sparbüchern liegen lassen, ohne dass eine Kapitalertragssteuer anfällt. Wenn das kein attraktives Steuersparmodell ist!

Doch da beide Spardosen nicht so viel hergaben, war es völlig wurst, ob von einem Minibetrag an Zinsen noch 0,25 Prozent Kapitalertragsteuer an den Fiskus abgehen. Die Anreize des Herrn Draghi für meine Kinder waren klar. Mein Sohn kaufte sich anschließend lieber das fünfte

Bayern-München-Quartett und meine Tochter ihre zehnte Puppe. Sparen lohnt sich in ihren Augen ja nicht. So verändern sich Konsumentscheidungen im Kleinen. Unabhängig davon, ob ein Sparbuch die ideale Geldanlage ist, hat das Ganze tiefgreifende Folgen. Denn es betrifft uns alle. Es betrifft vor allem denjenigen, der selbst vorsorgt, der darauf hofft, dass derjenige, der arbeitet und etwas erwirtschaftet, auch etwas zur Seite legen kann und am Lebensabend mehr hat, als der, der dies nicht getan hat. Dafür schafft der Staat sogar Anreize in Form der Riester-Förderung, der Basis-Rente, der Privilegierung von Lebensversicherungen und bei der betrieblichen Altersvorsorge. Nicht nur das, er zwingt gleichzeitig ganze Berufsgruppen vorzusorgen. Die freien Berufe sparen in Versorgungswerke und Journalisten legen in das Presseversorgungswerk an. Doch worin legen Riester-Renten, Rürup-Renten, Lebensversicherungen, Versorgungswerke, betriebliche Versorgungseinrichtungen ihr Geld überwiegend an? Die Antwort ist sehr einfach: in die Schulden Europas und der Welt. Wenn die Notenbanken dieser Welt und die EZB im Besonderen mit ihrer Politik des »billigen Geldes« dafür sorgen, dass das Zinsniveau für Staatsanleihen (Schulden) künstlich niedrig gehalten wird, dann können Lebensversicherungen, Riester-Renten und Versorgungswerke ihren Kunden auch weniger auszahlen. Das hat Konsequenzen für die nominale Auszahlung der Versicherungsunternehmen, aber vor allem auf die um die Inflationsrate bereinigte reale Auszahlung. 2013 hatten wir in Deutschland eine negative Realverzinsung von deutschen Staatsanleihen von fast minus 2 Prozent. Hält dieser Prozess 20 Jahre an, haben alle, die in diese Anleihen investieren, am Ende ein Drittel weniger in der Tasche. Sind es nicht minus 2, sondern minus 10 Prozent, dann sind schon 97 Prozent weg. Was bei einer positiven Realverzinsung zum Turbo in der Geldanlage werden kann, ist bei einer längerfristigen Niedrigzinsphase die Enteignung von Sparvermögen.

Die vermeintliche Lösung der Überschuldungskrise von Staaten und Banken wird zwangsläufig auf dem Rücken der Sparer ausgetragen. Das ist der unausgesprochene Lösungsweg in den USA, Japan und auch in Europa. Die Regierungen und Notenbanken nehmen billigend in Kauf, dass nicht diejenigen, die fehlinvestiert haben, für ihre eingegangenen Risiken haften und die Verantwortung übernehmen, sondern dass dieses individuelle Versagen sozialisiert wird. So wie uns die Linken das immer wieder vorwerfen: Die Gewinne werden privatisiert und die Verluste werden sozialisiert. Selten hatten die Linken so recht.

Einige mögen jetzt einwenden, dass Geldentwertung und Inflation doch aktuell sehr niedrig seien. Für die Konsumgüter mag das aktuell noch der Fall sein. Wer jedoch spart, verliert Geld.

Dieses Buch ist aus der Sorge geschrieben, dass wir, wie es Friedrich August von Hayek formuliert hat, auf dem »Weg zur Knechtschaft« sind. Die Manipulation des Geldwertes und des Zinses zerstört eine freie Gesellschaft. Das Gefährliche dabei ist, dass diese Manipulation wie süßes Gift wirkt. Es schmeckt gut, seine Wirkung ist aber tödlich.

Denn wir leben zur Zeit in einer Schönwetterperiode, an deren Horizont sich ein gewaltiger Orkan zusammenbraut. Ich durfte acht Jahre lang im Deutschen Bundestag die ersten Gewitter und Blitzeinschläge hautnah verfolgen. Einige Keller wurden dabei nass, ein Paar Dächer wurden abgedeckt und einige morsche Bäume stürzten um. Schnell rückte die Feuerwehr an, löschte Brände und räumte die Straßen wieder frei. Auch die Dachdecker waren schnell zur Stelle und kümmerten sich fürsorglich um die kaputten Dachpfannen. Doch es war bislang nur ein leises Lüftchen. Denn wir befinden uns inmitten eines weltweiten Experiments, das es in dieser Dimension in der Wirtschaftsgeschichte noch nie gegeben hat. Eine mindestens über 40 Jahre dauernde, expansive Geldpolitik faktisch aller großen Notenbanken stößt an ihre Grenzen. Die klassischen Instrumente der Notenbanken versagen und zeigen keine Wirkung auf das Wirtschaftswachstum mehr. Wahrscheinlich erleben nicht erst unsere Kinder die einschneidenden Folgen, sondern bereits wir.

Dennoch ist das Wesen dieser Krise vielen in der Politik und außerhalb nicht klar. Viele haben auf die Frage, was da eigentlich gerade vor sich geht, keine Antwort. Worum geht es also? Es geht um die »Mutter der Krise«, die Krise des Geldsystems. Alle Staaten und deren Banken sind mehr oder weniger überschuldet – die USA, Japan, China und wie gesagt die Staaten Europas. Die Ursache liegt im Geldsystem. Der Staat hat sich mithilfe seiner Notenbank das Geldmonopol angeeignet. Er legt das gesetzliche Zahlungsmittel fest. Hier ist es der Euro, dort der Dollar, und andernorts ist es der Yen. So steuert der Staat über die Politik seiner Notenbank die Geldmenge und damit den Zins für jeden von uns. Investitionen lohnen sich dadurch mal mehr, mal weniger. Je nachdem, ob die Notenbank die Zinsschraube lockert oder anzieht, boomt die Wirtschaft oder sie bricht ein. An der Seite des Staates stehen die Banken, die über die Kreditvergabe die wesentliche Menge des Geldes produzieren. Denn diese Kreditvergabe entsteht im Wesentlichen nicht durch die Einlagen der Sparer bei den Banken. Nein, sie geschieht durch einen simplen, rein technischen Vorgang. Bewilligt die Bank einen Kredit, verbucht sie diesen auf der Haben-Seite des Kreditnehmer-Kontos und als Gegenbuchung auf der Aktivseite ihrer Bilanz. So erhöht sie ihre Bilanzsumme und die Geldmenge. Diese auf nicht gesparten Forderungen basierende Kreditausweitung führt zu Blasen bei Vermögensgütern wie Immobilien und Aktien. Und diese Blasen wollen sich immer wieder korrigieren, wenn die Investoren sich zurückziehen, wenn sie Übertreibungen als solche erkennen. Das erleben wir in der jüngeren Entwicklung seit dem Schwarzen Montag 1987.

Wir erleben derzeit den vorläufigen aber nicht endgültigen Höhepunkt der Fehlentwicklung des Geldwesens und der Geldschöpfung aus dem Nichts durch die Banken. Dies ist kein Defizit der Marktwirtschaft, sondern das Versagen staatlicher Planung. Denn in einer Marktwirtschaft gehört der Wettbewerb dazu wie das Oktoberfest zu München. Wenn es auf dem Oktoberfest immer die gleiche Blaskapelle gäbe und in den Bierzelten von Jahr zu Jahr immer mehr gepanschtes Bier serviert würde, hätte das größte Volksfest der Welt schnell seine Attraktivität verloren.

Doch das, was München und andernorts in fast allen Wirtschaftsbereichen gilt, lässt der Staat beim Geld nicht zu. Dort will man keinen Wettbewerb. Dort traut man den Bürgern nicht zu, dass sie zwischen gutem und schlechtem Geld wählen können. Und dort kann nur einer das Zahlungsmittel festlegen, der allumfassende und fürsorgende »Vater Staat«.

Seitdem ich im Bundestag seit Mai 2010 konsequent gegen die »Rettungsmaßnahmen« gestimmt habe, bin ich oft gefragt worden, warum ich so dezidiert gegen die »Hilfen« bin. Das ist simpel zu beantworten: Die Planwirtschaftler des Geldes glauben daran, dass niedrige Zinsen zu einer höheren Kreditvergabe führen, die wiederum zu Wachstum und Arbeitsplätzen beitragen. Am Ende soll dies dann zu erhöhten Steuereinnahmen und einer sinkenden Staatsverschuldung führen. Ich bezweifle diesen Zusammenhang, und das ist wohl der fundamentale Unterschied zwischen den Geld-Alchemisten in den Hinterzimmern der Notenbanken und mir. Ich bestreite, dass man aus dieser Krise dauerhaft mit noch mehr Kredit und damit noch mehr neuen Schulden »herauswachsen« kann. Im Gegenteil, je länger die Korrektur der Fehlinvestitionen hinausgezögert wird, umso verheerender ist die anschließende Korrektur.

Der von mir sehr geschätzte Ökonom Ludwig von Mises beschrieb bereits Anfang des letzten Jahrhunderts die Folge dieser Entwicklung:

> »Es gibt keine Möglichkeit, den finalen Zusammenbruch eines Booms zu verhindern, der durch Kreditexpansion erzeugt wurde. Die einzige Alternative lautet: Entweder die Krise entsteht früher durch die freiwillige Beendigung einer Kreditexpansion – oder sie entsteht später als finale und totale Katastrophe für das betreffende Währungssystem.«[1]

Es steht in den nächsten Wochen, Monaten und Jahren sehr viel auf dem Spiel. Meine große Sorge ist, dass das billige Geld der Notenbanken unsere freiheitliche Gesellschaft untergräbt, zersetzt und letztlich zerstört. Das dürfen wir nicht zulassen. Dafür sind mir meine Familie, dieses Land und Europa zu wichtig.

Wenn ich in diesem Buch von Europa schreibe, mache ich oft einen grundlegenden Fehler. Dieser Fehler ist mir so richtig bewusst geworden, als ich zu einer Vortragsveranstaltung im Juni 2011 in Bern in der Schweiz war. Damals redete ich über die Schuldenkrise in Europa (Frank Schäffler, »Das Zentralbank-Monopol muss fallen!«) und mitten im Satz fiel mir ein, dass ich mich gerade mitten in Europa – in der Schweiz – befand, in einem Land, das nicht Mitglied der Europäischen Union und schon gar nicht des Euro-Währungsraums ist. Europa besteht aus rund 50 souveränen Staaten, die EU aus 28 Mitgliedern und der Währungsraum aus 18. Wenn ich also im Verlauf des Buches von Europa rede und die EU oder den Euro-Club meine, so seien Sie bitte nachsichtig.

Dieses Buch will Sie aufrütteln. Es ist nicht zu spät für eine Umkehr. Es gibt immer einen Weg zurück zu solidem Wirtschaften und zu gutem Geld. Und diese Umkehr ist immer besser als einfach verantwortungslos weiterzumachen wie bisher. Der Kampf dafür fängt jetzt erst richtig an.

Frank Schäffler im August 2014

2. WIE KONNTE DAS PASSIEREN? – DIE URSACHE DER FINANZKRISE

2.1 Kurze Geldgeschichte

Wer die Krise verstehen will, muss sich mit der Geldgeschichte auseinandersetzen. Das habe ich seit dem Ausbruch der Finanz- und Bankenkrise 2007 intensiv getan. Natürlich habe ich mich auch vorher damit beschäftigt. Aber dass ich mich wirklich an das Fundament herangewagt hätte, kann ich nicht sagen. Wer dies tun will, muss schon ein wenig wühlen. An den deutschen Hochschulen oder im Wirtschaftsteil der Tageszeitungen wird er dazu meist nichts finden. Für mich waren die Bücher von Ludwig von Mises (*Die Nationalökonomie*), Murray Rothbard (*Das Scheingeldsystem*), Jörg-Guido Hülsmann (*Die Ethik der Geldproduktion*) und natürlich von Friedrich August von Hayek (*Die Entnationalisierung des Geldes*) intensive Einblicke in eine neue »alte« Welt, die mich tief beeindruckt und geprägt haben. Alle diese Ökonomen sind Vertreter der Österreichischen Schule der Nationalökonomie unterschiedlicher Epochen und Zeiträume.

Sie sehen die Ursache dieser Krise in der staatlichen Intervention und dem staatlichen Missbrauch, insbesondere im Geldwesen. Billiges Geld wird durch noch billigeres Geld ersetzt. Unkonventionelle Maßnahmen der Notenbanken werden durch noch unkonventionellere Maßnahmen abgelöst und die Sozialisierung der Bankverluste wird durch die Verstaatlichung des Bankensektors auf die Spitze getrieben. Eine Regulierung führt zur nächsten Regulierung. Es wird vom Einzelfall auf die Gesamtheit geschlossen und ein neuer Paragraf jedem Problem hinterhergeworfen. Die Interventionsspirale dreht sich immer schneller und frisst sich wie ein Wurm in die Marktwirtschaft und die Entscheidungsfreiheit jedes Einzelnen.

Der Wirtschaftsnobelpreisträger Friedrich August von Hayek kam deshalb zu einer sehr ernüchternden Schlussfolgerung: »Die Geschichte des staatlichen Geldes ist, mit der Ausnahme einiger kurzer Episoden, eine Geschichte von Lug und Trug.«[2]

War Geld in seinen Anfängen ein Gut wie jedes andere, das den Austausch von Waren erleichterte, eigneten sich die Fürsten, Könige und Landesherren sukzessive das Münzprägerecht an. Münzen waren in ihren Anfängen aus Gold oder Silber. Durch die Reduzierung des Gold- oder Silbergehalts manipulierten die Landesherren dann ihre Währung, wenn sie ihren Hof oder etwaige Kriege nicht über Steuern, Zölle und andere Abgaben finanzieren konnten. Sie inflationierten dadurch die Geldmenge. Die dezentrale Machtverteilung in Europa im Mittelalter und in der frühen Neuzeit schaffte jedoch einen Wettbewerb der Währungen, der der Manipulation des Landesherren durch eine Verwässerung des Münzwertes natürliche Grenzen einzog. Übertrieb es ein Landesherr mit seiner Fälschung, nutzten die Bürger und Kaufleute anderes Geld.

Erst die Machtkonzentration im 19. und frühen 20. Jahrhundert brachte die Staaten in die Lage, den Münzwettbewerb auszuschalten. Die Einführung des Papiergeldes ermöglichte es, nur durch ein Einlöseversprechen eine Deckung mit Gold oder Silber zu suggerieren. Da nicht alle Menschen dieses Einlöseversprechen jeden Tag ausprobierten, ermöglichten die Staaten den Banken, nur einen Teil des eingelegten Geldes vorzuhalten und einen größeren Rest zu verleihen. Der reine Goldstandard endete – mit Unterbrechungen – letztlich mit Beginn des Ersten Weltkrieges 1914. Der Krieg wurde über die Notenpresse und letztendlich über Inflation finanziert. Die Währungsreform 1923 in Deutschland und die erste große Weltfinanzkrise 1929 sind Folgen dieser Entwicklung. Auch der Zweite Weltkrieg wurde letztlich über die Notenbanken finanziert. Für Deutschland endete dies wieder einmal mit einer Währungsreform, dieses Mal 1948. Gegen Ende des Zweiten Weltkrieges wurde im amerikanischen Bretton Woods die spätere Nachkriegsgeldordnung beschlossen. Darin sicherten die USA allen teilnehmenden Staaten zu, Dollar-Reserven anderer Notenbanken verbindlich in Gold einzulösen. Als Kurs wurden 35 Dollar je Feinunze Gold festgelegt. Nach heutigem Kurs entspricht dies rund 1300 Dollar je Feinunze Gold, dem 37-fachen Wert. Oder anders ausgedrückt: Der Dollar hat seit der Festlegung im Jahr 1944 95 Prozent (!) seines Wertes eingebüßt. Anderen Währungen ging es nicht wesentlich besser. Die Deutsche Mark hat bis zu ihrer Aufgabe 1999 rund 85 Prozent ihres Wertes eingebüßt. Dies als Mahnung an diejenigen, die eine Rückkehr zur D-Mark als die derzeitige Problemlösung ansehen.

Bereits am 15. August 1971 kündigte der damalige US-Präsident Richard Nixon in einer berühmten Fernsehansprache die Einlösepflicht von Dollar-Reserven anderer Notenbanken in Gold durch die US-Notenbank Fed auf. Die Kosten des Vietnamkrieges wuchsen Amerika über die Ohren. Wie immer in der Währungsgeschichte wurde dies durch eine Inflationierung der Geldmenge finanziert. Letztlich wurde also der Vietnamkrieg durch die Teilnehmer am Bretton-Woods-Abkommen bezahlt. Der endgültige Zusammenbruch des Abkommens 1973 war dann nur noch Formsache. Seitdem gibt es keinen Anker mehr: Die Notenbanken steuern die Geldmenge ihres Währungsraums nach eigenen Regeln. Letztlich beruhen Währungen heute auf dem Vertrauen in die Politik der Notenbanken und die Politik der jeweiligen Regierungen. Das Prinzip des Teilreservesystems, bei dem Geld fast nur durch Kreditvergabe der Banken produziert wird und die Notenbanken dies indirekt durch geldpolitische Maßnahmen wie der Festlegung eines Mindestreservesatzes, eines Leitzinses und anderer Maßnahmen steuern, soll dieses Vertrauen schaffen.

Doch was vielen Sparern nicht bewusst ist, ist die Tatsache, dass sich dahinter eine Veränderung der Eigentumsbeziehung verbirgt. Obwohl die Sparneigung der Deutschen auf einem historischen Tiefpunkt ist, gehen nicht nur am Weltspartag viele Omas und Opas mit ihren Enkeln zu Bank oder Sparkasse, um die Sparbüchse zu leeren. Hinter dem Sparen steckt eine beachtliche Leistung: Sparer verzichten auf Konsum im Jetzt, um fürs Morgen zu sparen. Dazu bringen sie ihr Geld zur Bank. Hinter diesem unscheinbaren »Geld zur Bank bringen« steckt ein wichtiger Vorgang: Wer sein Geld zur Bank bringt, verliert sein Eigentum daran. Stattdessen erhält er eine Forderung gegen die Bank auf Rückzahlung des der Bank überlassenen Betrags. Wichtig: Die Bank zahlt nicht genau die

Scheine und Münzen zurück, die sie erhalten hat – Juristen nennen dies eine Leihe. Sondern sie bezahlt die Forderung ihres Kunden mit irgendwelchen Münzen und Scheinen – die Juristen sprechen in diesem Fall von Darlehen. Die Bank kann während der Zeit der Überlassung über das Geld fast nach Belieben verfügen.

Das unterscheidet die zeitgenössische Bank von einer Garderobe im Theater. Wer an einer Garderobe seinen Mantel abgibt, der zahlt üblicherweise Geld dafür, dass seine Kleidung sicher verwahrt wird und er genau diesen Mantel nach Ende der Vorführung zurückerhält. Man stelle sich vor, der Manteleigentümer wolle das Theater vorzeitig verlassen und verlangte seinen Mantel schon nach dem zweiten von drei Akten. Doch der Garderobenbetreiber verneint die Herausgabe des Mantels mit dem Hinweis, er habe diesen bis zum Ende des Stücks an einen anderen Herrn verliehen. Dieser bringe ihn aber rechtzeitig zurück, man möge sich ein wenig gedulden.

Was an der Garderobe undenkbar ist, ist Usus im modernen Banksystem. Das der Bank überlassene Geld wird von ihr für eigene Zwecke benutzt. Der amerikanische Jurist Louis Dembitz Brandeis schrieb das bekannt gewordene Buch über *Das Geld anderer Leute und wie die Banker es benutzen*. Er hatte zwar nicht genau den hier beschriebenen Vorgang im Sinn, doch der Titel trifft den Kern der Angelegenheit. Denn Banken nehmen die ihnen überlassenen Einlagen und geben daraus Darlehen an Dritte. Ihre überlassenen Sicherheiten benutzen sie, um weiteren Kredit billig aufzunehmen und das Geld dann zu höheren Zinsen weiterzugeben. Kern des Geschäftsmodells ist die sogenannte Fristentransformation. Von der Bank kurzfristig geschuldete Gelder werden langfristig weitergegeben: Geld auf dem Girokonto ist jederzeit fällig und kann vom Kunden abgehoben werden. Doch die Bank spekuliert darauf, dass nicht jeder Kunde zur gleichen Zeit sein Bargeld vom Girokonto abhebt. Daher gibt sie einen Teil des Geldes auf Girokonten als Darlehen mit einer längeren Laufzeit weiter. Fristentransformation ist mit Profit verbunden. Für das Girokonto zahlt sie wenig Zinsen, für die Vergabe langfristiger Kredite erhält sie mehr.

Wo Profit ist, da ist Risiko nicht weit. Wer Gelder langfristig weggibt, die er kurzfristig schuldet, kann immer in die Gefahr geraten, dass die

Kurzfristgläubiger mehr Geld zurückverlangen, als momentan zur Verfügung steht. Wenn die kurzfristig zur Rückzahlung fällig gestellten Forderungen nicht bezahlt werden können, wird der Schuldner zahlungsunfähig. Das wäre ein Insolvenzgrund. Natürlich kann es auch passieren, dass jemand, der sich von der Bank langfristig Geld geborgt hat, dieses nicht zurückzahlen kann. Auch in diesem Fall kann eine Bank in die Bredouille geraten. Denn dann hat sie nicht genügend Geld, um ihrerseits die Einleger auszuzahlen, wenn diese ihr Geld zurückverlangen. Das ist der Fall der Überschuldung, der zweite denkbare Insolvenzgrund.

Das Risiko ist wohlbekannt. Immer wenn die Gefahr besteht, dass eine Bank pleite ist, kommt es zum sogenannten Bankrun oder Bankensturm. Das ist das Windhundrennen der Gläubiger. Jeder will der Erste sein, der sein Geld abhebt und so schadlos davonkommt. Da die Banken sich auch untereinander Geld borgen, kann ein Bankensturm von der einen auf die andere Bank übergreifen. Diese Gefahr ist in einem Zentralbanksystem, in dem die Geschäftsbanken ein Vielfaches ihrer Einlagen von der Zentralbank borgen können, besonders groß. So beträgt der Bargeldumlauf in der Eurozone gerade einmal 980 Milliarden Euro, die gesamte Geldmenge (M 3) jedoch das 10-Fache (9 892 Milliarden Euro). Daher gibt es kein Zentralbanksystem, das der Staat nicht durch ein Einlagensicherungssystem flankiert. Das bewirkt zweierlei: Die Stabilität einer Bank wird abhängig von der Stabilität des Systems. Und die Einleger verlieren einen Anreiz, sich um die Sicherheit ihrer Einlagen höchstpersönlich zu kümmern. Ökonomen bezeichnen dies als einen klassischen Prinzipal-Agenten-Konflikt.

Dies hat etwas mit der »Mutter der Krise« zu tun, nämlich mit unserem Geldsystem. Um das zu verstehen, muss man sich noch einmal das Wesen unseres Geldes vor Augen führen. Geld entsteht überwiegend durch Kredit, den die Bank per Knopfdruck schafft. So schafft sie Geld aus dem Nichts (Fiat Money). Sie vergibt den Kredit nicht aus dem Geld, das wir zur Seite gelegt und als Spareinlagen bei ihr eingezahlt haben. Nein, diesen Zusammenhang gibt es nicht, oder zumindest nur noch zu einem Bruchteil, in unserem Geldsystem. Je billiger dieses Geld ist, das die Bank aus dem Nichts schafft und als Kredit vergibt, desto attraktiver werden Investitionen. Sind die Zinsen niedrig, kann man sich mehr leisten, als wenn die Zinsen hoch sind. So wird etwa der Kauf einer größeren Immobilie erschwinglich.

Was auf den ersten Blick gut und attraktiv erscheint, führt zu einem künstlich geschaffenen Nachfrageschub nach Immobilien. Eine Branche wächst – wie in Spanien – aus dem Nichts heran und wird immer größer. Die Investoren glauben an die immer weiter steigenden Immobilienpreise. Steigende Immobilienpreise führen zu steigenden Beleihungswerten. Steigende Beleihungswerte führen zu höheren Kreditsummen. Höhere Kreditsummen führen zu einem Wachstum der Finanzierungsinstitute, also der Banken. Es entsteht ein Boom. Sollte die Notenbank irgendwann ihre lockere Geldpolitik beenden oder sollten die Investoren nicht mehr an steigende Immobilienpreise glauben, bricht das Kartenhaus zusammen. Die Immobilienpreise beginnen zu sinken. Die Beleihungswerte müssen reduziert, Eigenkapital von den Investoren und Häuslebauern nachgeschossen werden. Sind sie dazu nicht in der Lage, sind sie pleite. Die Banken müssen daraufhin die notleidenden Kredite wertberichtigen. Dies führt direkt zur Abschmelzung des Eigenkapitals einer Bank. Hat sie dies nicht in ausreichendem Maße, geht sie ebenfalls pleite. Wie es in Spanien droht. Dort stehen geschätzt 1 bis 1,5 Millionen Wohnimmobilien leer oder sind unvollendet, die alle von Banken finanziert wurden, die das notwendige Eigenkapital für die hinausgeschobene Wertberichtigung in den Bilanzen nicht haben. Weltweit ist ein Immobilienboom durch Kredite ausgelöst worden, die die Immobilienbesitzer nicht mehr finanzieren können. Nahezu alle Schieflagen in der jüngeren Zeit waren daher die Folge von Immobilienblasen – nicht nur in Spanien, sondern auch in Japan, in den USA, Frankreich und den Niederlanden. Auch der dynamische Anstieg der Immobilienpreise in den Ballungszentren in Deutschland ist diesem Umstand geschuldet.

2.2 Weltwirtschaftskrise und die Verantwortung der Zentralbanken

Die Standardbegründung der EZB und der amerikanischen Notenbank Fed für ihre geldpolitischen »Impulse« ist die Entwicklung der Weltwirtschaftskrise in den späten 1920er- und 1930er-Jahren. Die Weltwirtschaftskrise wird von ihnen mit einem plötzlichen Einbruch der Gesamtnachfrage in den großen Volkswirtschaften begründet und/oder mit einem Mangel an Geldversorgung.

Deshalb rufen die Linken und die Gewerkschaften heute nach höheren Lohnabschlüssen, um die Nachfrage nach Autos und Kühlschränken zu verbessern. Besser ist es, wenn alte Autos und Kühlschränke verschrottet und neue gekauft werden. Die Abwrackprämie der Großen Koalition (2005–2009) ist dafür ein gutes Beispiel. In solchen Phasen des starken Wirtschaftseinbruchs, wie wir ihn 2008/2009 erlebt haben, kommen solche Vorschläge dankbar an. Doch sie sind großer Unsinn. Etwas zu verschrotten, das funktioniert und ohne finanzielle Anreize als gut empfunden wird, kann nicht sinnvoll sein. Wenn man dies zu Ende denkt, wäre es ja eigentlich besser, wenn die alten Kühlschränke und Autos nicht verschrottet, sondern neue Autos und Kühlschränke einfach vom Staat verschenkt würden. Denn dann könnten die Nachfrager mit ihrem verbliebenen Geld noch weitere Güter wie Waschmaschinen und Rasenmäher kaufen. Anschließend entstehen Arbeitsplätze, es sprudeln die Steuereinnahmen und die Sozialkassen jubeln. Kurz: Die vom Staat verschenkten Kühlschränke und Autos finanzieren sich selbst. Aber warum nur Autos und Kühlschränke? Besser wäre es doch, wenn alles frei wäre und jeder das bekommen könnte, was er gerade will. Es finanziert sich ja von selbst. Erst das würde die Nachfrage so richtig ankurbeln, und wir wären alle Probleme los. Alle hätten Arbeit, weil genügend konsumiert würde. Das wären wahrhaft paradiesische Zustände.

Und wenn man – wie die Monetaristen – meint, es sei eine Frage des Geldangebots, also eine Folge davon, dass nicht genügend Kredite an Unternehmen und Bürger ausgereicht würden, so ist die derzeitige faktische Nullzinspolitik der Notenbanken ebenfalls inkonsequent. Viel besser wäre es nach dieser Logik in dieser schwierigen Situation, wenn die Notenbanken die Geschäftsbanken verpflichten würden, die Kredite umsonst herauszugeben oder noch besser: Die Notenbanken vergeben die Kredite direkt und kostenlos an die Unternehmen und Bürger.

Wenn man diesen Gedanken zu Ende denkt, müsste der Kredit auch nicht zurückgezahlt werden, denn dann könnten die Investitionen maximiert und unendlich fortgeführt werden. Das wären dann nochmals paradiesische Zustände.

Mein sozialistischer Vorschlag wäre also: Wir machen einfach beides. Der Staat verschenkt Autos und Kühlschränke und die Notenbanken drucken

Geld, um Kredite direkt an Unternehmen vergeben zu können. Dann könnten diese noch mehr Kühlschränke, Autos und andere Güter herstellen. Ach, wäre das schön!

Oder doch nicht?! Es wäre nämlich der Weg in eine Wirtschaft, in der kreditfinanzierte Staatstätigkeit keine Rückkopplung an die Wirklichkeit mehr hat. Doch Geld ohne Zins führt zu Investitionen ohne Ersparnis. Es bliebe nicht bei Blasen im Immobiliensektor. Die investiven Verzerrungen aus dem Kreditsektor pflanzen sich in alle anderen Bereiche der Wirtschaft fort. Die Fehlinvestitionen würden die ganze Wirtschaftsstruktur zerrütten. Das Ausmaß der Verzerrungen einer in wesentlichen Bereichen nicht mehr an das Vorhandensein von knappem Kapital gebundenen Wirtschaft wäre katastrophal. Eine Wirtschaft, die nicht mehr auf dem Sparvorgang beruht, verliert daher ihre kapitalistischen Merkmale.

Daran sieht man: Beide Konzepte sind falsch und nicht Lösung, sondern Ursache des Problems. Der Hayek-Schüler und Autor Roland Baader hat die Entstehung der Weltwirtschaftskrise 1929 in seinem Buch *Geldsozialismus* sehr gut aufgearbeitet. Er schreibt:

>»Nach einem deutlichen Einbruch der US-Wirtschaft im Jahr 1924 schufen die Banken des Feld-Systems um die 500 Mio. Dollar an neuen Krediten, welche im Gesamtbankensystem eine Kreditexpansion von über 4 Milliarden Dollar innerhalb weniger Monate auslösten. Während die unmittelbaren Wirkungen dieser Injektion an Geld und Kredit anfänglich wohltuend waren und den Abschwung von 1924 ausbügelten, war das Endergebnis verheerend. Es war nämlich der Beginn einer Geldpolitik, die konsequent zum Börsencrash von 1929 und der nachfolgenden Depression führte.«[3]

Baader sagt damit, dass die Kreditexpansion in den 1920er-Jahren zu Fehlinvestitionen und einer Blase an den Börsen führte, die 1929 platzte und sich hin zum »Normalen« korrigieren wollte. Der Börsencrash war jedoch der Start des New Deal in Amerika. Dies war im Grunde kein anderes Szenario als jenes, das ich oben beschrieben habe: ein gigantisches staatliches Konjunkturprogramm auf Pump mit massiven Eingriffen in die Marktwirtschaft und das Eigentum. Am 1. Mai 1933 verbot US-Präsident Roosevelt den privaten Goldbesitz. Im Juni 1930 wurde mit dem Smoot-Hawley Tariff Act bereits eine Schutzzollpolitik eingeführt, die ein faktisches Importverbot für ausländische Güter zur Folge hatte. Einer Intervention folgte die nächste Intervention und die Freiheit des Einzelnen spielte eine immer geringere Rolle. Einige profitieren besonders davon. Es ist der Staat, der sich billig finanzieren und Geschenke (Autos, Kühlschränke etc.) verteilen kann; die Notenbanken, die die Wirtschaft planen und lenken können, und die Banken, die das Geld über die Kreditvergabe zuerst verteilen und die Gewinne dieser Geldmengenvermehrung direkt einstreichen können. Und es profitieren diejenigen, die nahe an der Politik sind, geschickte Lobbyisten, die staatliche Aufträge bekommen und aufgrund der staatlichen Regelungswut als Wirtschaftsprüfer oder Verband gebraucht werden.

Wer heute das Auseinanderfallen von Geldvermögen und Wirtschaftsleistungen in Deutschland seit Mitte des letzten Jahrhunderts bis zum Ausbruch der jüngsten Krise betrachtet, merkt sehr schnell, dass wir das Konzept aus den 1920er- und 1930er-Jahren bis heute konsequent anwenden und deshalb die Einschläge auch in immer kürzeren Abständen kommen, jüngst 2001, 2008, 2010 ...

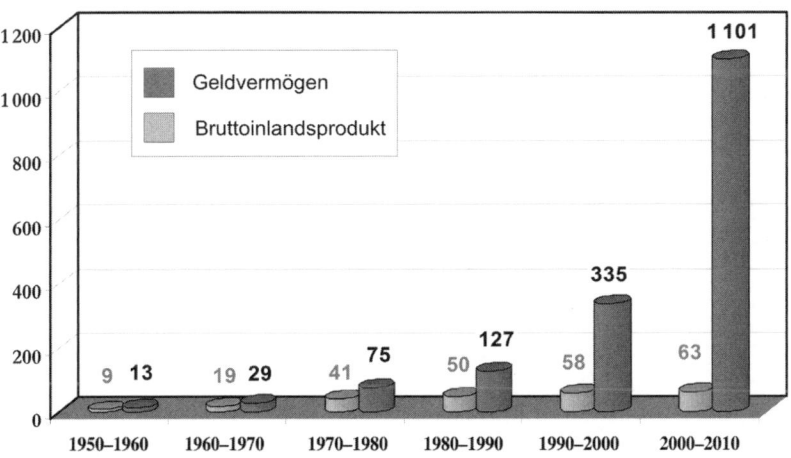

Abbildung 1: Veränderung von Geldvermögen und Bruttoinlandsprodukt in Deutschland (jeweils in 10-Jahres-Abständen in Mrd. Euro). Quelle: Deutsche Bundesbank, eigene Berechnungen.

Nach der Krise ist vor der Krise. Das Ergebnis der Finanzkrise ab 2007 ist heute an den Zahlen der Verschuldung weltweit abzulesen. Das Volumen aller Anleihen von Staaten, Banken und Unternehmen hat sich nach Angaben der Bank für Internationalen Zahlungsausgleich (BIZ) seitdem um 30 Billionen Dollar auf 100 Billionen Dollar erhöht. Das ist ein Anstieg von 43 Prozent innerhalb von sieben Jahren und eine Verschuldung von 137 Prozent im Verhältnis zum weltweiten Bruttoinlandprodukts.[4]

2.3   Die Nachkriegsgeldordnung mit und ohne Gold

Finanzier und Akteur dieser Verschuldung in der internationalen Währungspolitik ist der Internationale Währungsfonds (IWF). Gegründet wurde er bei der Konferenz von Bretton Woods im Jahr 1944 unter anderem mit dem Auftrag, die Wechselkurse der Währungen untereinander zu stabilisieren. Sein Budget diente dazu, Ländern zu helfen, deren Währungen aus der Bandbreite ausscherten. Insofern passt seine Einbindung in die Troika zur Rettung der Eurozone – also eine Rettung eines Fixkursystems – zu seinem Arbeitsprogramm. Die Beteiligung des IWF an den Bemühungen, die Krise in der Eurozone zu beenden, war in erster Linie ein deutsches Anliegen. Man sah den IWF in der Position, als einziger der drei Akteure der Troika eine objektive Linie zu vertreten. Der damalige EZB-Präsident Jean-Claude Trichet hatte in der ersten Rettungsnacht klargemacht, dass die EZB nicht neutral sein werde. Für die Kommission bedurfte es zum Zeitpunkt der ersten Griechenland-Rettung keines weiteren Nachweises ihrer Parteilichkeit. Es fiel dem IWF nicht schwer, dem Ruf Folge zu leisten. Seine internationale Bedeutung war im Laufe der Jahre geringer geworden.

Nach dem Ende der Goldbindung begann die Welt in Geld zu schwimmen, und die Mittel und Bedeutung des IWF wurden relativ gesehen geringer. Mit dem Wegfall der Interventionspflichten der nationalen Zentralbanken entfiel auch die ursprüngliche Rolle des international und planwirtschaftlich agierenden IWF, Stützungskredite zur Überbrückung von Zahlungsbilanzungleichgewichten zu vergeben. Der IWF bzw. seine Mittel wurde nun also umgeleitet, um den Entwicklungsländern der Dritten Welt als Entwicklungskredite »zugute« zu kommen. Aber auch hier

verkannte man die ökonomische Realität und wollte wohl nur die Arbeitsplätze im IWF retten, indem man den Zahlungsbilanzdefiziten in diesen Ländern entgegenwirken wollte. Denn die Auflagenpolitik wurde nun
unter Ignorierung der wirklichen Ursachen der Armut einfach auf die
Entwicklungsländer übertragen. Dadurch setzte man sie so unter Druck,
dass das Gegenteil von dem erreicht wurde, was angeblich angestrebt war.
Denn der Grund der Zahlungsbilanzdefizite war nicht vordergründig eine
inflationäre Geldpolitik, sondern lag vor allem in strukturellen Defiziten,
die noch auf den Kolonialismus zurückgehen. Das Ergebnis zeigte sich in
einer Eskalation der Konflikte in diesen Ländern.

Erst durch die Krise von 2010/2011 gewann der IWF ein neues instituti-
onelles Gewicht. Die Einbindung in die Rettungsbemühungen des Euro
bereitete ihm so den Rückweg von den Kleinkunstbühnen in Entwicklungsländern zu den großen Bühnen im Staatstheater der EU.

An den Schuldenpaketen für Irland, Portugal und auch am ersten Griechenland-Paket war der IWF daher entsprechend dem eigenen Anspruch
zu rund je einem Drittel beteiligt. Doch die Ausweitung der europäischen
Krise ließ den Mittelbedarf in die Höhe schnellen. Die BRIC-Staaten
(Brasilien, Russland, Indien, China) haben inzwischen weniger Interesse daran, die europäische Krise mitzufinanzieren. Sie haben mittlerweile größere eigene Probleme. Das gilt in einem kaum geringeren Maß
für den größten Finanzier des IWF, die USA. Das Eigeninteresse der
IWF-Mitarbeiter an einem Bedeutungszugewinn der Institution findet
seine Schranken somit in der gesunkenen Finanzierungsbereitschaft der
Mitgliedstaaten.

Der IWF hat vor einiger Zeit Frankreich dafür kritisiert, dass es seinen
Haushaltsausgleich vornehmlich dadurch vorzunehmen sucht, dass es
die Steuereinnahmen erhöht. Die französische Konsolidierung solle jedoch auch über die Ausgabenseite erfolgen. Auch müsse das Reform-Mo-
mentum erhöht werden durch verstärkte Arbeitsmarktreformen und die
Öffnung der Güter- und Dienstleistungsmärkte für mehr Wettbewerb.
Wenn das Wachstum ausbleibe, werde sich die Schuldendynamik kurzfristig nicht umkehren lassen. Bedenklich stimme, dass die Arbeitskosten
seit 2000 schneller gestiegen seien als die Produktivität und zudem die

Wettbewerbsfähigkeit gegenüber den Peripherieländern nachgelassen habe. Französische Firmen verlieren zusehends Marktanteile.

Was der Fonds in Bezug auf Frankreich richtig macht, nämlich Steuererhöhungen kritisch zu sehen und Arbeitsmarktreformen einzufordern, hält er in Bezug auf Griechenland nicht konsequent durch. Griechenland ist weiter in der Krise. Es hat zum Haushaltsausgleich massive Steuererhöhungen vornehmen müssen. Das Ansinnen Griechenlands war auf Widerstand der Troika gestoßen, als es die Mehrwertsteuer in einem tourismuskritischen Bereich, im Gastronomiesektor, von 23 auf 13 Prozent senken wollte.

Der Schlüssel zur Wiederherstellung von Wettbewerbsfähigkeit ist eine liberale oder zumindest liberalere Ausgestaltung der Wirtschaft. Alle Länder der Eurozone, nicht nur Griechenland und Frankreich, sondern auch und gerade Deutschland, brauchen Vertragsfreiheit auf den Arbeitsmärkten statt »besserer Regulierung« und niedrigere Steuern statt »effektivere Steuersysteme«. Das wäre die vornehmste Aufgabe des IWF. Er müsste als Korrektiv zu den eher planwirtschaftlichen Vorstellungen der Kommission fungieren. Die Kommission will ohnehin keinen Steuerwettbewerb in der EU, was sich für die darbenden Peripherieländer als gefährlich erweist.

Der IWF kann diese Rolle eines ökonomischen Gewissens nicht erfüllen, denn er befindet sich in einer Zwickmühle: Wenn er zu weit geht, wird aus der Troika eine Doppelspitze und er verliert die Bedeutung, die er gewonnen hat. Wenn er sich den Forderungen Brüssels und Frankfurts zu weit anbiedert, wird er mit dem Scheitern der europäischen Stabilitätsprogramme assoziiert werden und sein Ruf leiden. Gewinnen kann der IWF dieses Spiel kaum noch. Ich gehe davon aus, dass der IWF spätestens mit dem 3. Griechenland-Paket weiter an den Rand gedrängt werden wird. Stattdessen wird der ESM zusehends seine Rolle als Europäischer Währungsfonds übernehmen.

Unbeschadet dieser kurzfristigeren Überlegungen gehört der IWF abgeschafft: Ich lehne den ESM ab, weil ich glaube, dass Staatsinsolvenzen zur Disziplinierung der Staaten und Dämpfung der Ausgabenfreudigkeit erforderlich sind. Was der ESM für die Eurozone ist, ist der IWF für die Weltstaatengemeinschaft – er verhindert Insolvenzen. Die Kosten dafür werden teils sozialisiert und teils durch Inflation getragen. Ohne die Billigkredite des IWF müssten die Pleitestaaten dieser Welt sich an private Geldgeber wenden oder sich mit ihren Geldgebern an den Verhandlungstisch setzen, um einen Schuldenschnitt zu verhandeln. Das erfordert eine gewisse Achtsamkeit und Demut der Politik. Einfacher ist es, sich mit anderen – zukünftig vielleicht auch betroffenen – Politikern an den Tisch des IWF zu setzen und eine neue Kreditlinie auszuhandeln.

Doch nicht nur die Programme des IWF sind fragwürdig, sondern auch seine Finanzierung ist gefährlich. Sie erfolgte in Deutschland nicht aus Haushaltsmitteln, sondern durch die Bundesbank. Dies ist eine monetäre Staatsfinanzierung durch den Mittelsmann IWF. Die Deutsche Bundesbank ist ohnehin eine schizophrene Einrichtung. Auf der einen Seite ist sie Spieler und Schiedsrichter in einem ungedeckten Papiergeldsystem, das Geld überwiegend durch die Kreditvergabe der Banken entstehen lässt. Auf der anderen Seite hortet sie Gold. Insofern traut sie dem eigenen Braten selbst nicht so richtig. Insgesamt gehören der Deutschen Bundesbank fast 3400 Tonnen Gold. Das entspricht über 110 Milliarden Euro. Man muss sich schon fragen, wieso eine Notenbank 3400 Tonnen Gold vorhält, obwohl die Zeit, in der Geld an Gold gebunden war, durch den Zusammenbruch des Bretton-Woods-Abkommens vorerst zu Ende ist. Bis dahin war die Geldmengenausweitung durch die Entwicklung der Goldproduktion begrenzt.

Der Aufgabe des letzten Goldankers durch die amerikanische Notenbank Fed trauten also die Notenbanken selbst nicht. Am Beispiel der Bundesbank sieht man, dass sie noch ein Ass im Ärmel behalten will, denn sonst würde sie nicht die zweitgrößten Goldbestände der Welt besitzen.

Besitzen? Besitz setzt voraus, dass man über eine Sache verfügen kann und sie in seiner Gewalt hat. Daran gibt es durchaus Zweifel. Die Bundesbank erklärte 2013, dass ihr Gold zu 45 Prozent bei der Fed in New York, zu 13 Prozent in London, zu 11 Prozent in Frankreich und zu 31 Prozent in Frankfurt lagere. Ob das Gold dort tatsächlich hinter Schloss und Riegel ist, weiß die Bundesbank selbst nicht definitiv. Die Bestände in New York (über 122 000 Barren), die teilweise seit 1952 (!) dort lagern, sind bislang noch nie (!) einer Inventur unterzogen worden. Das bedeutet, es hat noch nie eine »körperliche Bestandsaufnahme« durch die Bundesbank oder einen von ihr Beauftragten stattgefunden. Das ist ein ungeheurer Vorgang.

Der Bundesrechnungshof kritisiert dies seit Langem. Im Jahr 2012 habe ich die Initiative »Holt unser Gold heim!« (www.gold-action.de) als Erstunterzeichner unterstützt. Diese Initiative wurde von dem Publizisten Peter Boehringer und dem Präsidenten des Europäischen Steuerzahlerbundes, Rolf Baron von Hohenhau, gegründet. Inzwischen haben sich mehr als 15 000 Bürger angeschlossen. Die wesentlichen Forderungen lauten:

➤ Vollständiger und unabhängig testierter physischer Voll-Audit der deutschen Goldbestände an allen Lagerorten;

➤ zeitnahe Rückführung des im Ausland gelagerten Goldes nach Deutschland, um die Option der (Teil-)Deckung einer künftigen neuen Währung zu erhalten;

➤ Herbeiführung eines verfassungsrechtlich abzusichernden bilanziellen Sonderstatus der Goldreserve zur Abwehr der schnell zunehmenden Ausbuchungsgefahr aufgrund der sich seit 2007 dramatisch verschlechternden Qualität der Bundesbank-Bilanz.

3. ERSTER EINSCHLAG: VOM SCHWARZEN MONTAG BIS ZUR DOTCOM-BLASE

Ein wesentliches Kennzeichen der Überschuldungskrise ist die Eigenkapitalschwäche der Banken. Die Deutsche Bank ist 2007 in die Finanzkrise mit einer Eigenkapitalquote im Verhältnis zu ihrer Bilanzsumme von unter 2 Prozent gegangen. Bei den Banken insgesamt in Deutschland lag die Quote bei 4,5 Prozent. Das ist des Pudels Kern: Alle Banken sind eigenkapitalschwach. Für die Banken selbst ist es attraktiv, ihr Eigenkapital im Verhältnis zu ihrem Fremdkapital zu reduzieren. In der Sturm-und-Drang-Zeit Mitte der 2000er-Jahre gab der ehemalige Deutsche-Bank-Chef Josef Ackermann für sein Institut das Ziel aus, dass die Eigenkapitalrendite auf 25 Prozent erhöht werden müsse. Wie hat er das gemacht? Ganz einfach: Er hat das Eigenkapital im Verhältnis zum Fremdkapital reduziert und damit die Rendite des verbliebenen Eigenkapitals erhöht. Als Risikopuffer ist es eh egal, ob die größte Deutsche Bank 2, 3 oder 10 Prozent Eigenkapital vorhält. Sie ist systemrelevant. Wenn es schiefgeht, hilft der Staat, also der Steuerzahler. Dieser Sachverhalt ist die Grundlage jeder Intervention des Staates.

So kam es auch am sogenannten Schwarzen Montag, dem 19. Oktober 1987, als der amerikanische Börsenindex Dow Jones innerhalb eines Tages um fast 23 Prozent fiel, zu einer Serie platzender Börsenblasen.

Zwar ist es in der Geschichte der Börse seit der berühmten Tulpenkrise im Holland des 17. Jahrhunderts regelmäßig zu Übertreibungen an den Aktienmärkten gekommen. Insgesamt hat der Ökonom Markus H. Schiml über 32 mehr oder minder bekannte Börsenblasen datiert, die ausnahmslos von einer erhöhten Geldversorgung begleitet wurden. Abbildung 2 gibt hierzu einen kompakten Überblick.

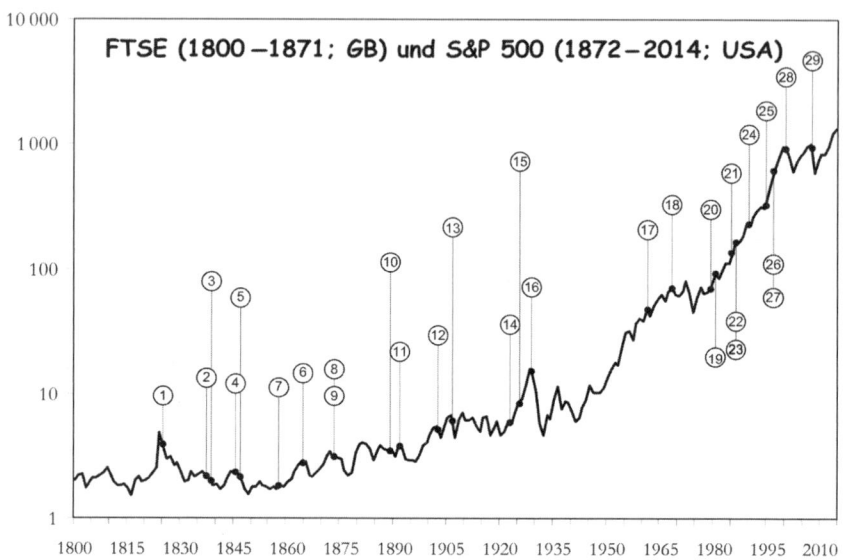

(1) Baring-Krise I (1825, GB); (2) Textilienboom (1836, GB); (3) Panik von 1837 (USA), (4) Eisenbahnboom (1845, D); (5) Europäische Depression (1847/48); (6) Extension-Mania (1844-66, GB, USA); (7) Eisenbahnboom (1857, GB, Europa); (8) Gründerkrise (1873; D, A); (9) Große Depression (1873, USA); (10) Baring-Krise II (1890, GB, Arg); (11) Australische Bankenkrise (1893); (12) Rich men's panic (1903, USA); (13) Internationale Wechselwirkungen (1907, USA, F, I); (14) Nachkriegsboom (1921; USA); (15) Florida Landboom (1925); (16) Weltwirtschaftskrise (ab 1929); (17) Tronic-Boom (1962, USA); (18) Conglomerat-Boom (1969, USA); (19) Nifty-Fifty (1975; USA); (20) Archipelago-Boom (1973/74, J); (21) Schwarzer Montag (1987, USA); (22) Bankenkrise (1988/89, Au, NZ); (23) Skandinavienkrise (1988-90); (24) Japankrise (1990); (25) Mexikokrise (1994); (26) Asienkrise (1997); (27) Russlandkrise (1998); (28) Tec-Stock-Bubble (2000), (29) Subprime-Bubble (2008).
Es fehlen: Tulpenkrise (1636; NL); Mississippi-Blase (1720; F); South-Sea-Bubble (1720; GB).

Abbildung 2: Historische Börsenblasen von 1800 bis 2011. Quelle: Schiml (2011).

Die Häufigkeit und Dichte in der Weise, wie uns die Boom- und Bustphasen bei scheinbaren Über- und Untertreibungen an den Börsen seit dem Ende der 1980er-Jahre begleiten, ist jedoch neu. Dabei kann für dieses Symptom wieder eine ganz einfache Ursache festgemacht werden: Im Rahmen einer kreditfinanzierten Hausse an den Aktienmärkten führen diese »Übertreibungen« irgendwann wieder zu Korrekturen. Um diese drohenden Korrekturen – namentlich die Krisen ab 1987, die Japankrise ab 1990, die Skandinavienkrise in den 1990er-Jahren, die Australienkrise Anfang der 1990er-Jahre, die Asienkrise 1987 oder auch die Russlandkrise 1998 – aufzuhalten, wurden wieder Unmengen an neuem Geld in die Märkte geleitet, indem der Notenbankzins sukzessiv gesenkt wurde, um eine neue Welle an Krediten zu entfachen. Und das auf globaler Ebene.

Abbildung 3: Durchschnittlicher Notenbankzins der wichtigen Notenbanken (1970–2014). Quelle: Schiml, H. M. (2011e): Die permanente Blase. Finanzmärkte manisch-depressiv im Drogenrausch, in: Smart Investor, 9. Jg., S. 20-24.

In der Wissenschaft findet man nämlich tatsächlich den Begriff der »permanenten Blase« für das Phänomen, dass sich seit etwa den 1950er-Jahren eine dauerhafte Abkopplung des Fundamentalwertes vom realisierten Wert des US-Aktienmarktes vollzieht, der sich trotz Korrekturen und Crashs immer weiter vergrößert. Abbildung 4 zeigt, dass das Kurs-Gewinn-Verhältnis und die Dividendenrendite des US-Aktienmarktes – üblicherweise ein Maßstab dafür, wie teuer Aktien sind – mindestens seit 1995 auf einem historischen Hoch sind und auch durch die sogenannten Jahrtausend-Crashs nach dem Internet-Boom sowie durch die Subprime-Krise nicht wesentlich billiger geworden sind.

Die Österreichische Konjunkturtheorie wird eindrucksvoll bestätigt, wenn man die historisch überlieferten Übertreibungen und Hysterien an den Aktienmärkten daraufhin untersucht. Hohe Bewertungen an den Aktienmärkten traten nahezu ohne Ausnahme in Verbindung mit sehr niedrigen Inflationsraten der Güterpreise in einem Umfeld hoher Geldversorgung auf. Das lässt sich zum Beispiel an der Entwicklung der Unternehmen des S&P 500 seit 1871 zeigen.

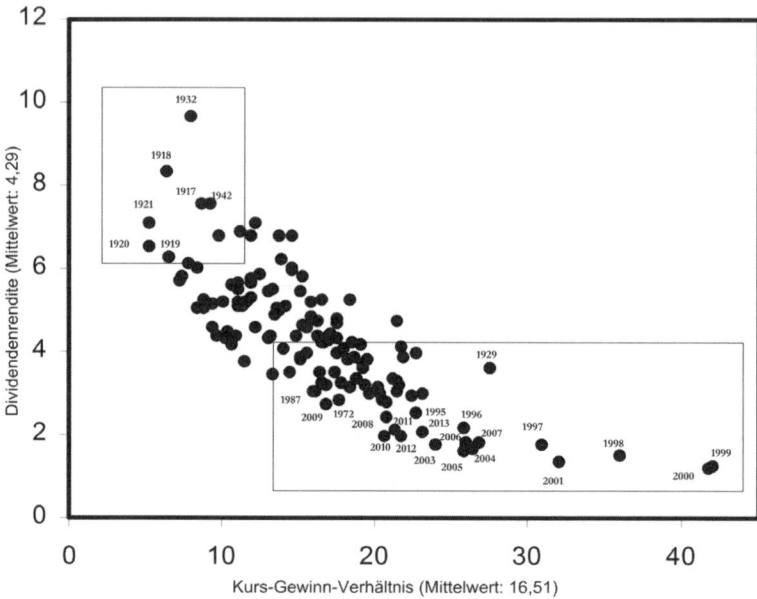

Abbildung 4: Matrix aus den Kennzahlen KGV und Dividendenrendite (Jahresdurch-schnitte 1881–2010). Quelle: Schiml, H.M. (2011e): Die permanente Blase. Finanzmärkte manisch-depressiv im Drogenrausch, in: Smart Investor, 9. Jg., S. 20-24.

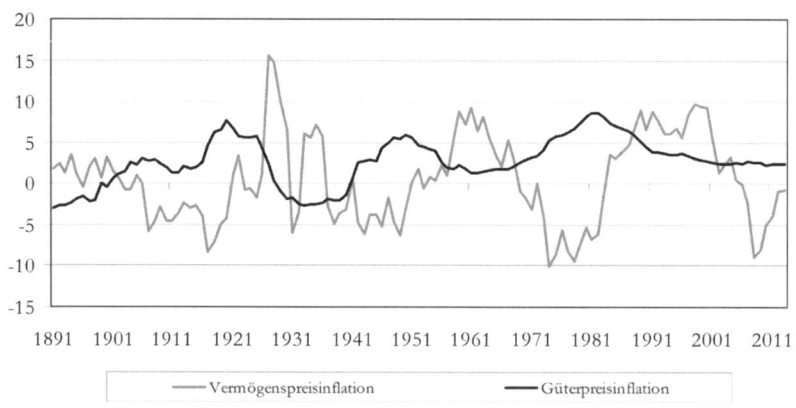

Abbildung 5: Veränderung des KGV des S&P 500 und US-Inflationsraten (jeweils Zehnjahresdurchschnitt). Quelle: Schiml, M. H. (2008c): Ein Gespenst geht um. Droht ein neuer Inflationszyklus?, in: LvMF-Articles vom 6. Juni 2008, http://www.lvmf.de/publications/libertarian-shortpapers/markus-h-schiml-ein-gespenst-kehrt-zuruck-droht-ein-neuer-inflationszyklus/.

Hohe Wachstumsraten der KGV korrelieren negativ mit der Inflation, was im Umfeld hoher Geldversorgung dafür spricht, dass sich die Inflation in den Vermögenspreisen manifestiert. Betrachtet man nun die letzten 60 Jahre genauer, so scheint es, dass die Theorie der Österreichischen Schule nicht nur isoliert für jeden Blasenzeitraum zutrifft, sondern dass diese Phasen in jüngerer Zeit »hintereinander geschaltet« zu einer Potenzierung, also einer Mega-Blase führten.

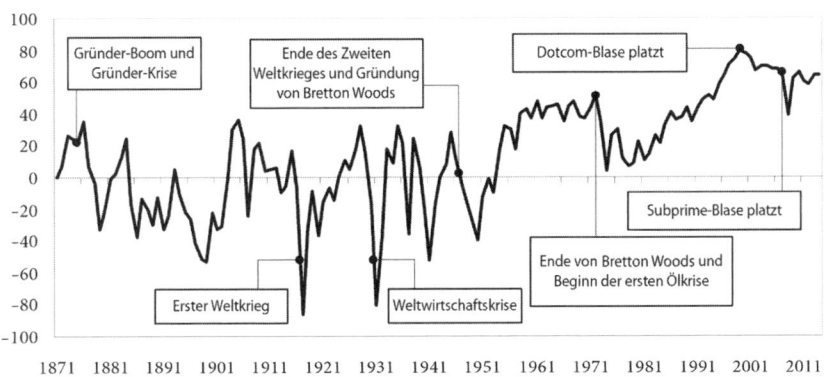

Abbildung 6: Prozentuale Abweichung des S&P 500 im Vergleich zum berechneten Fundamentalwert. Quelle: Die Berechnungen erfolgten von Markus H. Schiml auf der Basis der Daten von Robert Shiller (2011) sowie dem Modell von Froot and Obstfeld (1991).

Diesen Zusammenhang spürte ich erstmalig 1997. Als ich im Jahr 1997 beim Finanzdienstleister MLP anfing, galt die MLP-Aktie als Geheimtipp an den Börsen. Sie erreichte immer neue Kursrekorde. In der Spitze stand sie am 1. September 2000 bei 164,50 Euro (Kurs 01.05.2014: 4,95 Euro). Viele damalige Kollegen wollten an dieser Entwicklung teilhaben, sahen sie doch, wie ältere Kollegen und Geschäftsstellenleiter inzwischen allein durch die Kursgewinne zu Millionären geworden waren. Das Motto war: »Gier frisst Hirn.« Es war schick, fremdfinanziert in MLP-Aktien zu investieren. Als MLP 2001 in den DAX aufstieg, also zu den 30 größten börsennotierten Unternehmen zählte, nahmen die Übertreibungen immer weiter zu. Als die Börsenblase 2002 platzte, brach der Kurs massiv ein. Rund 90 Prozent des Wertes waren verloren. Viele meiner ehemaligen Kollegen waren überschuldet. Ich hatte Glück. Zwar hatte ich nicht den Fremdfinanzierungshebel genutzt, den manche als besonders intelligent ansahen, dennoch war mein eigenes Portefeuille etwas einseitig strukturiert. Wahrscheinlich hätte auch ich einen erheblichen Verlust erlitten, wenn ich nicht 2001 eine Immobilie gekauft hätte, die mich dazu brachte, einen Großteil meiner MLP-Aktien faktisch zum Höchstkurs zu verkaufen.

Im Nachhinein betrachtet, ist auch mein berufliches Leben durch das billige Geld der Notenbanken beeinflusst worden. Ohne die hohe Liquidität und die Niedrigzinspolitik der Notenbank hätte die Dotcom-Blase nicht entstehen können. Viele Menschen haben ihr Vermögen innerhalb kurzer Zeit verloren und sind für ihr Leben finanziell ruiniert.

Denn klar ist, dass jedem Boom, der auf billiges Geld und Kredit beruht, wieder eine reinigende Korrektur folgen muss. Dies geschieht dadurch, dass sich der vom Staat bzw. seiner Notenbank festgesetzte Zins wieder dem Marktzins annähert, sich Überinvestitionen durch Konkurse und gesunde Marktprozesse abbauen und auch Börsenblasen platzen.

4. Zweiter Einschlag: Die Gier frisst das Hirn der Banker

Ein weiteres Mal wurde ich mit einer Finanzkrise in meinen ersten Jahren im Bundestag konfrontiert. Im Sommer 2007 zeichnete sich bereits die kommende Bankenkrise ab. Als am letzten Juli-Wochenende plötzlich die Industriekreditbank IKB in Düsseldorf in Schieflage geriet, wurde das exerziert, was später in der Bankenrettung immer wieder geschah: An einem Wochenende kommt es zu einer problematischen Situation einer Bank oder zur Panik an den Finanzmärkten, und die Regierung handelt »entschlossen« mit Milliarden von Steuergelder und Garantien. Bis zur Eröffnung der Börsen am darauffolgenden Montag muss alles wieder im Lot sein. So war es erstmals bei der IKB, dann bei der HRE und später bei allen »Euro-Rettungen«. Mit 52 Milliarden Euro Bilanzsumme war die IKB eine Bank mit einer gewissen Bedeutung für die Mittelstandsfinanzierung in Deutschland, sie war jedoch weder »systemrelevant« (was immer das auch bedeutet) noch wäre es zu den gefürchteten Dominoeffekten gekommen. Auf den Punkt gebracht: Die IKB war eigentlich eine Pommesbude. Sie hatte ein bestechendes Geschäftsmodell. Durch die beherrschende Beteiligung des Bundes konnte sie sich günstig an den Kapitalmärkten finanzieren und dieses Geld anschließend mit einer Marge an den Mittelstand verleihen. Das reichte ihr aber nicht. »Gier frisst Hirn« war auch das Motto bei der IKB. Mit dem Argument, man müsse das Risiko diversifizieren, investierte man in den amerikanischen Mittelstand, hier in den Immobiliensektor. Als dieser zusammenbrach, bekam die IKB ein Problem. Sie hatte ihrer Zweckgesellschaft in Dublin unbeschränkt Kredit gegeben, der jetzt fällig wurde. Am Ende kostete dies den Steuerzahler über 10 Milliarden Euro.

Im Aufsichtsrat der IKB saßen nicht nur Vorstandsmitglieder der Kreditanstalt für Wiederaufbau (KfW), sondern auch der damalige Abteilungsleiter im Finanzministerium, Jörg Asmussen, der später EZB-Direktoriumsmitglied werden sollte. Konsequenzen hatte dies für ihn nicht – im Gegenteil. Ein notwendiger Untersuchungsausschuss im Bundestag scheiterte wohl auch an der Intervention der »Deutschland AG«. Im Aufsichtsrat der IKB saßen nämlich nicht nur Vertreter des Bundes und der KfW, sondern auch die Crème de la Crème der deutschen Wirtschaft. Sie hatten kein Interesse an der Aufklärung ihres eigenen Versagens im Aufsichtsrat. Hinter vorgehaltener Hand sagte man mir damals, ein Untersuchungsausschuss würde nur den Linken mit ihrer Kapitalismuskritik in die Hände spielen.

Ab März 2008 kam es zu einer Beschleunigung. Hintergrund dieser Entwicklung war in erster Linie der Tausch relativ hochwertiger Sicherheiten gegen minderwertigere in der ersten Phase. Ab März 2008, als die Investmentbank Bear Stearns in Schieflage geriet und durch die Federal Reserve gerettet wurde, beschleunigte sich die Dynamik der Notenbankbilanzveränderung. Die Übernahme von schlechten und unverkäuflichen Krediten, die Morgan Stanley bei der Übernahme von Bear Stearns nicht in seine Bilanz übernehmen wollte, nahm die FED in ihre Bilanz auf. Auch andere Banken konnten ihre wertlosen Papiere bei der Zentralbank gegen US-Staatsanleihen eintauschen. Insgesamt bedeutete dies, dass durch diese Maßnahmen die Geschäftsbanken mit US-Staatsanleihen ausgestattet wurden, die diese ihrerseits als Sicherheiten für Finanzierungen hinterlegen konnten. Der Anteil der Staatsanleihen an der Bilanzsumme sank auf diese Weise von 90 Prozent vor der Krise auf nun unter 20 Prozent. Vor allem durch die Lehman-Pleite verschärfte sich das Tempo, mit dem die Zentralbank die Staatsanleihen verlieh. Es war absehbar, dass die verfügbaren Vermögenswerte der Federal Reserve bald ihre Grenze erreichen würden. Die Fähigkeit, über Bilanzstrukturveränderungen und Verleihungen hochwertiger Vermögenswerte dem Bankensystem unter die Arme zu greifen, reduzierte sich damit zunehmend, als versucht wurde, eine Systemkrise durch eine Bilanzverschlechterung zu verhindern. Der Bestand der hochwertigen und liquiden Aktiva ist entweder konstant geblieben (Gold) oder extrem zurückgegangen (US-Staatsanleihen). Bei gleichbleibender Bilanzsumme sind die reduzierten liquiden US-Staatsanleihen durch Anstieg in anderen, qualitativ minderwertigen, d. h. vor allem illiquideren Komponenten ausgeglichen worden. Eine weitere Unterstützung des Bankensystems war daher nur noch durch eine

Bilanzverlängerung möglich, wozu es dann in der nächsten Stufe auch kam.

Mit dem Bankrott von Lehman Brothers am 15. September 2008 verlängerte sich die Bilanz erheblich, als die Alternativen der Fed bei den Änderungen in der Zusammensetzung der Bilanz ausgeschöpft waren. In den drei Monaten vom 4. September bis 12. November 2008 stieg die Bilanzsumme sogar um mehr als 100 Prozent. Gleichzeitig verminderte sich die durchschnittliche Qualität der Aktiva durch die Hereinnahme minderwertiger Vermögenswerte. Weitere Rettungsaktionen sollten durch Aufkäufe wertloser Papiere und Kreditprogramme folgen.

Am 25. November 2008 gab es für die Geldpolitik der Federal Reserve eine weitere entscheidende Wendung. An diesem Tag machte Ben Bernanke die Ankündigung von neuen unkonventionellen geldpolitischen Maßnahmen. Anstatt Banken Kredite bei Hinterlegung von Sicherheit zu geben, kündigte Bernanke an, nun Kredite direkt zu kaufen. Die Entwicklung ging vom Kredit zum Kauf und damit zur vollen Übernahme des Ausfallrisikos durch die Federal Reserve. Es wurde angekündigt, für 500 Milliarden US-Dollar hypothekengesicherte Wertpapiere (mortgage backed securities), die von Fannie Mae, Ginnie Mae und Freddie Mac ausgegeben wurden, zu erwerben. Für 100 Milliarden Dollar sollten direkte Schulden von Fannie Mae, Freddie Mac und Federal Home Loans Banks gekauft werden. In einem 200-Milliarden-Programm sollten ferner Konsumentendarlehen und Darlehen an kleine Unternehmen gekauft werden. Diese Maßnahmen führten zu einer Bilanzverlängerung und -verschlechterung. Die Federal Reserve übernahm nun direkt das volle Kreditrisiko. Ein Kreditausfall schlägt damit unmittelbar auf das Eigenkapital der Federal Reserve durch. Berechnet man die Eigenkapitalquote der Fed, so zeigt sich, dass der Hebel (Leverage), mit dem die Fed wirtschaftet, von 22 auf sage und schreibe 50 gestiegen war.

Als sich die Bundestagsfraktion der FDP über die Ursachen und Folgen der Bankenkrise informieren wollte, empfahl ich im Frühjahr 2008 Professor Dr. Thorsten Polleit von der Frankfurt School of Finance & Management, damaliger Chefvolkswirt von Barclays Capital Deutschland, als Sachverständigen einzuladen. Er ist bekennender Vertreter der Österreichischen Schule. Ich hatte mit großem Interesse seine Analysen in *Handelsblatt* und in der *Börsenzeitung* gelesen. Er nahm in der Fraktion kein Blatt vor dem Mund. Er analysierte treffend das Auseinanderfallen der Geldmengenentwicklung und der Wirtschaftsentwicklung in der Eurozone und Amerika, beschrieb die Vermögensgüterinflation und sprach sich für eine Rückkehr zur Golddeckung aus. Hinterher sagte mir ein Fraktionsmitarbeiter, das sei etwas radikal gewesen, aber dennoch richtig. Das müssten einige Abgeordnete einfach mal hören.

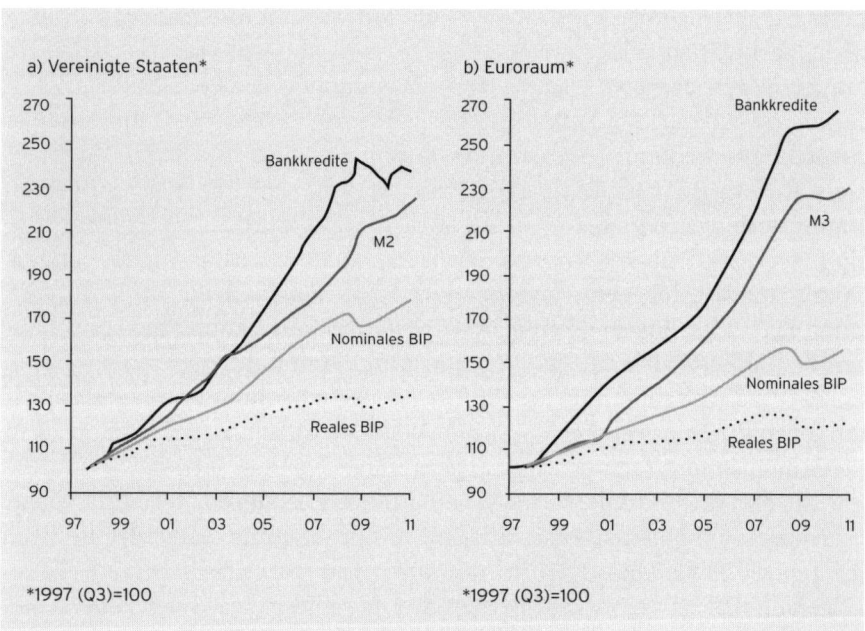

a) Vereinigte Staaten*

b) Euroraum*

*1997 (Q3)=100

*1997 (Q3)=100

Abbildung 7: Bankkredit, Geldmenge und Bruttoinlandsprodukt in den Vereinigten Staaten und im Euroraum. Quelle: Thomson Financial, Berechnungen von Thorsten Polleit.

Zu diesem Zeitpunkt begann sich bereits eine neue Dimension der Krise für Europa abzuzeichnen. Ende Februar 2009 sagte der damalige Bundesfinanzminister Peer Steinbrück im Nachrichtenmagazin *Der Spiegel*: »Wir haben in der Eurozone einige Länder, die erkennbar in Zahlungsschwierigkeiten kommen.« Sollte eines der Euro-Länder in Schwierigkeiten geraten, »wird die Gesamtheit behilflich sein müssen«.[5] Mit diesem Satz hatte Steinbrück das ausgedrückt, was die Märkte bis dahin ohnehin angenommen hatten: Im Zweifel wird die Nichtbeistandsklausel der Europäischen Verträge nicht angewandt, sondern über Bord geworfen.

Als ich am 5. Juni 2009 mit Norbert F. Tofall, Michael von Prollius und Thorsten Polleit einen Aufsatz mit dem Titel »Überwindung der Krise durch gutes Geld« ganzseitig in der *Frankfurter Allgemeinen Zeitung* veröffentlichte, wurde erstmalig einer interessierten Öffentlichkeit ein Modell einer marktwirtschaftlichen Geldordnung präsentiert.[6] Auf dieses Thema angesprochen, sagte der damalige FDP-Generalsekretär Christian Lindner über mich, ich wandele auf einem schmalen Grat zwischen frei denken und frei drehen.[7]

Aber gerade hier liegt des Pudels Kern. Im politischen Alltag ist man häufig nicht bereit, über die Ursachen zu diskutieren. Meine Partei erklärt die Finanzkrise bis heute im Wesentlichen mit einem Regulierungsversagen. Die USA hätten die mit Basel II erlassenen Eigenkapitalvorschriften für Banken nicht umgesetzt, in Deutschland habe die Bundesanstalt für Finanzdienstleistungsaufsicht (Bafin) bei den Banken IKB und HRE weggeschaut, Bundesbank und BaFin arbeiteten nicht zusammen, und so weiter und so fort. Letztlich kommt dann eine erneute Intervention durch den Gesetzgeber heraus. Über die viel grundlegenderen, zerstörerischen Schwächen unseres planwirtschaftlichen Geldsystems diskutiert die FDP ebenso wenig wie Union, SPD und Grüne.

Der wortgewaltige Ökonom Roland Baader hat dazu treffend in seinem Kommentar zur Subprimekrise »Finanzieller und intellektueller Bankrott« festgestellt:

»Die Schuldigen sind (mal wieder) rasch gefunden: Die gierigen Anleger, die verantwortungslosen Banker, die maßlosen Spekulanten, die unersättlichen Manager, das Herdenverhalten und die mangelnde Staatsaufsicht, kurz: der ›Neoliberalismus‹ und ›Turbo-Kapitalismus‹. Das klingt einleuchtend und ist doch abgrundtief falsch, weil Wirkungen mit Ursachen gleichgesetzt werden.

Wer die Welt mit Ozeanen aus Falschgeld überschwemmt, sollte nicht die Fischer verurteilen, die darin ihre Netze auswerfen. In den USA (aber auch anderswo) ist die Geldmenge in den letzten fünfzehn Jahren doppelt so schnell gestiegen wie das Sozialprodukt – und die Staatsschulden dreimal so schnell.

Finanzkrise, Preisinflation, Bankzusammenbrüche, Vermögenswerte- und Währungszerfall sind nicht Folgen eines ›Versagens des Kapitalismus‹, sondern Folgen des Fiebers und Schüttelfrostes des Kapitalismus, mit deren Hilfe er die Staats-Gifte loswerden möchte, die ihn todkrank gemacht haben: Das ungedeckte Papiergeld (das Schein- und Falschgeld namens fiat money) und die mit ihm aufgetürmten Kreditgebirge, die Inflationsmaschinen namens Zentralbanken, und den Scheinreichtum, den das Bruchteilsreserven-Bankensystem in astronomischen Dimensionen in die Welt gezaubert hat. Der Kapitalismus funktioniert hervorragend, indem er letztlich den falschen Kredit vom echten scheidet – und den falschen vernichtet.«

5. DRITTER UND JÜNGSTER EINSCHLAG: DIE GIER FRISST DAS HIRN DER POLITIKER

5.1 Der hellenisch-lateineuropäische Euro

Der dritte und jüngste Einschlag war die Krise in Griechenland. Sie zeichnete sich über Monate ab, aber die notwendigen Entscheidungen kamen unweigerlich im Mai 2010 auf die Koalition zu. Wenn solche grundsätzlichen Entscheidungen in der Politik anstehen, werden diese meist in den Gremien einer Partei vorbesprochen. So auch in der FDP. Das eigentliche Entscheidungsgremium meiner Partei ist das Präsidium. Es tagt normalerweise am Montagmorgen. Da die Griechenland-Entscheidung im Bundestag anstand, sollte die Position der FDP vorab im Präsidium geklärt werden. Das Besondere daran war: Dieses Mal war ich dabei. Am Montagmorgen, dem 3. Mai 2010, wurde ich um 11 Uhr in die Präsidiumssitzung der FDP geladen. Mein Kollege Jürgen Koppelin hatte Druck bei Guido Westerwelle gemacht, dass die Argumente der Kritiker einer Griechenland-Hilfe auch im Präsidium vorgetragen werden sollten. Er informierte mich, dass er Westerwelle empfohlen habe, auch mich einzuladen. Tatsächlich bekam ich bereits am Freitag eine schriftliche Einladung ins Parteipräsidium der FDP. Ziel war es wohl, die Kritiker umzustimmen, um nach dem Bundesparteitag Ende April in Köln eine gemeinsame Linie zu besprechen, die möglichst die Linie des Parteivorsitzenden sein sollte.

Im Sitzungsraum des Präsidiums im 4. Stock des Thomas-Dehler-Hauses in der Berliner Reinhardtstraße wurde schnell klar, dass die Fronten auch nach dem Parteitag verhärtet blieben. Die Führung wollte das Thema Griechenland und Euro vor der NRW-Wahl »tiefhängen«, staatspolitische Verantwortung zeigen und dem Kurs Schäubles und Merkels folgen. Ich erläuterte meine grundsätzlichen Bedenken, die ordnungspolitisch von den ökonomisch versierten Präsidiumsmitgliedern geteilt wurden. In der Sitzung wurde mir klar, dass der FDP ein Mann wie Otto Graf Lambsdorff fehlt. Der ehemalige Bundeswirtschaftsminister hatte bereits am 28. April 2000 vor einer Aufnahme Griechenlands gewarnt:

»Jetzt Griechenland aufzunehmen bei den dort vorhandenen Zuständen – wirtschaftlich und ökonomisch immer gesehen – halte ich für einen kapitalen Fehler. Das wird die Situation weiter verschlechtern, und ich kann mich nur wundern, was man den Bürgern eigentlich alles zumutet, wenn man jetzt diesen Beschluss auch noch fassen will – zur ungeeigneten Zeit und unter ungeeigneten Voraussetzungen.«[8]

Nach kurzer Diskussion war der Punkt beendet und mein Gastspiel im Präsidium der FDP ebenso. In der Sondersitzung der FDP-Fraktion am Nachmittag ging es dann schon kontroverser zu. Zahlreiche Mitglieder äußerten Kritik und Bedenken.

Meine Ablehnung machte ich nochmals deutlich. Wenn wir jetzt akzeptieren, dass die »Welt untergeht«, wenn wir nicht helfen, dann müssen wir immer helfen. Griechenland wird am Ende des Prozesses eine höhere Gesamtverschuldung aufweisen als vor der Hilfe, da die Wirtschaft implodiert, die Steuereinnahmen wegbrechen und die Banken aus ihrem selbst verschuldeten Schlamassel herausgeboxt werden. Insbesondere das gemeinsam mit dem IWF ausgearbeitete Sparprogramm Griechenlands war mir suspekt. 10 Milliarden Euro des 30 Milliarden Euro umfassenden Sparpaketes waren nicht spezifiziert, sondern blieben nebulös. Was damals als besonders ambitioniert dargestellt wurde, erweist sich heute als wenig erfolgreich.

Die Lage in Griechenland verschlechterte sich von Tag zu Tag. Die griechische Wirtschaft implodierte, die Wirtschaftskraft sank im Jahr 2010 um offiziell 4,2 Prozent und 2011 sollte sie sogar über 5 Prozentpunkte oder mehr sinken. In dieser Phase versprach die griechische Regierung noch stärkere Anstrengungen. Ein Privatisierungsprogramm über 50 Milliarden Euro sollte bis 2015 zusätzliche Einnahmen in den Staatssäckel bringen. Dies wurde zwar als ehrgeizig betrachtet, aber dennoch als realistisch eingeschätzt. Der eine schrieb es in jenen Tagen vom anderen ab, am Ende glaubten es alle – fast alle. Diese Mondzahlen waren natürlich völlig absurd. Gerade noch hatte die hohe Verschuldung der Staatsunternehmen die gemeldete Neuverschuldung Griechenlands von 13,6 auf 15,4 Prozent erhöht und eine gefühlte Sekunde später wollte man 50 Milliarden Euro Verkaufs- und Privatisierungserlöse erzielen. Man stelle sich diese Zahl einmal im Verhältnis zu Deutschland vor. Griechenland hatte damals 10 Prozent der Wirtschaftsleistung Deutschlands. Würde die Zahl auf Deutschland übertragen, müssten hier Privatisierungserlöse von 500 Milliarden Euro erzielt werden. Die 30 größten börsennotierten Unternehmen in Deutschland hatten im Jahr 2010 eine Marktkapitalisierung von über 850 Milliarden Euro. Vielleicht verdeutlicht dieser Vergleich, wie »realistisch« die griechischen Privatisierungsanstrengungen waren. Fachleute, die sich mit dem Privatisierungspotenzial Griechenlands auseinandergesetzt hatten, gingen von realistischen 5 Milliarden Euro aus. Schon dies war ehrgeizig. Denn Privatisierungen scheitern an der fehlenden Rechtssicherheit.

De facto hatte der hellenische Staat trotz dieser Kreditzusagen von 110 Milliarden Euro keine nennenswerten Privatisierungserlöse erzielt. Als größter Erfolg wurde 2013 der Verkauf des staatlichen Anteils am Lotteriemonopolisten OPAP für 652 Millionen Euro verkündet. Das war es dann auch schon. Und das, obwohl dies Teil des Rettungspaketes war. Viele der staatlichen Unternehmen waren 2009 hochdefizitär. So hatte die staatliche Gasgesellschaft DEPA allein 352 Millionen Euro Verbindlichkeiten bei einer Aktiva in Höhe von 1,5 Milliarden Euro. Bei der staatlichen Telefongesellschaft der Hellenic Telecommunications Organization standen einem Vermögen von rund 8 Milliarden Euro Verbindlichkeiten von fast 5 Milliarden Euro gegenüber. Nicht anders sah es bei den Athener Wasserwerken E.Y.D.A.P und dem Energieversorger Public Power Corporation aus. Letzterer hatte allein über 9 Milliarden Euro Verbindlichkeiten. Hochverschuldete Unternehmen sind schwer privatisierbar, dennoch war der Internationale Währungsfonds (IWF) optimistisch. Der Europachef des IWF, Antonio Borges, ermunterte die Griechen, sich von ihrem staatlichen Besitz zu trennen. Er bezifferte den Immobilienbestand der griechischen Regierung mit 280 Milliarden Euro.[9]

In die Privatisierungsdiskussion in Griechenland hatte ich mich früh eingeschaltet. Ich kann mich noch gut erinnern, dass mich in der ersten Sitzungswoche im März 2010 ein *Bild*-Journalist anrief und fragte, ob ich nicht ein Statement zur Privatisierungsdiskussion in Griechenland abgeben wolle. Zu diesem Zeitpunkt zeichnete sich bereits ab, dass Griechenland Hilfe der Euro-Staaten anfordern würde. Da ich schon sehr früh die Position eingenommen hatte, dass eine Hilfe für Griechenland gegen die Nicht-Beistandsklausel in den Europäischen Verträgen verstößt, nach der kein Land für die Schulden eines anderen Landes haften oder eintreten darf, passte die Anfrage durchaus in meine Linie. Wer Liquiditätsprobleme hat, muss sparen und gegebenenfalls sogar »Tafelsilber« verkaufen, also auch Eigentum des Staates. Ich wollte eigentlich mein Zitat auf die Unternehmensbeteiligungen des griechischen Staates lenken, der Journalist wollte jedoch die Story in Richtung des Grundbesitzes und der unbewohnten Inseln in staatlichem Eigentum lenken. Am Ende gab ich folgendes Zitat frei:

»Die Kanzlerin darf keinen Rechtsbruch begehen, darf Griechenland keine Hilfen versprechen. Der griechische Staat muss sich radikal von Beteiligungen an Firmen trennen und auch Grundbesitz, z. B. unbewohnte Inseln, verkaufen.«

Am anderen Morgen machte die *Bild*-Zeitung auf dem Titelbild mit der Akropolis auf und titelte »*Verkauft doch eure Inseln, ihr Pleite-Griechen ... und die Akropolis mit.*« Darunter wurden der damalige Chef der CDU-Mittelstandsvereinigung Josef Schlarmann und der damalige Chef der Jungen Gruppe der Unionsabgeordneten Marco Wanderwitz und mein freigegebenes Zitat gebracht. Die Wucht und der »Dreh« dieser Meldung hat mich natürlich überrascht, da in griechischen Medien suggeriert wurde, deutsche Politiker würden verlangen, dass Griechenland Hoheitsgebiete abtreten sollte. Das war natürlich völliger Quatsch. Dennoch habe ich anders als mein Kollege Wanderwitz diese Meldung nie dementiert oder relativiert. Es ging mir nicht darum, dass der griechische Staat Hoheitsgebiete abgibt, sondern es sollte lediglich ein Eigentümerwechsel stattfinden. Was die Regierung in Athen privatisiert und verkauft und an wen, war und ist mir völlig egal. Das ist und bleibt eine souveräne Entscheidung der griechischen Regierung und des dortigen Parlaments. Ich möchte nur nicht, dass die deutschen Steuerzahler für die Schieflage und den Schlendrian in Griechenland bezahlen müssen. Nur darum geht es. Dennoch habe ich versucht, kein weiteres Öl ins Feuer zu gießen. Alle Interview-Anfragen griechischer Medien habe ich seitdem konsequent abgelehnt. In der emotional aufgeheizten Debatte war dies wohl besser so.

Zwei Jahre später, im Mai 2012, startete tatsächlich eine Verkaufswelle griechischer Inseln. Ein Immobilenmakler bot im Internet griechische Inseln zum Verkauf an und bezog sich dabei auf meine Idee von damals.[10] Und auch der griechische Ministerpräsident griff meinen Vorschlag im August 2012 auf. In der französischen Zeitung *Le Monde* wurde er mit den Worten zitiert, »seine Regierung sei bereit, unbewohnte Inseln zu verkaufen. Einige dieser Inseln könnten durchaus von wirtschaftlichem Nutzen sein. Bedingung sei aber, dass der Verkauf keine Gefahr für die nationale Sicherheit sei.«[11] Es geht doch!

Im Bundestag erklärte Merkel am 5. Mai 2010 bei der ersten Lesung des Währungsunion-Finanzstabilitätsgesetzes, also der ersten Griechenland-Hilfe, Folgendes: Die Hilfe müsse erfolgen, »damit es nicht zu einer Kettenreaktion im europäischen und internationalen Finanzsystem und zu einer Ansteckung anderer Euro-Mitglieder kommt«. Erste Politiker, auch aus meiner eigenen Partei, forderten einen Marshall-Plan und öffentliche Investitionen in Griechenland. Der Herausgeber des *Handelsblatts,* Gabor Steingart war sich nicht zu schade sich nicht, auf der Titelseite des Wirtschaftsblatts aus Solidarität zum Kauf griechischer Staatsanleihen aufzufordern.[12] Der ehemalige Finanzminister Hans Eichel beteiligte sich eifrig an dieser PR-Aktion. Er war es auch, der am 29. Juni 2000 blauäugig im Deutschen Bundestag gesagt hatte:

»Vor zehn Jahren hätte sich niemand vorstellen können, dass Griechenland und viele andere Länder in so kurzer Zeit von hohen Inflationsraten und hohen Zinsen herunterkommen und das Staatsdefizit ganz konsequent begrenzen. Deswegen sage ich: Wir haben allen Grund, Griechenland zu diesem Erfolg zu gratulieren.«[13]

Dabei hatte Griechenland längst seinen Marshall-Plan. Seit ihrem EU-Beitritt 1981 hat die Hellenische Republik bis zum Ausbruch der Krise über 133 Milliarden Euro Transfers von der EU erhalten. Allein Deutschland steuerte 69 Milliarden Euro bei.[14] Für die übrigen Krisenstaaten war es nicht anders. Spanien erhielt bis zum Ausbruch der Finanzkrise 157,5 Milliarden Euro, Portugal 72 und Irland 67,5 Milliarden Euro an Transferzahlungen aus dem EU-Haushalt. Insgesamt waren das sage und schreibe 430,5 Milliarden Euro. Wenn das kein Marshall-Plan war!

Pikant dabei war, dass der damals amtierende Bundespräsident Horst Köhler dies ganz anders sah – zumindest 1992. In seiner Funktion als Staatssekretär im Bundesfinanzministerium sagte er in einem *Spiegel*-Interview:

»Köhler: Es gibt eine ›no bail – out rule‹. Das heißt, wenn sich ein Land durch eigenes Verhalten hohe Defizite zulegt, dann ist weder die Gemeinschaft noch ein Mitgliedstaat verpflichtet, diesem Land zu helfen.

Spiegel: Aber Sie können auch nicht zulassen, dass dieses Land pleite geht.

Köhler: Wieso denn nicht? Wenn irgendein Land durch eigenes Fehlverhalten völlig aus dem Ruder läuft und sagt, dass es x-Milliarden von Brüssel braucht, dann müsste es für diese Zuzahlung ein Entscheidungsverfahren geben. In Europa kann Geld nur im Rahmen eines genau spezifizierten Verfahrens bewilligt und ausgegeben werden. Und das bedeutet: Es kann Geld nur im Rahmen der Eigenmittelbeschlüsse geben. Und die müssen einstimmig gefasst werden. Zur Zeit hat die Gemeinschaft 1,2 Prozent des gemeinschaftlichen Bruttoinlandsprodukts zur Verfügung. Man muss sich einfach mal die Größenordnung vor Augen führen. Damit können Sie nicht ganze Länder alimentieren.«[15]

Dennoch glaube ich nicht an die im Internet verbreitete These, Bundespräsident Köhler sei zurückgetreten, weil die Regierung ihn zu einer schnellen Unterzeichnung der EFSF-Gesetze und -Verträge gedrängt habe. Ich kann mich noch gut an ein Treffen der Mitglieder des Finanzausschusses mit dem Bundespräsidenten Anfang Dezember 2010 im Schloss Bellvue erinnern. Damals schimpfte er gegen die gierigen Banker und die mangelnde Regulierung der Finanzmärkte. Kritik an der Griechenland-Hilfe oder dem Schuldenfonds EFSF übte er zu diesem Zeitpunkt nicht.

Doch als am Freitagmorgen des 7. Mai 2010 pünktlich um 9 Uhr der Deutsche Bundestag zu seiner 41. Sitzung zusammentrat, war den Abgeordneten des Parlaments die Bedeutung dieses Arbeitstages nicht klar. Dieser sollte in die Geschichte eingehen. Bundestagspräsident Norbert Lammert erinnerte zunächst an das Kriegsende am 8. Mai 1945. 65 Jahre seien vergangen. Die Feinde von damals hätten sich längst die Hand zur Versöhnung gereicht. Deutschland sei im vereinten Europa ein verlässlicher und geachteter Partner und Nachbar, so Lammert.

Mir wird dieser Tag lange in Erinnerung bleiben. Denn anschließend beriet das Parlament abschließend über das von CDU/CSU und FDP eingebrachte »Gesetz zur Übernahme von Gewährleistungen zum Erhalt der für die Finanzstabilität in der Währungsunion erforderlichen Zahlungsfähigkeit der Hellenischen Republik«, kurz Währungsunion-Finanzstabilitätsgesetz, oder besser »Griechenland-Hilfe«. Es war eine für das Parlament typische Debatte. Eigentlich ging es nicht um Griechenland oder den Euro, sondern um die bevorstehende Landtagswahl in Nordrhein-Westfalen. Schon im Vorfeld war dieser Zusammenhang klar geworden. Die Union wollte die SPD in einem gemeinsamen Entschließungsantrag mit ins Boot der Koalition nehmen, das hätte die FDP diszipliniert. Die SPD machte dafür zur Bedingung, die Forderung nach einer Finanztransaktionssteuer in den gemeinsamen Antrag aufzunehmen. Die FDP lehnte das strikt ab, machte es sogar zur Koalitionsfrage, denn das hätte den Ruf der Steuersenkungspartei infrage gestellt. Am Ende setzte sich die FDP durch, die Finanztransaktionssteuer stand nicht im Antrag, die SPD brachte einen eigenen Antrag ins Parlament ein, den die Regierungsmehrheit ablehnte. Die Welt war wieder in Ordnung. Anschließend enthielt sich die SPD bei der Griechenland-Hilfe kraftvoll, was die Regierungskoalitionen der SPD danach noch kraftvoller vorwarfen. So funktioniert Politik.

Anschließend wurde das Griechenland-Rettungspaket mit großer Mehrheit im Parlament verabschiedet. Die Fraktionen von CDU/CSU, FDP und Grüne stimmten zu, die SPD enthielt sich, und die Linken stimmen dagegen. Ich stimmte auch dagegen. Mit mir auch die Unions-Kollegen Alexander Funk, Peter Gauweiler, Manfred Kolbe und Klaus-Peter Willsch. Doch Argumente zählten nicht. In der Woche vor einer wichtigen

Landtagswahl dürfen die Wähler nicht verunsichert werden. Nein, eine Regierung und ihre Handelnden müssen aktiv gestalten, auf Teufel komm raus. So identisch mein Abstimmungsverhalten mit den Sozialisten im Parlament war, so völlig anders war meine Begründung. Dennoch war es meine bis dahin schwerste Entscheidung im Deutschen Bundestag. Gegen meine eigene Fraktion hatte ich bislang nie gestimmt. Selbst dem »Bankenrettungsschirm« hatte ich im Herbst 2008 zugestimmt, obwohl ich schwerste Bedenken hatte. Lediglich bei den Verfassungsänderungen für die neue Schuldenbremse konnte ich der Zustimmung meiner Fraktion nicht folgen und enthielt mich. Die Schuldenbremse wird ihre Wirkung nicht entfalten, sie wird wieder umgangen, weil deren Verstoß keine Sanktionen zur Folge hat.

Einige Kollegen behaupteten tatsächlich, dass die Griechenland-Hilfe ein Geschäft für »uns« sei, da die Zinsdifferenz zwischen der eigenen Geldaufnahme an den Finanzmärkten und der vereinbarten Zinszahlungen Griechenlands für uns positiv sei. So sagte der haushaltspolitische Sprecher der Unions-Fraktion Norbert Barthle, da Griechenland für die Hilfen voraussichtlich 5 Prozent Zinsen zahlen müsse, sei dies »für den Bund ein gutes Geschäft«.[16]

Das ist natürlich absurd. Es unterstellte in fataler Weise, dass Griechenland jemals seine Schulden zurückbezahlen wird. Je größer unser Engagement bei der Griechenland-Rettung ist, umso mehr erhöht es unsere gesamtstaatliche Verschuldung und konterkariert damit unsere eigenen Verschuldungsregeln im Grundgesetz. Die Fraktionslinie zu verlassen fiel mir daher nicht leicht. Doch dieses Mal war ich fest entschlossen und gleichzeitig noch nie so einsam im Parlament.

Kampfesmutig wollte ich meine persönliche Erklärung im Anschluss an die Debatte im Parlament verlesen. Der amtierende Tagungspräsident Hermann-Otto Solms von der FDP riet mir freundlich, aber bestimmt davon ab, gegebenenfalls würde er mich sogar erst nach der Abstimmung an das Rednerpult lassen. Die Geschäftsordnung des Bundestages lässt dem amtierenden Parlamentspräsidenten diesen Entscheidungsspielraum. Nachdem ein parlamentarischer Geschäftsführer der Fraktion nochmals freundlich mit mir sprach, nahm ich davon Abstand, reichte die Stellungnahme zu Protokoll ein und fühlte mich meines mangelnden Mutes wegen hundeelend. Hundeelend auch deshalb, weil mir klar war, dass ich mich außerhalb meiner Fraktionsgemeinschaft gestellt hatte. Illoyalität wird in der Politik nicht geschätzt, das wusste ich. Gemeinhin wird dies anschließend mit »Liebesentzug« entlohnt. Beim »Pöstchenverteilen« ist man erst einmal nicht mehr mit dabei, auch an prominenter Stelle im Parlament reden zu können, ist zunächst vorbei. Der Regierungsalltag muss funktionieren. Auf Einzelschicksale wird dabei keine Rücksicht genommen.

Welche Wirkung eine persönliche Erklärung im Deutschen Bundestag dennoch haben kann, wurde mir erst im Nachhinein bewusst. Als ich meine persönliche Erklärung auf meiner Homepage veröffentlichte und über die sozialen Netzwerke und Blogs verteilte, vervielfachten sich die Zugriffszahlen. Dadurch wurde mir klar, dass sich eine breite Community dafür interessiert.

Meine Erklärung vom 7. Mai 2010 im Wortlaut:

»Erklärung gemäß § 31 GO des Deutschen Bundestages zur Ablehnung des Währungsunion-Finanzstabilitätsgesetzes

Herr Präsident, Kolleginnen und Kollegen,

bevor wir hier über einen so wichtigen Gesetzentwurf abstimmen, mache ich von meinem Recht Gebrauch, mein Abstimmungsverhalten zu begründen:

Das gemeinsame Europa hat gemeinsame Ziele, die durch gemeinsame Regeln erreicht werden sollen. Diese Regeln sollten für alle gleich sein. Sonderrechte zerstören die europäische Idee.

Die Stabilität des Euro ist eine tragende Säule unserer marktwirtschaftlichen Ordnung. Die Solidarität bewährt sich in der Solidität der Mitgliedsländer des Euroraumes. Deshalb ist nicht der unsolidarisch, der Sonderrechte verweigert, sondern der, der zu Lasten anderer Regeln dauerhaft verletzt hat und damit den Euro insgesamt in Gefahr bringt.

Rechtliche Bewertung

Die Vereinbarungen vom 11. Februar, 25. März und 11. April 2010 der Staats- und Regierungschefs und der Finanzminister des Euroraumes zerstören diese Solidarität und brechen die gemeinsamen Regeln.

Nach Artikel 125 AEUV haften weder die Union noch einzelne Mitgliedstaaten für Verbindlichkeiten eines Mitgliedstaates und treten auch nicht für dessen Verbindlichkeiten ein. Ein Bail-Out Griechenlands widerspricht dieser Klausel. Er widerspricht der Stabilitätsorientierung des Euros.

EU und Regierungen sind dafür da, Recht zu sichern und es nicht zu schleifen.

Ökonomische Bewertung

Das ist aber nur die eine Seite der Medaille. Die andere Seite ist, dass damit die Wirtschaftsverfassung geändert wird.

Mit dem Bail-Out wird Verantwortung und Haftung außer Kraft gesetzt und die Risiken werden sozialisiert.

Nicht die Spekulanten sind das Problem, sondern der Bail-Out ist das Problem. Nur durch den Bail-Out lohnt es sich für Geschäftsbanken, griechische Anleihen zu kaufen, weil diese dann wissen, dass dieses Geschäftsmodell nicht zusammenbrechen kann. Das pervertiert die marktwirtschaftliche Ordnung und es setzt Anreize für einzelne Staaten, sich weiter zu verschulden.

Das vereinbarte Sparpaket des IWF und der Eurozone wird Griechenland nicht helfen, da es die Ursache der Probleme Griechenlands nicht löst.

Selbst wenn das Sparpaket bis 2014 vollständig umgesetzt wird, steigt die Verschuldung Griechenlands gegenüber 2009 weiter an. Griechenland steckt in der Verschuldungsfalle. Diese wird dazu führen, dass sehr wahrscheinlich die Staatsverschulung am Ende des Hilfspaketes eher bei 130 Prozent im Verhältnis zum Bruttoinlandsprodukt liegt, als bei 115 Prozent (2009). Rund 10 Milliarden Euro des Sparpaketes sind ausdrücklich nicht spezifizierte Kürzungen im Haushalt Griechenlands. Also liegt 1/3 des Sparpaketes im Nebel.

Griechenland wird nicht in der Lage sein, mit seiner Wirtschaft die Mittel zu erwirtschaften, die zur Schuldenreduzierung notwendig sind, solange Griechenland Mitglied der Eurozone ist. Notwendig wäre dafür ein Produktivitätsfortschritt der griechischen Wirtschaft von mindestens 30 Prozent, der in dieser kurzen Zeit nicht erreicht werden kann.

Beides sind die notwendigen Bedingungen, dass Griechenland überhaupt in die Lage versetzt wird, sich wieder ausreichend an den Finanzmärkten zu refinanzieren.

Deshalb ist die Hilfe der Einstieg in die Transferunion, die die Stabilität des Euro gefährdet und damit die kollektive Verantwortungslosigkeit im Euro-Raum befördert. Dies wird unweigerlich Einfluss auf die Geldwertstabilität in unserem Land haben.

Damit werden das Sparvermögen von Millionen Menschen und die Investitionsentscheidungen von Tausenden von Unternehmen infrage gestellt.

Diesem Handeln kann ich im Interesse unserer Bürgerinnen und Bürger nicht meine Zustimmung erteilen. Deshalb stimme ich gegen diesen Gesetzentwurf.«

Dass ich mit dieser Prognose zu optimistisch war, hätte ich damals nicht gedacht. Meine Prognose, dass die Verschuldung von 115 Prozent auf 130 Prozent zur Wirtschaftsleistung ansteigen würde, hat sich leider nicht erfüllt. Nach zwei Schuldenschnitten beträgt die Verschuldung Griechenlands Ende 2013 179 Prozent (!) zum Bruttoinlandsprodukt – so hoch wie noch nie seit Beginn der Krise. Und auch die absolute Verschuldung ist mit 329 Milliarden Euro höher als zu Beginn der Krise (2009: 299 Milliarden Euro). Um es nochmals zu unterstreichen: nach **zwei** Schuldenschnitten!

Die namentliche Abstimmung war gegen Mittag angesetzt. Ich stimmte mit Nein. Es gehört nicht viel Mut dazu, eine rote Stimmkarte für »Nein«, statt einer blauen Karte für »Ja« in die Wahlurne des Deutschen Bundestages zu werfen. Man muss es nur tun.

Eigentlich wäre ich anschließend gerne nach Hause gefahren. Jedoch hatte ich Wochen vorher bereits einen Termin beim Liberalen Mittelstand in Hagen/Westfalen zugesagt. Angekommen im dortigen »Kegelkasino«, einem Waschbetonbau mit angeschlossenem Parkhaus aus den 1970er-Jahren, begrüßten mich die knapp drei Dutzend Mitglieder sehr freundlich. Die Übereinstimmung mit meiner Haltung war sehr groß. Die wenigen, die nicht meiner Auffassung waren, respektierten meine Position und empfanden Respekt vor meiner Haltung. Gerade dies sollte ich in den nächsten Monaten immer wieder feststellen. Politik ohne Zustimmung ist auf Dauer nicht möglich, umso wichtiger war mir diese Unterstützung.

Nach diesem ersten Griechenland-Paket beruhigten sich die Börsen jedoch nicht. Im Gegenteil! Es blieb weiter hektisch und die Meldungen und Spekulationen überschlugen sich. Die Talfahrten an den Börsen sowie die Abwertung des Euro hielten an. So wurde das Gipfeltreffen der Staats- und Regierungschefs zur endgültigen Verabschiedung der ersten Griechenland-Hilfe vom 7. bis zum 9. Mai 2010 zur Gründungskonferenz des vorläufigen Euro-Rettungsschirms EFSF in einer Höhe von insgesamt 750 Milliarden.

Die Vereinbarung der EU-Finanzminister traf das Parlament wie ein Schlag ins Gesicht. Am Montag kam ich erneut zu einer Sitzungswoche des Bundestages nach Berlin. Als ich in meinem Büro im 5. Stock in der Dorotheenstraße 101 eintraf, setzte ich mich zuerst an den Computer, um meiner Fraktion ein weiteres Mal zu schreiben.

Liebe Kolleginnen und Kollegen,

in der gestrigen Nacht haben die EU-Finanzminister erneut einen Rettungsschirm für Länder der Eurozone beschlossen. Nachdem der Deutsche Bundestag am vergangenen Freitag dies bereits für Griechenland beschlossen hat, soll nunmehr ein Rettungsschirm in der Größenordnung von 750 Mrd. Euro gemeinsam mit dem IWF geschaffen werden. Dieser beispiellose Akt, zwei Tage nachdem der Bundestag das Rettungspaket für Griechenland verabschiedet hat, ist für mich unfassbar.

Die Griechenlandrettung war für die Befürworter »alternativlos«, auch wenn sie gegen die No-Bail-Klausel (Artikel 125 AEUV) der Europäischen Verträge verstößt. Wenn die EU jetzt direkt Kredite an Mitglieder der Eurogruppe vergeben will, verstößt dies nunmehr ebenfalls gegen Europäische Verträge (Artikel 143 AEUV). Sollte die EZB nicht nur griechische Staatsanleihen ohne Bonitätsstufe als Sicherheiten akzeptieren, sondern aktiv Staatsanleihen aufkaufen, dann wäre dies ein noch nie dagewesener Dammbruch und ebenfalls ein Verstoß gegen Europäische Verträge (Artikel 123 AEUV). Damit werden die Schulden von Ländern der Eurozone sozialisiert. Inflation ist unweigerlich die Folge. Inflation ist die kalte Enteignung von Sparvermögen von Millionen Menschen in diesem Land.

Ökonomisch ist dieses Verhalten kontraproduktiv. Investoren setzten bereits bei Griechenland mit ihren Investitionen darauf, dass die Hellenische Republik nicht zahlungsunfähig wird, da die übrigen Mitglieder der Eurozone dem Land helfen werden. Die erzielte Überrendite war daher durch den Bail-Out risikolos. Nunmehr wird daraus ein dauerhaftes und lukratives »Geschäftsmodell«. Dieser Automatismus muss durchbrochen werden, ansonsten wird die marktwirtschaftliche Ordnung zerstört.

Das neue Rettungspaket wird von den Befürwortern sicherlich wieder als »alternativlos« dargestellt. Dennoch, gegen diesen kollektiven Rechtsbruch ohne ökonomisches Fundament werde ich mich stellen.

Freundliche Grüße

Frank Schäffler

Als neben der Entscheidung für den Schuldenfonds EFSF auch noch die EZB unter Jean-Claude Trichet in der Nacht vom 9. auf den 10. Mai 2010 verkündete, Staatsanleihen aufzukaufen, war der Rubikon für mich endgültig überschritten. In der Freitagsausgabe des *Handelsblatts* forderte ich daraufhin den Rücktritt des EZB-Chefs, wobei mir klar war, dass dies in meiner Partei- und Fraktionsführung nicht auf Begeisterung und breite Unterstützung stoßen würde.

Es war mir sehr bewusst, dass dieses vermeintliche Rettungswochenende den Euro in seinem Fundament verändern würde. Schon deshalb wählte ich sehr harte Formulierungen. Ich erklärte, die Europäische Zentralbank befinde sich nach ihrem Beschluss, von Schulden geplagten Euro-Ländern mit dem Aufkauf von Staatsanleihen unter die Arme zu greifen, in der größten Vertrauenskrise ihrer Geschichte. Dafür trage EZB-Präsident Trichet die Verantwortung. Nun müsse Bundesbank-Chef Axel Weber das Amt von EZB-Präsident Jean-Claude Trichet übernehmen. Der Ankauf von Schrottpapieren sei das Fallbeil für den Euro. Wenn das so weitergehe, kaufe die EZB bald auch alte Fahrräder auf und gebe dafür neue Geldscheine raus. Diese Entwicklung müsse gestoppt werden. Gerade die Entwicklung der EZB im Juni 2014 zeigt, dass der Dammbruch der Anleihenaufkäufe durch die EZB in 2010 nunmehr immer dann wiederholt wird, wenn die EZB mit ihrem Latein am Ende ist.

Als ich am folgenden Montag zur Sitzungswoche nach Berlin anreiste, war mir klar, dass der Artikel im *Handelsblatt* nicht ohne Folgen für mich bleiben würde. Wir kamen in unserer Fraktionsarbeitsgruppe am Dienstagmorgen in einem Restaurant in der Berliner Reinhardtstraße mit einem der großen Verbände zu einem Arbeitsfrühstück zusammen. Anschließend informierte mich ein Mitglied dieser Arbeitsgruppe, dass man mich auf Drängen der Fraktionsführung in der anschließenden Arbeitsgruppensitzung als Obmann der FDP im Finanzausschuss abwählen wolle. So etwas hatte ich erwartet, war jedoch überrascht über die Vorgehensweise. Denn weder die Fraktionsvorsitzende noch der Parteivorsitzende hatte mir diesen Schritt angekündigt. Die Obleute der Fraktionen koordinieren die Ausschussarbeit im Bundestag. Zu Beginn der Legislaturperiode war mir dieses Amt noch wichtig, zunehmend merkte ich jedoch, dass ich immer mehr in Konflikte mit meiner eigenen Meinung und dem Amt selbst geriet. Deshalb wollte ich das Heft des Handelns selbst in der Hand halten, erklärte zu Beginn der Arbeitsgruppensitzung meinen Rücktritt als Obmann und twitterte direkt aus der Sitzung hinaus:

»Bin als Obmann der FDP-Fraktion im Finanzausschuss zurückgetreten.«

Die Nachricht schlug in Partei und Fraktion ein wie eine Bombe. Ich fühlte mich jedoch befreit, hatte anschließend mehr Zeit für meine Themen und musste nicht stundenlang in unnützen Koordinierungsrunden verbringen. Gleichzeitig konnte mich die Fraktionsspitze mit nichts mehr »disziplinieren«. Denn gerade mit diesen »Schulterklappen«

wurde belohnt bzw. sanktioniert. Noch am gleichen Tag fassten die Koalitionsspitzen den Beschluss für eine Finanztransaktionssteuer. Viele sahen meinen Rücktritt in diesem Zusammenhang, kämpfte ich doch in den letzten Wochen gegen diese neue Steuer, die die Linken innerhalb und außerhalb des Parlaments als »eierlegende Wollmilchsau« gegen den bösen Finanzkapitalismus einsetzen wollten. Lediglich die FDP hatte bis dahin standhaft gegen diese Steuer opponiert. Die heutigen Schwierigkeiten bei deren Einführung geben uns im Nachhinein recht. Die Finanztransaktionssteuer führt zu Ausweichverhalten in nicht regulierte Anlageformen und belastet am Ende den »kleinen« Sparer bei seinen langfristigen Sparprozessen.

Doch das Einknicken meiner Fraktionsspitze bei der Finanztransaktionssteuer war eher eine Bestätigung für meinen Rücktritt als die eigentliche Ursache. Nachmittags gab ich eine kurz gehaltene Erklärung an die Presse ab:

> »Ich will bei der anstehenden Abstimmung am Freitag anders als die FDP-Bundestagsfraktion gegen das ›Rettungspaket‹ stimmen. Daher kann ich diesen Kurs an herausgehobener Position nicht vertreten. Die aktuelle Entwicklung zur Finanztransaktionssteuer zeigt, dass dieser Schritt auch richtig war. Wir dürfen nicht alle Positionen preisgeben. Reden und Handeln müssen mehr übereinstimmen.«

Die Zustimmung erfolgte zum Schuldenfonds EFSF durch den Bundestag am 21. Mai 2010 mit dem »StabMechG«. In Kraft trat es am 23. Mai 2010.

Anders als bei der Abstimmung zum ersten Griechenland-Paket am 7. Mai war ich dieses Mal nicht der Einzige in meiner Fraktion, der den erneuten kollektiven Rechtsbruch in der EU nicht mitmachen wollte. Dieses Mal folgte mir mein Göttinger Kollege Dr. Lutz Knopek, der Vize-Präsident des Deutschen Bundestages. Dr. Hermann-Otto Solms aus Hessen enthielt sich der Stimme. Nach der Abstimmung rief Solms mich an und empfahl mir seine persönliche Erklärung, die er zur Abstimmung zu Protokoll gab. Sie ist wirklich lesenswert. So heißt es unter anderem:

»Die Europäische Union hat mit dem vereinbarten Rettungsschirm das Tor zur Transferunion aufgestoßen. Anders als bei der zuvor beschlossenen Griechenlandhilfe wird mit der Verordnung zur Aufnahme von Gemeinschaftsanleihen, dem Aufkauf schlecht besicherter Staatsanleihen durch die EZB und dem vorliegenden Gewährleistungsgesetz die Übernahme von Risiken institutionalisiert. Der sogenannte Rettungsschirm organisiert und besiegelt die Mitverantwortung aller europäischer Partnerländer für die unsolide Finanzpolitik Einzelner. Die Tatsache, dass die Haftung formal nur pro-rata organisiert wird und zumindest die Zweckgesellschaft zeitlich befristet ist, ändert nichts an diesem grundlegenden Befund. Indem wir die wirtschaftspolitischen Probleme einzelner Länder zu Lasten der Steuerzahler der übrigen sozialisieren, verändern wir den Charakter der Währungsunion grundlegend. Wir begeben uns auf einen Weg, der langfristig zu einer erheblichen Destabilisierung der Währungsordnung führen kann und die Wachstumsperspektiven Deutschlands deutlich verschlechtert (...) Wer hohe Risiken eingeht, muss dafür auch haften. Die No-Bail-Out-Bestimmung war Ausdruck dieses Prinzips. Der mit dem Rettungsschirm institutionalisierte Ausstieg der europäischen Finanzpolitik aus dem No-Bail-Out-Prinzip ist ein grundlegender Fehler. In dem Moment, wo dieses Prinzip nicht mehr gilt, kommt es zu einer dauerhaften Asymmetrie der Risiken. Entgegen fundamentalen marktwirtschaftlichen Prinzipien haften die Staaten der EU dann für die Risiken der privaten Marktteilnehmer. Das bedeutet, dass letztlich systematisch die Steuerzahler für die Fehlinvestitionen von Banken, Versicherungen und anderen privaten Marktteilnehmern geradestehen.«[17]

Im Wissen um die Bedeutung der Abstimmung, wollte ich auch dieses Mal meine Rede vor dem hohen Haus vortragen. Aber wieder fehlte mir die Courage. Ich setzte mich nicht durch. Anders als bei meiner Erklärung zur Griechenland-Hilfe nahm ich mir jedoch vor, mich grundsätzlicher zum Geldsystem zu äußern. Mir war klar, dass die Interventionsspirale immer weitergeht, dass auch dieser »Rettungsschirm« nicht reichen wird und dass wir in einer historischen Zeitenwende leben, in der das weltweite Geldsystem von den Politikern gerade in unverantwortlicher Weise aufs Spiel gesetzt wird. Meine persönliche Erklärung stellte ich anschließend ins Netz. Die Zugriffszahlen verzehnfachten sich daraufhin. Auch das war ein Erfolg.

Hier meine Erklärung:

»Wir entscheiden gleich über das sogenannte Euro-Stabilisierungsgesetz. Dieses Gesetz ist einmalig in der deutschen Geschichte. Diese Einmaligkeit veranlasst mich, von meinem parlamentarischen Recht Gebrauch zu machen, mein Abstimmungsverhalten vor dem Deutschen Bundestag zu begründen.

Ich werde dem vorliegenden Gesetzentwurf nicht zustimmen. Denn dieses Gesetz ist kein Rettungspaket für den Euro und Europa.

Das vereinte Europa ist von seinen Gründungsvätern Konrad Adenauer, Robert Schumann, Jean Monnet, Alcide De Gasperi und anderen als ein Hort der Freiheit gegen alle Formen von Diktatur, Unfreiheit und Planwirtschaft erträumt worden. Das heutige Europa ist auf dem Weg in die monetäre Planwirtschaft und den politischen Zentralismus.

Die Gründungsväter Europas wollten ein Europa des Rechts und der Rechtsstaatlichkeit. Die heutigen Regierungen des Euroraums, die EU-Kommission und die EZB verabreden sich hingegen zum kollektiven Rechtsbruch, obwohl die EU-Kommission als Hüterin der Verträge und die nationalen Regierungen zum Schutz des Rechts verpflichtet sind.

Es gibt Alternativen zum derzeitigen planwirtschaftlichen und rechtswidrigen Handeln der europäischen Regierungen und der EU-Kommission.

Planwirtschaft und Rechtsbruch sind nicht alternativlos. Wir müssen uns jedoch trauen, die Alternativen zu bedenken, zu wählen und anschließend mutig umzusetzen. Vor allem müssen wir anfangen, die heute wieder vielfach geschürte Angst vor der Freiheit zu bekämpfen. Dieser Kampf beginnt mit einem freien Denken: Wir müssen uns trauen, die Ursachen unserer Finanz- und Überschuldungskrise zu benennen.

Die Hauptursache unserer Finanz- und Überschuldungskrise von Staaten und Banken liegt in der Geld- und Kreditschöpfung aus dem Nichts und der Möglichkeit, staatliches ungedecktes Zwangspapiergeld unbegrenzt vermehren zu können. Ohne diese Alchemie des Geldes hätte kein weltweites

Schneeballsystem aus ungedeckten zukünftigen Zahlungsverpflichtungen entstehen können.

Dieses Schneeballsystem ist nur möglich, weil der Staat aus Gründen der leichteren Finanzierung von Staatsausgaben den Banken Privilegien verliehen hat, die gegen die Grundprinzipien jeder marktwirtschaftlichen Ordnung verstoßen. Zum einen handelt es sich um das Teilreserveprivileg, mit dem die Geschäftspraktik der Geld- und Kreditschöpfung legalisiert worden ist.

Zum anderen wurde durch die Gründung von Zentralbanken der Zusammenhang von Haftung und Entscheidung für den Bankensektor außer Kraft gesetzt. Zentralbanken wird die Hauptaufgabe zugewiesen, als Kreditgeber letzter Hand die Insolvenz von Banken zu verhindern. Eine Marktwirtschaft ohne Insolvenzrichter ist jedoch keine Marktwirtschaft. Zudem zerstören Zentralbanken durch ihre Zinspolitik das Preissystem von Gesellschaften. Deshalb wird diese Art der Marktwirtschaft ständig von Krisen (boom and bust) heimgesucht. Die marktwirtschaftlichen Selbstreinigungs- und Lenkungskräfte sind durch staatlichen Zwang im höchst wichtigen Finanzbereich weitgehend außer Kraft gesetzt. Die Vorschläge für neue Finanzmarktsteuern sind deshalb ein Ablenkungsmanöver, das vom eigentlichen Problem unserer Geldordnung ablenken soll.

Darüber hinaus führt dieses Geldsystem fast zwangsläufig zur Überschuldung von Staaten und Banken, die sich in diesem Prozess gegenseitig decken, stützen und erpressen. Die Erpressung lautet: Werden die Zahlungen für uns eingestellt, fällt das gesamte Finanzsystem zusammen.

Ich stimme dem vorliegenden Gesetz nicht zu.

Dieses Gesetz verstößt gegen europäisches Recht. Die Institutionen, die zum Schutz des Rechts verpflichtet sind, erfüllen ihre Aufgabe nicht.

Zweitens wird durch diesen Rechtsbruch nicht der Euro gerettet, sondern zerstört.

Und drittens wird die Überschuldungskrise von Staaten und Banken durch dieses sogenannte Rettungspaket nicht entschärft, sondern verschärft.

Durch diese Maßnahmen lösen wir unsere derzeitigen Probleme nicht. Was wir zur Lösung unser derzeitigen Probleme in Europa brauchen, ist eine neue Geldordnung, eine marktwirtschaftliche Geldordnung und nicht Planwirtschaft.

Deshalb sage ich: Nein!«

Seit ich meine Haltung gegen die Euro-Schuldenschirme deutlich gemacht habe, ist natürlich auch in Partei und Fraktion einiges passiert. Zwar war ich 2010 als Obmann zurückgetreten, doch bei tagespolitischen Entscheidungen war ich durchaus bereit, mich der Fraktionsdisziplin zu beugen. Politik bedeutet eben auch Kompromisse einzugehen. Ich hatte allerdings eine andere Analyse der Situation als meine Partei. Nach meiner Rechtsauffassung wurde mit der Abstimmung gegen grundlegende demokratische und verfassungsstaatliche Prinzipien verstoßen. Wir können ein Verschuldungsproblem nicht mit immer mehr Krediten bekämpfen. Je länger wir mit einem Schuldenschnitt oder einem grundlegenden Systemwechsel im Geldsystem warten, desto teurer wird es.

Bei diesem Konflikt wäre es nicht zum Bruch der Koalition gekommen. Daran hatte beiden Seiten kein Interesse. Die FDP war erst frisch dabei und hatte sich gerade an die Annehmlichkeiten des Regierens gewöhnt, und die Union hatte keine Alternative, wenn sie keine Neuwahlen wollte. Im Übrigen: Nicht immer führt eine fehlende Kanzlermehrheit zum Ende der Koalition. Beispielsweise gab es auch für den Umtauschkurs der DDR-Mark keine eigene Mehrheit. Und trotzdem haben Union und FDP nach 1990 noch acht Jahre erfolgreich regiert.

Die Presseberichte, dass ich von meinen Fraktionskollegen geschnitten wurde, nachdem ich am 7. Mai 2010 gegen das erste Griechenland-Paket gestimmt habe, sind richtig. Anfangs wurde getuschelt, und ich wurde nicht mehr in Abstimmungsprozesse einbezogen. Nachdem ich im Herbst 2010 die parteiinterne Gruppe »Liberaler Aufbruch« gegründet hatte, gab es sogar ein offenes Tribunal in der Fraktion. Das war nicht unbedingt angenehm. Aber vonseiten der Bürger erfahre ich bis heute einen großartigen Zuspruch und eine breite Unterstützung. Diese Unterstützung zeigt die Sehnsucht vieler Menschen, dass Politiker authentisch und geradlinig sein sollen. Es gibt ein großes Bedürfnis danach in der Bevölkerung. Die Haltung honorieren sogar Bürger, die inhaltlich nicht meiner Meinung sind. Das gilt übrigens auch für viele ehemalige Kollegen. Im Juli 2011 sagte mir ein Kollege, er habe in seiner Landesgruppe damit gedroht, wenn die FDP in der Regierung beim Thema Internetsperren umfalle, mache er in der Fraktion den »Schäffler«.

Der vorläufige Rettungsschirm hatte ein Volumen von insgesamt 750 Milliarden Euro, was nahezu das Dreifache des irischen Bruttoinlandsprodukts darstellte. Er hatte drei Teile. 60 Milliarden Euro entfielen auf den Europäischen Finanzstabilisierungsmechanismus (EFSM) der EU-Kommission, 440 Milliarden Euro auf die Europäische Finanzstabilisierungsfazilität (EFSF), 250 Milliarden Euro auf die Bereitstellung des Internationalen Währungsfonds (IWF). Der Finanzstabilisierungsmechanismus (EFSM) wurde im Mai 2010 eingerichtet, um EU-Ländern mit Darlehen und Kreditspielräumen zu helfen. Der EFSM sollte vorrangig vor der EFSF verwandt werden. Das war deshalb von Bedeutung, da im späteren Fall von Irland im November 2010 zum großen Teil britische Banken vom Bail-out profitierten. Beim EFSM war Großbritannien mit dabei, bei der EFSF als Nicht-Euro-Mitglied jedoch nicht. Papier ist geduldig, in der Praxis wurde diese Bestimmung nie konsequent angewandt. In der Praxis fand eine Drittelung zwischen EFSF-, EFSM- und IWF-Mitteln statt, unabhängig davon, wer stärker oder schwächer davon profitierte.

Anträge für das EFSF-Programm konnten bis zum 30. Juni 2013 gestellt und mussten einstimmig von den Euro-Finanzministern beschlossen werden. Danach sollte die Zweckgesellschaft nach Luxemburger Recht wieder schließen und auslaufen. Weiterhin musste sich das Bittsteller-Land an umfangreiche wirtschaftspolitische Auflagen und einen Konsolidierungsplan halten, die von Experten der sogenannten Troika aus Europäischer Kommission, EZB sowie IWF überprüft werden sollten. Das Geld musste im Krisenfall am Kapitalmarkt beschafft werden. Früh verständigten sich die Finanzminister der Eurozone darauf, dass die EFSF mit bester Bonität am Kapitalmarkt auftreten müsse, also von den Ratingagenturen mit der Bestnote Triple A ausgestattet sein musste. Das Problem war nur, lediglich 6 der 17 Garantiegeber hatten selbst ein Triple A. Neben Deutschland waren dies Finnland, Niederlande, Luxemburg, Frankreich und Österreich.

Deshalb war früh klar, dass das mögliche Ausleihvolumen von 440 Milliarden Euro nie und nimmer zustande kommen würde. Lediglich rund 250 Milliarden Euro standen tatsächlich zur Verfügung.

In diesem Rahmen konnte der Leiter der EFSF, der Deutsche Klaus Regling, Anleihen begeben, die mit dem Top-Rating ausgestattet waren, sodass eine niedrige Verzinsung der Anleihen winkte. Das eingenommene Geld würde dann an den bedürftigen Staat weitergegeben, der es nach einer vereinbarten Zeit mit Zinsen zurückzahlen sollte.

Als Bürge für die 60 Milliarden Euro der EU-Kommission steht die Europäische Union gerade. Für die 440 Milliarden Euro der Zweckgesellschaft stehen die 17 Euro-Länder je nach ihrem Anteil an der EZB in der Verantwortung. Für Deutschland bedeutete dies etwa 119 Milliarden Euro oder ca. 27 Prozent der Gesamtsumme. Durch den Verlust des Triple-A-Ratings der Ratingagentur Standard & Poors am 13. Januar 2012 von Frankreich und Österreich stand fest, dass das Konzept der Garantiegeber gescheitert ist. Wenn nur noch 4 der 17 Euro-Staaten ein bestes Rating vorweisen können, gibt es nur zwei Möglichkeiten das Problem zu lösen. Entweder die Triple-A-Staaten erhöhen ihren Garantierahmen oder die EFSF begibt Anleihen mit einer schlechteren Bonität. Daher war klar, dass mit dem dauerhaften Schuldenschirm ESM schnellstmöglich die Ablösung der EFSF stattfinden sollte.

Merkel erklärte jedoch ihre Politik für »alternativlos«[18], aber schon bald zeigte sich, dass genau diese Politik das von der Kanzlerin gesteckte Ziel, »eine Kettenreaktion im europäischen und internationalen Finanzsystem« und die Ansteckung anderer Euro-Mitglieder gerade nicht verhindern konnte. Dabei hatte Merkel noch am 25. März 2010 im Bundestag erklärt:

> »Deshalb sage ich: Ein guter Europäer ist nicht unbedingt der, der schnell hilft. Ein guter Europäer ist der, der die Europäischen Verträge und das jeweilige nationale Recht achtet und so hilft, dass die Stabilität der Eurozone keinen Schaden nimmt.« (34. Sitzung des Deutschen Bundestages, 17. Wahlperiode)

Alle Maßnahmen der Regierung verschärften die Situation nur weiter. Dabei wurden die Alternativen gar nicht geprüft. »Wir haben in den Abgrund geschaut«, war ein viel zitierter Satz in diesen Tagen der Entscheidung für die erste Griechenland-Hilfe. Wer allerdings wo in welchen Abgrund geschaut hatte, wurde den Bürgern bis heute nicht mitgeteilt. Was steckte also hinter diesem ganzen Aktionismus? Was waren die Motive dieser Politik? Die Antwort ist ganz einfach: Mit Angst lässt sich gut Politik machen!

Die Grundlagen des Euro wurden still und heimlich ohne eine Änderung der Europäischen Verträge und ohne eine Ratifizierung durch die nationalen Parlamente verändert. Im Wege eines kollektiven Rechtsbruchs waren sich alle Beteiligten einig, dass gemeinsam geschaffene Regeln nicht angewendet werden sollten. Nach dem Motto »Not bricht jedes Gebot« handelten die beteiligten Regierungen im Euroraum. Weder die EU-Kommission, noch die Europäische Zentralbank und schon gar nicht das Europaparlament griffen ein.

Nach den Ereignissen im Mai 2010 kehrte bis zum Herbst wieder etwas Ruhe ein, das Thema bestimmte nicht mehr täglich die Schlagzeilen. Doch die öffentliche Wahrnehmung täuschte, denn tatsächlich ging die Interventionsspirale unaufhaltsam weiter. Nachdem Griechenland am 18. Mai die ersten 14,5 Milliarden Euro erhalten hatte, bekam es am 5. August eine weitere Tranche. Schon bei der dritten Tranche, die eigentlich im Dezember ausgezahlt werden sollte, stockte es im Getriebe. Die Finanzminister beschlossen aufgrund der mangelnden Umsetzung der Maßnahmen durch die griechische Regierung, die Auszahlung auf Januar zu verschieben. Zwischenzeitlich spitzte sich die Krise in Irland zu. Was eigentlich nicht sein durfte, war plötzlich doch möglich. Der »Keltische Tiger«, der vorbildliche Wachstums- und Haushaltszahlen über viele Jahre vorzuweisen hatte, war plötzlich durch die Schieflage seines Bankensystems selbst zum Stützungsfall geworden. Zwar zögerte die irische Regierung lange, dem Druck der Kommission und der Euro-Regierungen nachzugeben, am Ende sollte Irland unter den Rettungsschirm kommen, damit sich der Anleihenmarkt für die südeuropäischen Länder, insbesondere Portugal, beruhigte. Am 26. November vereinbarte die Staatengemeinschaft ein 85-Millarden-Euro-Hilfspaket für Irland.

Mit Irland wurden gleichzeitig Maßnahmen zur Haushaltskonsolidierung beschlossen, so unter anderem eine Mehrwertsteuererhöhung, der

Abbau der Sozialausgaben sowie Einsparungen im öffentlichen Dienst, insbesondere das Anzapfen des eigenen Beamtenpensionsfonds. Irland hatte in den vergangenen Jahren weltweit Investitionen durch einen geringen Unternehmenssteuersatz von 12,5 Prozent angelockt. Frankreich und Deutschland war dies seit Langem ein Dorn im Auge. Die irische Regierung wehrte sich letztendlich mit Erfolg gegen eine von außen erzwungene Erhöhung dieses Steuersatzes.

Zusätzlich wurde allen Schwüren und Beteuerungen zum Trotz der Europäische Stabilisierungsmechanismus (ESM) leise auf den Weg gebracht. Dieser sollte ursprünglich ab Juni 2013 als dauerhafter Krisenmechanismus zukünftige Eurokrisen in Form von Haushaltskrisen von Mitgliedstaaten der Eurozone verhindern und den vorübergehenden Rettungsschirm EFSF ablösen.

Am 11. März 2011 einigten sich die EU-Finanzminister auf Eckdaten. Ziel war, ein Ausleihvolumen von 500 Milliarden Euro zu erreichen. Ab 2013 sollten in alle neuen Anleiheverträge der Mitgliedstaaten standardisierte Umschuldungsklauseln (collective action clauses) aufgenommen werden. Dadurch sollen auch private Anleger in künftigen staatlichen Insolvenzfällen an einer Schuldenrestrukturierung beteiligt werden können.[19]

Parallel sollte mit sechs Richtlinien die Stärkung des Stabilitäts- und Wachstumspaktes erreicht werden. Dieses »Sixpack« sollte Verstöße gegen den Stabilitäts- und Wachstumspakt schneller und effizienter ahnden und der Kommission stärkere Eingriffsrechte geben. Gleichzeitig beschloss der EU-Gipfel am 24. und 25. März 2011 den Euro-Plus-Pakt, der auf die Initiative von Bundeskanzlerin Angela Merkel zurückging. Die damit verbundene stärkere Koordinierung der Wirtschaftspolitik blieb jedoch ohne Sanktionsmöglichkeiten. Gerade das Grundprinzip dabei war falsch. Es unterstellte, die Länder müssten an die Hand genommen werden, damit sie die notwendigen Schritte auf dem Weg zur Tugend einleiteten. Dass dies nicht funktionierte, zeigte nicht nur der bisherige Stabilitäts- und Wachstumspakt seit 1999, sondern auch die Entwicklung Griechenlands seit Mai 2010 und die aktuelle Haushaltsentwicklung in Italien und Frankreich. Innere Einsicht konnte und kann nicht durch eine stärkere Koordinierung ersetzt werden.

In Vorbereitung auf den EU-Gipfel am 24. und 25. März debattierte der Bundestag im Rahmen einer sogenannten Einvernehmensherstellung mit der Bundesregierung über die geplante Ergänzung der Europäischen Verträge zur Einrichtung des ESM. Zum Antrag der Koalitionsfraktionen gaben mein CDU-Kollege Klaus-Peter Willsch und ich nachfolgende persönliche Erklärung im Bundestag ab:[20]

»Der von der Bundesregierung am 11. März 2011 in Brüssel eingeschlagene Weg ›zur Änderung des Vertrages über die Arbeitsweise der Europäischen Union hinsichtlich eines Stabilitätsmechanismus für die Mitgliedstaaten, deren Währung der Euro ist [...]‹

> ist der Weg zur Ausweitung des bestehenden Eurorettungsschirms, die der Deutsche Bundestag nie wollte,

> ist der Weg zur unbefristeten Verlängerung des Eurorettungsschirms, die der Deutsche Bundestag nie wollte,

> ist der Weg zur qualitativen Veränderung der Europäischen Wirtschaftsverfassung, die der Deutsche Bundestag nie wollte.

Alle drei Wege sind und bleiben falsche Wege. Denn es ist nach wie vor richtig, was unsere Frau Bundeskanzlerin in ihrer Regierungserklärung am 27. Oktober 2010 bezüglich des derzeitigen Rettungsschirms klargestellt hatte [...].

Diese Worte sind nach wie vor richtig. Die Lage hat sich nicht geändert. Offensichtlich wird jedoch, dass im Mai 2010 der politisch falscheste Satz des noch jungen 21. Jahrhunderts im Deutschen Bundestag gesprochen worden ist: ›Scheitert der Euro, dann scheitert Europa!‹

Flankiert vom Wort des Jahres 2010 ›alternativlos‹ darf seitdem niemand mehr öffentlich über Alternativen zum 750-Mrd.-Euro-Rettungsschirm nachdenken. Und wird der Rettungsschirm beim EU-Gipfel der Staats- und Regierungschefs am 24. und 25. März nicht verewigt, dann ›Scheitert der Euro und scheitert Europa!‹

Welches Europa da gerade scheitert, wird indes nicht hinterfragt, denn es könnte auffallen, dass es das Europa der Planwirtschaftler und Bürokraten ist.

Die Alternativlosigkeit verbietet, über die Ziele einer liberalen Europapolitik nachzudenken, über Rechtsstaatlichkeit in Europa, über den Schutz der individuellen Freiheit, über eine freiheitliche Wirtschaftsverfassung, denn: ›Scheitert der Euro, dann scheitert Europa!‹

Wir dürfen natürlich auch nicht darauf hinweisen, dass wir am 21. Mai 2010 im Deutschen Bundestag zwei Drittel des Steueraufkommens des Bundes für die Staatsschulden anderer Länder verpfändet haben, und dass dies ohne einen Parlamentsvorbehalt und ohne eine rechtliche Grundlage in den Europäischen Verträgen vom Deutschen Bundestag durchgewinkt wurde.

Noch im Jahr 2009 hat das Bundesverfassungsgericht in seinem Lissabon-Urteil das Budgetrecht des Parlaments zum Kernbereich demokratischen Lebens gezählt. Sowohl das Demokratieprinzip als auch das Wahlrecht seien verletzt, wenn die Festlegung über die Art und Höhe der den Bürger betreffenden Abgaben in wesentlichem Umfang supranationalisiert würden.

Wir dürfen nicht aussprechen, dass der Deutsche Bundestag bei der nunmehr geplanten ›Verstetigung‹ des Euro-Rettungsschirms sein Königsrecht der freien Haushaltsplanung und -verabschiedung verliert. Wir dürfen nicht beklagen, dass wir als Bundestagsabgeordnete unserer eigenen Entmachtung zustimmen sollen. Nein! Nein! Nein! Gute Europäer müssen wir sein!

Wir dürfen nicht laut darüber nachdenken, dass das heutige Europa auf dem Weg in die monetäre Planwirtschaft und den politischen Zentralismus ist und dass Planwirtschaft und das Brechen der Europäischen Verträge nicht alternativlos sind. Wir dürfen die Hauptursachen der Überschuldungskrise unserer Staaten und Banken natürlich nicht benennen: die Geld- und Kreditschöpfung aus dem Nichts und die Möglichkeit, staatliches ungedecktes Zwangspapiergeld unbegrenzt vermehren zu können. Dass ohne diese Alchemie des Geldes kein weltweites Schneeballsystem aus ungedeckten zukünftigen Zahlungsverpflichtungen hätte entstehen können, dürfen wir natürlich auch nicht sagen. Es könnte ja erkannt werden, dass dieses Schneeballsystem nur möglich ist, weil der Staat aus Gründen der leichteren Finanzierung von Staatsausgaben den Banken Privilegien verliehen hat, die gegen die Grundprinzipien jeder marktwirtschaftlichen Ordnung verstoßen.

Und es ist natürlich eine Beleidigung des heutigen Establishments, wenn man deutlich macht, dass dieses Geldsystem fast zwangsläufig zur Überschuldung von Staaten und Banken führt, die sich in diesem Prozess gegenseitig decken, stützen und erpressen. Die Erpressung lautet: Werden die Zahlungen für uns eingestellt, fällt das gesamte Finanzsystem zusammen.

Ein Europa des Rechts, des Wettbewerbs und der Marktwirtschaft muss die Antwort auf diese Vertrauenskrise sein. Regeln, die gemeinsam vereinbart wurden, müssen eingehalten und von der EU-Kommission als Hüterin des Rechts durchgesetzt werden. Nicht planwirtschaftliche Gleichmacherei durch Bürokraten einer Wirtschaftsregierung oder einen ›Pakt für Wettbewerbsfä-higkeit‹, sondern mehr Wettbewerb als Entdeckungsverfahren, als Entmach-tungsinstrument und faktische Schuldenbremse müssen zugelassen werden. Und schließlich ist eine marktwirtschaftliche Geldordnung vonnöten, die der EZB nicht weiter erlaubt, den Zins und damit den Preis für Güter und Dienst-leistungen beliebig zu manipulieren und damit die marktwirtschaftliche Ord-nung zu zerstören.

Dieser Dreiklang ist die Alternative zur Alternativlosigkeit. Denn sonst be-halten die recht, die behaupten: ›Scheitert der Euro, dann scheitert Europa.‹«

Es sollte aber noch schlimmer kommen. Denn kurz darauf, am 3. Mai 2011, stellte auch noch Portugal den Antrag, unter den Rettungsschirm zu schlüpfen. Portugal wurden Hilfen in Höhe von 78 Milliarden Euro zu einem Zins von 5 Prozent zugesagt. Davon sollte ein Drittel vom IWF, die anderen zwei Drittel aus der EFSF kommen. Allein auf Deutschland entfielen 15,5 Milliarden Euro. Das Defizit sollte mit dieser Unterstützung von 9 Prozent des Bruttoinlandsprodukts bis 2013 auf unter 3 Prozent re-duziert werden. In der ersten Tranche der Auszahlung flossen Portugal 18 Milliarden Euro zu. Wer die jüngsten Zahlen damit vergleicht, sieht wie »frisiert« sie waren: 2012 betrug das Budgetdefizit Portugals 8,09 Milliar-den und 2013 sogar 9,01 Milliarden Euro. Letzteres entspricht 5 Prozent zum BIP. Und im ersten Quartal des Jahres 2014 ist der Ausblick nicht positiv. Die Wirtschaft schrumpfte erneut, dieses Mal um 0,8 Prozent gegenüber dem Vorjahr. Die erhoffte Trendwende für 2014 ist wohl in weite Ferne gerückt.

Portugals Wettbewerbsfähigkeit hat im Euro gelitten. Viele Textilunternehmen aus meiner ostwestfälischen Region ließen in Portugal fertigen. Der EU-Beitritt 1986 und der gemeinsame Binnenmarkt machten dies möglich. Der Beitritt Portugals zur Eurozone führte jedoch zu einen ähnlichen Entwicklung wie in Griechenland. Die Zahlen Portugals sind daher eindeutig. So sanken die Nettoanlageninvestitionen von 1,461 Milliarden Euro im Jahr 2001 auf 196 Millionen Euro (!) im Jahr 2010. Die Investoren zogen sich also sukzessive aus Portugal zurück. Die Grundlage für Investitionen, das Sparen, entwickelte sich ebenfalls negativ. 2001 hatte Portugal noch eine positive Sparrate von 1,363 Milliarden Euro, neun Jahre später betrug sie –14,927 Milliarden Euro. Der Schuldenstand stieg in der gleichen Zeit von 51,2 Prozent auf 93 Prozent. Auch das Leistungsbilanzdefizit veränderte sich von –10,3 Prozent im Jahr 2001 auf -9,9 Prozent zum BIP im Jahr 2010 nicht wesentlich besser.

Daher war klar, dass der Hilfsantrag Portugals die Überschuldungskrise von Staaten und Banken nicht lösen würde. Gutes Geld schlechtem hinterherzuwerfen war für mich keine Lösung. Gemeinsam mit meinen FDP-Kollegen Jens Ackermann und Jürgen Koppelin gab ich eine Erklärung im Bundestag zu Protokoll:

»Nach denen an Griechenland und Irland soll nun ein weiterer Milliardenbetrag fließen. Die Portugiesische Republik hat einen Antrag auf finanzielle Unterstützung im Rahmen des Europäischen Finanzstabilisierungsmechanismus gestellt. Von der angefragten Kreditsumme in Höhe von 78 Milliarden Euro werden 26 Milliarden Euro durch die Europäische Finanzstabilisierungsfazilität, EFSF, zur Verfügung gestellt. Die Kredite sind dabei an Auflagen geknüpft. Portugal wird einem Anpassungsprogramm unterworfen, das von der EU-Kommission, dem Internationalen Währungsfonds und der EZB zusammen mit Portugal erstellt worden ist. Portugal soll seinen Haushalt sanieren und das überbordende Defizit senken. Zwei Drittel des Defizitabbaus sollen aus der Verringerung von Ausgaben, ein Drittel aus Steuererhöhungen stammen. Man hofft also, dass Portugal seine Rezession trotz gleichzeitiger Steuererhöhungen überwindet. Steuererhöhungen in einer

Krise waren noch nie ein Erfolgsrezept für einen Aufschwung. Im Gegenteil verlängern sie die Rezession. Die Wahrscheinlichkeit, dass Portugal auf diese Weise zeitplangerecht saniert wird, ist gering. Der neuerliche Finanzbedarf Griechenlands belegt das.

Überdies halten wir uns nicht einmal an unsere eigenen Gesetze. § 1 Abs. 2 des Gesetzes zur Übernahme von Gewährleistungen im Rahmen eines Europäischen Stabilisierungsmechanismus setzt voraus, dass die Übernahme von Gewährleistungen nur erfolgen darf, ›um die Gefährdung der Zahlungsfähigkeit des betreffenden Mitgliedstaates des Euro-Währungsgebietes abzuwenden‹. Portugal ist überschuldet, nicht zahlungsunfähig! Portugal steckt nicht in einer Liquiditätskrise, sondern in einer Überschuldungskrise! Auf eine Überschuldungskrise der Staaten berufen sich fast alle namhaften Ökonomen, weil sie nur so das institutionelle Scheitern des Euro bestreiten können. Sie behaupten, statt einer Euro-Krise hätten wir eine Überschuldungskrise der Staaten, die ganz leicht in den Griff zu bekommen sei, wenn sich die Regierungen nur zu einem harten Sparprogramm durchringen könnten.

In Wahrheit hängen Überschuldungskrise und Euro-Krise zusammen. Unter dem Regime eines Banksystems, das Banken ein die Einlagenhöhe übersteigendes Kreditvergabevolumen einräumt, gehen der verschwenderische Staat und die gewinnorientierten Banken eine sich gegenseitig befruchtende Verbindung ein. Die Geschäftsbanken kaufen Staatsanleihen mit Mitteln, die sie sich bei der Zentralbank quasi zum Nulltarif besorgen können. Die Staaten nehmen dieses Geld von den Banken gern an. Sie finanzieren damit die vielfältigen Wünsche der Interessengruppen. Das wäre nicht möglich, wenn die Zentralbanken in Kollaboration mit den Geschäftsbanken nicht Geld aus dem Nichts schöpfen könnten. Die Schöpfung dieses Scheingelds zur Subventionierung Portugals wird bei uns selbstverständlich zu stärkerer Inflation führen. Die Verbraucher werden deutlich merken, dass sie mit ihren Einkommen weniger kaufen können als zuvor. Die kalte Progression wird ihr Übriges tun. Während wir neue Rekorde bei den Steuereinnahmen feiern, bezahlt die große Mehrheit aus der Schicht der Bezieher mittlerer Einkommen die Zeche.«

Unsere Anstrengungen hatten wieder keinen Erfolg, wir wurden selbstverständlich überstimmt. In der Zwischenzeit hatte sich in Griechenland eine Kapitalflucht erheblichen Ausmaßes ereignet. Nach dem Rezessionsjahr

2010 (minus 4,5 Prozent Wirtschaftswachstum) kam es aus Angst vor Versteuerung oder einer Währungsreform zu einer enormen Bargeldhaltung. Die Bonität Griechenlands wurde fast von Woche zu Woche schlechter eingestuft. Durch das Ankaufprogramm der EZB konnten europäische Banken und Versicherungen ihre hochriskanten Griechenlandanleihen abstoßen. Als sich die Märkte infolgedessen nicht beruhigten, warnte Finanzminister Schäuble am 7. Juni 2011 vor einer ungeordneten Insolvenz und forderte eine Umschuldung Griechenlands, wobei auch die privaten Gläubiger beteiligt werden sollten. Allerdings stemmte sich die EZB vehement dagegen, weil die Folgen unabsehbar seien. Würden nämlich private Gläubiger verpflichtet sich zu beteiligen, würde dies von den Ratingagenturen als Zahlungsausfall gewertet. Dadurch wäre aber die EZB nicht mehr in der Lage gewesen, Wertpapiere von Griechenland anzukaufen. Als die Diskussion um ein neues Griechenland-Paket weiter zunahm, sah ich mich am 10. Juni 2011 zusammen mit Sylvia Canel, Jens Ackermann und Nicole Bracht-Bendt gezwungen, eine weitere Erklärung zu veröffentlichen:

[...] Am 11. Februar 2010 haben die Staats- und Regierungschefs der Europäischen Union gemeinsam geschaffenes und von allen Staaten der EU ratifiziertes Recht und damit europäisches Recht kollektiv gebrochen.

Es wurde angekündigt, dass man Griechenland auf jeden Fall finanziell helfen werde, falls es Griechenland im April und Mai 2010 nicht gelingen sollte, sich zu ausreichend niedrigen Kosten am Kapitalmarkt zu refinanzieren. Damit haben die Staats- und Regierungschefs am 11. Februar 2010 den Bruch der No-Bail-out-Klausel im Vertrag über die Arbeitsweise der Europäischen Union (AEUV) verkündet. Am 7. Mai 2010 erklärte die Bundeskanzlerin hier im Deutschen Bundestag, dass die Griechenland-Hilfe eine einmalige Hilfe sei, die absolute Ausnahme und sonst nichts.

Als der Deutsche Bundestag am 21. Mai 2010 das sogenannte Euro-Rettungspaket, den viel zitierten Rettungsschirm, verabschiedete, wurde hier im Deutschen Bundestag erklärt, dass ohnehin niemand unter diesen Schirm flüchten werde. Lediglich die Finanzmärkte müssten durch ein starkes Zeichen beruhigt werden. Heute drängeln sich bereits Irland und Portugal unter diesem Schirm, Griechenland soll folgen. Im Herbst dieses Jahres soll er mangels

Kapazität in seinem Ausleihvolumen weiter erhöht werden. Noch am 27. Oktober 2010 erklärte die Bundeskanzlerin zur Dauer des Rettungsschirms:

»Er läuft 2013 aus. Das haben wir auch genau so gewollt und beschlossen. Eine einfache Verlängerung kann und wird es mit Deutschland nicht geben, weil der Rettungsschirm nicht als langfristiges Instrument taugt, weil er Märkten und Mitgliedstaaten falsche Signale sendet und weil er eine gefährliche Erwartungshaltung fördert. Er fördert die Erwartungshaltung, dass Deutschland und andere Mitgliedstaaten und damit auch die Steuerzahler dieser Länder im Krisenfall schon irgendwie einspringen und das Risiko der Anleger übernehmen können.«

Vier Wochen später galt dies alles nicht mehr. Und es wurde dann sogar am 11. März 2011 ein Weg zur »Änderung des Vertrages über die Arbeitsweise der Europäischen Union hinsichtlich eines Stabilitätsmechanismus für die Mitgliedstaaten, deren Währung der Euro ist – Ratsdok. 17620/10 (EUCO 30/10, Anlage I)« eingeschlagen. Dieser Weg ist erstens ein Weg zur Ausweitung des bestehenden Euro-Rettungsschirms, die der Deutsche Bundestag nie wollte. Dieser Weg ist zweitens ein Weg zur unbefristeten Verlängerung des Euro-Rettungsschirms, die der Deutsche Bundestag nie wollte. Schließlich ist dieser Weg drittens ein Weg zur qualitativen Veränderung der Europäischen Wirtschaftsverfassung, die der Deutsche Bundestag nie wollte.

Heute befassen wir uns mit einer zweiten Griechenland-Hilfe. Allen Bekundungen zum Trotz hat bereits die erste Griechenland-Hilfe vor einem Jahr die Situation für Griechenland nicht entschärft, sondern verschärft. Es ist eingetreten, was die Bundeskanzlerin angekündigt hat. Durch die Griechenland-Hilfe haben wir den Märkten falsche Signale gesendet. Wir haben die Erwartungshaltung gefördert, dass Deutschland und damit auch seine Steuerzahler im Krisenfall schon irgendwie einspringen. Wir haben die berechtigte Hoffnung geweckt, dass der Staat das Risiko der Anleger übernehmen wird.

Der Erwerb griechischer Anleihen ist dadurch zum Geschäftsmodell geworden. Wir ändern daran nichts, sondern verstetigen im Gegenteil mit der weiteren Subventionierung der Anleihegläubiger das Geschäftsmodell. Wir perpetuieren die Erwartungshaltung. Wir erhalten die berechtigte Hoffnung, dass der Staat das Risiko der Anleiheinhaber übernimmt. Nichts von dem wird dadurch geändert, dass wir die Gläubiger über die versprochene Prolongation beteiligen. Die Anleiherenditen werden immer noch überdurchschnittlich sein. Mit dem Kauf von Anleihen erwirbt man die hohe Rendite entsprechend dem griechischen Insolvenzrisiko, ohne dass dieses Risiko zu tragen ist. Bedrohlicher noch ist der Blick über die griechische Situation hinaus. Was wir anhand des griechischen Beispiels vorexerzieren, werden die Marktteilnehmer zu deuten wissen. Wir werden die Nutzung des gleichen Geschäftsmodells demnächst bei Schuldtiteln aus Zypern erleben. Zypern ist klein. Wir werden die Nutzung des gleichen Geschäftsmodells anschließend bei Anleihen aus Italien und Spanien erleben. In allen drei Ländern sinkt die Sparquote. In Zypern und Italien ist sie bereits negativ. In allen drei Ländern existieren hohe Leistungsbilanzdefizite. Fallende und schließlich negative Sparquoten bei hohen Leistungsbilanzdefiziten gingen jeweils dem Bankrott in Griechenland und Portugal voraus. Wenn wir die Subventionierung der Anleihegläubiger Griechenlands nicht beenden, werden wir in kurzer Zeit im Bundestag zusammenkommen, weil wir erneut vor der gleichen Situation stehen. Dann aber werden es Spanien und Italien sein, die Hilfe suchend den Blick nach Norden richten. Angesichts der wirtschaftlichen Größe beider Länder kann sich jeder ausmalen, was das für den Euro bedeuten wird. Der Preis, den wir für den im Februar des Jahres 2010 eingeschlagenen und heute weiter beschrittenen falschen Weg zu bezahlen haben werden, ist hoch. Viel zu hoch. Er kostet den Euro und dadurch vielleicht die europäische Einigung.

Es ist höchste Zeit und vielleicht schon zu spät, um umzukehren und endgültige Lösungen zu diskutieren. Wir müssen uns trauen, die einzigen möglichen Wege, die Griechenland wirklich helfen, zu gehen. Wir müssen uns endlich eingestehen, dass wir es mit einer pathologischen Überschuldung von Staaten und Banken zu tun haben. Wir müssen uns endlich eingestehen, dass das staatliche Geldsystem zu einer Überschuldungskrise von Staaten und Banken geführt hat. Wir ignorieren die Krankheit unseres staatlichen Geldsystems, in dem Geld und Kredit aus dem Nichts geschaffen werden. Dieses Geldsystem hat ein Schneeballsystem aus ungedeckten, zukünftigen Zahlungsverpflichtungen geschaffen. Wie jedes Schnellballsystem wird es früher oder später in sich zusammenbrechen.

Wir befinden uns auf dem Weg in die Knechtschaft. Dieser führt uns von Intervention zu Intervention spiralenförmig abwärts. An seinem Ende erwartet uns ein planwirtschaftliches Europa. Mit dem planwirtschaftlichen Europa kommt die Vollendung seines ökonomischen Verfalls. Ökonomischer Verfall führt zur Unzufriedenheit bei den betroffenen Menschen. Die schlimmen politischen Folgen ökonomischer Unzufriedenheit sehen wir in Dänemark, das seine Grenzen schließt. Statt eines Europas mit Grenzen für Güter und Menschen brauchen wir ein marktwirtschaftliches Europa mit Freihandel und gesundem Geld. Nur so erhalten wir ein Europa der Freiheit.

Wie konnte es nun überhaupt zu dieser Schieflage in Griechenland kommen, die alles ins Rollen brachte? Griechenland hat die Zeit der Euro-Mitgliedschaft nicht genutzt um seine Wettbewerbsfähigkeit zu verbessern. Im Gegenteil: Während Deutschland seine Lohnstückkosten zwischen 2000 und 2010 um insgesamt rund 6 Prozent erhöht hat, stiegen die Lohnstückkosten in Griechenland um 37 Prozent. Dabei sind gerade die Lohnkosten der entscheidende Faktor in einem Land, das seinen Wettbewerbsvorteil durch günstige Arbeitskräfte aufbauen muss. Die Folge dieser Entwicklung sind Defizite im Haushalt und eine steigende Verschuldung des Staates.

Griechenland hat sich mit gefälschten Zahlen in den Euro gemogelt. Im Referenzzeitraum 1997 bis 1999, also vor dem Euro-Beitritt, lag das Defizit zwischen 6,4 und 3,4 Prozent.[21] Zulässig waren maximal 3 Prozent. Nach dem Beitritt 2001 lag das Defizit zwischen 4,5 und 15,4 Prozent in 2009. Gleichzeitig war eines konsequent, egal welche Partei in Athen regierte: Es wurden immer geschönte Zahlen nach Brüssel gemeldet. So meldeten die Hellenen für das Jahr 2004 1,2 Prozent an die europäischen Statistikbehörde Eurostat, tatsächlich waren es 7,5 Prozent. 2009 hatte die damalige Regierung ein Defizit von 3,7 Prozent geplant. Als die Regierung Papandreou an die Macht kam, korrigierte sie die Zahlen im Sauseschritt. Über mehrere Etappen kamen am Ende 15,4 Prozent Defizit für 2009 heraus. Spätestens seitdem bin ich »geheilt«, was Prognosen die Haushaltsentwicklung Griechenlands betrifft. 2009, als die Überschuldungskrise Griechenlands offensichtlich wurde, verbuchte es ein Leistungsbilanzsaldo von über 25 Milliarden Euro. In den zehn Jahren der Euro-Mitgliedschaft Griechenlands war dieser Saldo immer negativ. Zwischen 10,2 Milliarden Euro (2002) und 34,8 Milliarden Euro (2008) importierte Griechenland mehr Güter und Dienstleistungen als es an

Ausfuhren einnahm. Dies kann auch an der Nettosparrate abgelesen werden. Während Griechenland 2001 noch eine leicht positive Sparrate von 293 Millionen Euro hatte, verschob sich diese in 2010 auf fast 32 Milliarden Euro in den negativen Bereich.[22] Griechenland lebt also seit Langem auf Pump und über seine Verhältnisse. So betrug der Militäretat das Dreifache von Portugal, obwohl beide Länder gleich groß sind. Griechenland hatte auf die Bevölkerungszahl bemessen die größte Panzerarmee in Europa. Gleichzeitig sind die Zahlungsvorgänge der griechischen Rentenversicherer bereits legendär. So mussten sich die Rentner der Rentenkasse IKA bis zum 30. September 2011 neu registrieren lassen. Von den fast 1,1 Millionen Rentner meldeten sich knapp 900 000. Die Rentenkasse hat dabei geschätzte 1,5 Milliarden Euro jährlich zu viel ausgezahlt. Die Folge ist, dass Griechenland in einer Verschuldungsspirale steckt.

Daran hat sich auch in jüngster Zeit nichts geändert, trotz vermeintlich positiver Zahlen. Sie sind alle schöngerechnet. Tatsächlich lag das griechische Haushaltsdefizit, berechnet nach den Maastricht-Regeln und veröffentlicht von Eurostat, 2013 bei 23 Milliarden Euro, was 12,7 Prozent der griechischen Wirtschaftsleistung (BIP) entspricht. Auch das von Eurostat veröffentlichte Primärdefizit, also das Defizit ohne die Zinslasten des Staates, lag mit 8,7 Prozent am BIP noch weit im negativen Bereich.

Als am 7. Mai 2010 der Deutsche Bundestag über das 1. Griechenlandrettungspaket in Höhe von 110 Milliarden Euro abstimmte, glaubten viele meiner Kollegen, dass Griechenland es im Euro schaffen könne. Griechenland sollte drei Jahre vom Kapitalmarkt genommen werden, Reformen durchführen, den Haushalt sanieren und anschließend wieder sukzessive an den Kapitalmarkt zurückgeführt werden. Das Institut für Weltwirtschaft in Kiel (IfW) hat in einer Studie dargelegt, wie hoch die Überschüsse Griechenlands ohne Zinsen sein müssten, um seine Verschuldung abzubauen.[23] Bei einem Wachstum von 4 Prozent pro Jahr benötigt Griechenland eine Überschussquote ohne Zinsen von 18,53 Prozent, in 2010 lag der Überschuss bei –1,65 Prozent. Das IfW hält eine Primärüberschussquote von 5 Prozent über einen längeren Zeitraum hinweg ohne Hilfe von außen für eine kritische Schwelle.[24] Es ist offensichtlich, dass Griechenland im Euro keine Chance hat, seine Wettbewerbsfähigkeit zurückzuerlangen, geschweige denn seine Schuldenlast zu reduzieren. Das

Gegenteil ist der Fall. 2009 betrugen die Schulden Griechenlands 299 Milliarden Euro, 2010 waren es bereits 329 Milliarden Euro und 2011 dann schon 356 Milliarden Euro. Selbst nach zwei Schuldenschnitten, die im Wesentlichen die europäischen Steuerzahler bezahlt haben, betrug der Schuldenstand 2012 rund 307 und 2013 etwa 329 Milliarden Euro. Schon deshalb kommt Griechenland um einen neuen Schuldenschnitt nicht herum. Doch dieser macht das Land nicht wettbewerbsfähig, das zeigt die Untersuchung des IfW. In einigen Jahren wäre Griechenland erneut da, wo es heute angekommen ist. Deshalb muss mit einem Schuldenschnitt gleichzeitig der Austritt aus dem Währungsclub vereinbart werden. Zug um Zug. Anschließend kann über die Europäische Union die notwendige Hilfe geleistet werden. Aber Bitte in dieser Reihenfolge. Doch gerade diesen Weg hatte die Politik nicht vor einzuschlagen, obwohl viele Experten gerade diesen Weg vorschlugen. Denn die notwendige Gläubigerbeteiligung ist essenziell.

Hans-Werner Sinn schrieb in seinem *Ifo Schnelldienst* im November 2011:

>»Unter keinen Umständen sollte Deutschland einem Krisenmechanismus zustimmen, bei dem zunächst Hilfen gewährt werden und erst danach, wenn sie nicht wirken oder sich als unzureichend erweisen, die Beteiligung der privaten Gläubiger angestrebt wird. Die Beteiligung ist nur glaubhaft, wenn sie den Hilfen in rechtlich verbindlicher Form vorgeschaltet ist.«[25]

Die Abwertung der neuen Währung ermöglicht die sofortige Rückgewinnung der Wettbewerbsfähigkeit, zumindest preislich. Die notwendigen Strukturanpassungen in der Bürokratie, im Arbeitsmarkt, bei der Bekämpfung der Korruption und vieles andere mehr muss Griechenland ohnehin vornehmen, im Euro oder außerhalb.

Ebenfalls konkrete Pläne schlug unser damaliges Mitglied des Liberalen Aufbruchs, der Mannheimer Ökonomieprofessor und Mitglied im Wissenschaftlichen Beirat des Bundesfinanzministeriums Roland Vaubel, Ende Januar 2012 vor.

Der optimale Währungsraum – ökonomische Stabilität
Plan B für Griechenland, Roland Vaubel, 27. Januar 2012

1. Griechenland erhält keine weiteren Bail-out-Kredite von der EU, den Mitgliedstaaten des Eurogebiets und dem IWF. Das ESM-Projekt wird aufgegeben.

2. Die EZB verkauft ihre Bestände griechischer Staatsanleihen (und der anderen GIPS-Staaten). Um die dabei entstehenden Verluste abzudecken, könnte das Kapital der EZB nochmals erhöht werden.

3. Der griechische Staat verkündet unilateral einen Schuldenschnitt von x Prozent. Die Gläubiger schreiben ihre Forderungen um x Prozent ab.

4. Da der griechische Staat nun vorübergehend nicht mehr am Markt Geld aufnehmen kann, hat er einen ausgeglichenen Haushalt. Das griechische Parlament kann selbst bestimmen, welche Ausgaben gekürzt und welche Steuern erhöht werden.

5. Die Mitgliedstaaten erneuern im Voraus ihre Institutsgarantie für alle systemrelevanten Banken und reaktivieren die in der Finanzkrise gegründeten staatlichen Auffanggesellschaften. Deshalb ist eine Panik wie 2008 beim Konkurs von Lehman Brothers nicht zu erwarten. Damals war ja völlig offen, ob noch weitere Großbanken in den Konkurs entlassen werden würden und die Geldmenge infolgedessen schrumpfen würde. Die aktuellen Stresstests haben gezeigt, dass die Insolvenz des griechischen Staates lediglich griechische und zypriotische Banken gefährdet. Sie zu stützen würde nach den Berechnungen der Europäischen Kommission rund 20 Mrd. Euro kosten. Die anderen Mitgliedstaaten könnten sich an der Rekapitalisierung dieser Banken beteiligen – zumindest vorübergehend. Die Stützung der Banken ist unvergleichlich billiger als die Verbürgung der gesamten griechischen Staatsschuld (340 Mrd. Euro), denn diese wird ja nur noch zu einem geringen Teil von Banken gehalten, und fast alle Banken können die notwendigen Abschreibungen mittlerweile verkraften.

6. Die EU-Mitgliedstaaten ändern die europäischen Verträge dahingehend, dass jeder zahlungsunfähige Mitgliedstaat aus der Währungsunion austreten darf, ohne aus der EU auszuscheiden. (Wenn diese Vertragsänderung nicht durchsetzbar ist, könnte jeder einzelne Mitgliedstaat beim Gerichtshof der Europäischen Union dagegen klagen, dass Griechenland der Währungsunion angehört, obwohl es sich den Beitritt mithilfe gefälschter Statistiken erschlichen hat.)

7. Griechenland führt die Neue Drachme ein und wertet diese um y Prozent ab, um wieder wettbewerbsfähig zu werden. Alle bestehenden Verträge, deren Gerichtsstand in Griechenland ist – ausgenommen die Sichteinlagen bei Banken –, werden auf die Neue Drachme umgestellt. Alle Sichteinlagen bei den griechischen Banken können – ebenso wie das Bargeld – wahlweise in Euro oder in Neuer Drachme gehalten werden. Deshalb löst die Erwartung der Währungsumstellung und Abwertung keine Kapitalflucht aus. (Auch in Deutschland wurden ja 1990 die Bestände an DDR-Geld anders umgestellt als zum Beispiel die Löhne.) Die griechischen Banken müssten allerdings dafür entschädigt werden, dass ihre Verbindlichkeiten in Form von Sichteinlagen – anders als ihre Forderungen – nicht entwertet werden. Die Sichteinlagen von Nichtbanken bei griechischen Banken belaufen sich zurzeit auf rund 20 Mrd. Euro. Bei einer Abwertung um 20 Prozent wären also rund 4 Mrd. Euro Entschädigung zu zahlen. Nach der Abwertung würden die griechischen Marktteilnehmer selbst darüber entscheiden, ob und inwieweit der Euro in Griechenland als Parallelwährung verwendet wird, und der Wechselkurs der Neuen Drachme könnte freigegeben werden.

8. Wenn auch Portugal, Irland, Spanien und Italien zahlungsunfähig werden, sollte in gleicher Weise verfahren werden. Wollten sich die anderen Euro-Länder auch für die spanische und italienische Staatsschuld verbürgen, würden sie sich ohnehin völlig übernehmen. Wenn der Schuldenschnitt zum Beispiel für Griechenland und Portugal 50 Prozent und für Irland, Spanien und Italien 25 Prozent betrüge, würde die Institutsgarantie für alle Banken in der EU 31 Mrd.

Euro kosten. Der EFSF beteiligt sich nur an der Rekapitalisierung von Banken in Ländern, die sich für zahlungsunfähig erklärt haben.

Als das Rating Griechenlands Ende Juni 2011 auf den letzten Rang aller Länder der Erde fiel, einigten sich die Finanzminister der Euro-Gruppe auf ein Konzept, bei dem sich die privaten Gläubiger (Banken) auf freiwilliger Basis an der Hilfe beteiligen sollten. Immer dann, wenn eine Ratingagentur ein Land herabstuft, kommt postwendend die Forderung nach einer europäischen Ratingagentur. Das hat zwar bislang nicht zu einer schlagkräftigen europäischen Agentur geführt, aber dennoch ist die Regulierungswelle über die Branche hinweggefegt. Zu mehr Wettbewerb hat dies nicht geführt. Wahrscheinlich sind die Ratingagenturen nur deshalb so mächtig, weil sie reguliert werden. Die Notenbanken und die EU verpflichten die Banken und Versicherungen, ihre Kredit- und Kaufentscheidungen mithilfe eines Ratings zu fällen.

Die Forderung nach einer Beteiligung privater Gläubiger war nicht mehr als eine symbolische Maßnahme, die den Menschen Sand in die Augen streuen sollte, um die Märkte zu beruhigen. Aber sie war populär.

Wer aber nun dachte, dass sich diese Hilfe stabilisierend auf die Finanzmärkte auswirken würde, hatte sich getäuscht. Trotz des geplanten permanenten Schuldenschirms war die Angst vor einem Übergreifen der Schuldenkrise auf Länder wie Spanien und Italien allgegenwärtig. Es beruhigte die Märkte nicht, dass Unionspräsident José Manuel Barroso am 4. August 2011 die Aufstockung des Rettungsschirms forderte. Die Börsen reagierten fast panisch; der DAX schloss sogar an sieben Handelstagen deutlich im Minus und erreichte ein Jahrestief nach dem anderen. Der Showdown der amerikanischen Schuldenkrise Anfang August tat natürlich sein Übriges. Dennoch stabilisierten die »Rettungsaktionen« die Erwartungen keinesfalls.

Auf Italien waren so viele Kreditausfallversicherungen (CDS) abgeschlossen wie auf kein anderes Land der Welt. Das Volumen dieser CDS stieg seit Mitte Juni um 23 Milliarden auf 306 Milliarden Dollar. Im Falle von Spanien waren es ebenfalls bereits 176 Milliarden Dollar. Das alles ließ vermuten, dass die Verhandlungen um den ESM auf dieser Basis nun von Neuem beginnen sollten.

Schon länger war ich entschlossen, bei einer »Ertüchtigung« des Rettungsschirms EFSF von meinem Rederecht im Deutschen Bundestag Gebrauch zu machen. Das ist nicht selbstverständlich, sieht unser Parlament doch ein sehr ausgeklügeltes Verfahren der Fraktionen vor, wer wann und wie lange reden darf. Setzt man sich in der Fraktion nicht durch, hat man nur die Chance, über eine sogenannte Kurzintervention oder über eine persönliche Erklärung sprechen zu dürfen. Damit wollte ich mich nicht zufriedengeben. Wenn es in der Bevölkerung eine überwältigende Mehrheit gegen die »Rettungsschirme« gibt, dann muss die Debatte im Parlament nicht nur Befürworter zu Wort kommen lassen, sondern auch Kritiker dieses Kurses. Mein CDU-Kollege Klaus-Peter Willsch brachte mich auf die Idee, Bundestagspräsident Dr. Norbert Lammert anzuschreiben, um dabei auf die besondere Situation hinzuweisen:

> »Meine Meinung zum Thema Euro-Rettung weicht von der Fraktionsmeinung ab. Wegen der Wichtigkeit des Themas sollten jedoch auch kritische Stimmen zu Wort kommen. Es geht um nicht weniger als die Neuordnung der europäischen Finanzverfassung mit immensen Lasten für die Bundesrepublik Deutschland. Sie haben wiederholt betont, dass auch kritische Stimmen bei den Beratungen zum Euro-Rettungsschirm gehört werden sollten.«

Zuvor informierte ich meine Fraktionsgeschäftsführung über dieses Vorgehen. Überrascht war ich, dass mir nach Rücksprache mit dem Fraktionsvorsitzenden anschließend genau dies vorgeschlagen wurde. In der Woche vor der Abstimmung über das StabMechÄndG (Stabilitätsmechanismus-Änderungsgesetz) hielt Papst Benedikt XVI. seine historische Rede im Deutschen Bundestag über die Grundlagen des freiheitlichen Rechtsstaats.[26] In seiner rechtsphilosophischen Rede fragte er. »Wie erkennt man, was recht ist?« Das Christentum habe auf Natur und Vernunft als die wahren Rechtsquellen verwiesen – auf den Zusammenklang von objektiver und subjektiver Vernunft. Der Erfolg sei dem Maßstab der Gerechtigkeit, dem Willen zum Recht und dem Verstehen für das Recht untergeordnet. Erfolg könne auch Verführung sein und könne so den Weg auftun für die Verfälschung des Rechts, für die Zerstörung der

Gerechtigkeit. Daran schloss der Heilige Vater mit einem Zitat des Heiligen Augustinus an: »Nimm das Recht weg – was ist dann ein Staat noch anderes als eine große Räuberbande.« Eine grandiose Analyse! Dieses Zitat habe ich in meine Rede vom 29. September eingebaut. Mir war klar, dass die Zustimmung meines Redebeitrages im Parlament gering sein würde. Deshalb wollte ich mit meiner Rede die Bürger an den Bildschirmen erreichen. Bei aller Nervosität ist mir dies gelungen. Zumindest zeigen dies die Zugriffe auf die entsprechenden Videos auf YouTube. Das Plenarprotokoll des Deutschen Bundestages umfasst auch die Zwischenrufe aus dem Plenum. Hier die Rede vom 29. September 2011:

Herr Präsident! Meine sehr geehrten Damen und Herren!

Am 11. Februar 2010 haben sich die Staats- und Regierungschefs der Europäischen Union zum kollektiven Rechtsbruch verabredet. Griechenland sollte auf jeden Fall finanziell geholfen werden. Damit haben die Staats- und Regierungschefs nichts anderes verkündet als den Bruch der Nichtbeistandsklausel in den Europäischen Verträgen.

Uns wurde im Deutschen Bundestag versprochen, dass die Griechenland-Hilfe eine einmalige Hilfe ist, die absolute Ausnahme, und sonst nichts. Die Tinte war noch nicht trocken, schon wurde einen Tag später in Brüssel der jetzige Schuldenschirm, die Einrichtung der EFSF, vereinbart. Als der Deutsche Bundestag das sogenannte Euro-Rettungspaket verabschiedete, wurde hier erklärt, dass ohnehin niemand unter diesen Schirm flüchten wird. Bereits wenige Monate später drängten sich erst Irland, dann Portugal und bald auch Griechenland unter den Schirm.

Am 27. Oktober 2010 erklärten Sie, Frau Bundeskanzlerin, hier im Hohen Hause:

Er läuft 2013 aus. Das haben wir auch genau so gewollt und beschlossen. Eine einfache Verlängerung kann und wird es mit Deutschland nicht geben, weil der Rettungsschirm nicht als langfristiges Instrument taugt, weil er Märkten und Mitgliedstaaten falsche Signale sendet und weil er eine gefährliche Erwartungshaltung fördert.

Herr Präsident, meine sehr geehrten Damen und Herren,

keine vier Wochen später galt all dies nichts mehr. Am 11. März 2011 wurde dann in Brüssel sogar ein Weg zur Änderung der Europäischen Verträge eingeschlagen, der erstens ein Weg zur Ausweitung des bestehenden Euro-Schuldenschirms ist, die der Bundestag nie wollte, der zweitens ein Weg zur unbefristeten Verlängerung der Laufzeit des Euro-Schuldenschirms ist, die der Bundestag nie wollte, und drittens ein Weg zur qualitativen Veränderung der europäischen Wirtschaftsverfassung ist, die der Bundestag nie wollte.

Allen Bekundungen zum Trotz hat bereits die erste Griechenland-Hilfe die Situation für Griechenland nicht entschärft, sondern verschärft. Griechenland nimmt weniger Steuern ein als 2010 und gibt – absolut und prozentual, auch ohne Zinsen – mehr Geld aus. Allen Bekundungen zum Trotz hat der Schuldenschirm die Überschuldungskrise von Staaten und Banken nicht entschärft, sondern verschärft. Es wird nur teure Zeit gekauft. Doch Griechenland kann aus seiner Überschuldung nicht herauswachsen, erst recht nicht mit noch mehr Schulden.

Die angeforderten Hilfen und die Aufstockung des Schuldenschirms werden die Lage noch weiter verschärfen. Am 17. März und am 10. Juni dieses Jahres haben wir hier in diesem Hohen Hause beschlossen:

Der Deutsche Bundestag erwartet aus verfassungsrechtlichen, europarechtlichen und ökonomischen Gründen, dass gemeinsam finanzierte oder garantierte Schuldenaufkaufprogramme ausgeschlossen werden.

Genau diese Schuldenaufkaufprogramme sind Gegenstand des heutigen Gesetzes. Not bricht nicht jedes Gebot. Der Verfassungsbruch ist nicht alternativlos! Papst Benedikt XVI. zitierte in seiner großen Rede vor dem Deutschen Bundestag den Heiligen Augustinus mit den Worten: »Nimm das Recht weg – was ist dann ein Staat noch anderes als eine große Räuberbande?«

(Volker Beck [Köln] [BÜNDNIS 90/DIE GRÜNEN]: Räuberbandenkoalition!)

Nun wird beim Internationalen Währungsfonds, bei der Zentralbank und bei der Kommission in Brüssel bereits über die Vervierfachung des Schuldenschirms gesprochen. Sie wollen ihn hebeln.

(Christian Lange [Backnang] [SPD]: Das ist die Zukunft der FDP! Das ist die Zukunft der Regierung!)

Die Wirkung wird dann jedoch sein, dass der Schuldenschirm dieselben Risiken ermöglicht wie ein Hedgefonds. Er wird auf Kredit spekulieren. Die europäischen Steuerzahler aber haften für diese Spekulationen.

(Christian Lange [Backnang] [SPD]: Das ist die FDP! Das ist Teil Ihrer Regierung! Eine Schande!)

Angst war schon immer ein schlechter Ratgeber. Aber mit Angst wird seit September 2007 eine Politik gemacht, die Recht und Freiheit schleift. Sie fördert die Angst vor dem Zusammenbruch unseres Finanzsystems. Das vereinte Europa ist von seinen Gründervätern als ein Ort der Freiheit gegen alle Formen der Diktatur, Unfreiheit und Planwirtschaft erträumt worden. Das heutige Europa ist auf dem Weg in die monetäre Planwirtschaft und in den politischen Zentralismus. Wir sind auf dem Weg in die Knechtschaft, weil wir uns aus Angst vor einem Zusammenbruch des Finanzsystems erpressen lassen. Die Gründerväter Europas wollten ein Europa des Rechts und der Rechtsstaatlichkeit. Die heutigen Regierungen des Euro-Raums, die EU-Kommission und die Zentralbank verabreden sich hingegen wiederholt zum kollektiven Rechtsbruch, obwohl die EU-Kommission als Hüterin der Verträge und die nationalen Regierungen zum Schutz des Rechts verpflichtet sind.

(Vizepräsident Dr. h. c. Wolfgang Thierse: Herr Kollege, Sie müssen zum Schluss kommen.)

Sie nutzen die Angst vor einem Zusammenbruch des Finanzsystems, um Europa in eine neue Stufe des Zentralismus zu leiten.

Ich bedanke mich für die Aufmerksamkeit.

Auf dem Weg zu meinem Platz kam ich unweigerlich an der Regierungs-
bank vorbei. Finanzminister Wolfgang Schäuble sprach mich an und gab
mir die Hand. Das Papst-Zitat hätte ich wohl falsch verstanden, der Papst
sei ein großer Anhänger der europäischen Integration. Ich erwiderte,
dass ich den Heiligen Vater gerade deshalb zitiert hätte. Am Ende kam
die Kanzlermehrheit zustande. Von der Unionsfraktion stimmten die
Kollegen Bosbach, Dörflinger, Frankenhauser, Funk, Gauweiler, Göppel,
Kolbe, Linnemann, Silberhorn und Willsch mit Nein. In meiner Fraktion waren es meine Kollegen Ackermann, Staffeldt und ich. Meine Kol-
legin Canel enthielt sich der Stimme. In den Fraktionen und der Öffentlichkeit entstand anschließend eine Debatte, ob es zulässig gewesen sei,
dass Parlamentspräsident Lammert meinem Kollegen Willsch und mir
ein Rederecht eingeräumt hatte. Der Unionsfraktionschef Kauder soll anschließend getobt haben: »Wenn alle reden, die eine von der Fraktion ab-
weichende Meinung haben, dann bricht das System zusammen.«[27] Sogar
die Geschäftsordnung des Bundestages wollten die Koalitionäre ändern.

Unser Recht auf freie Rede sollte dadurch eingeschränkt werden. Genannt wurden pragmatische Gründe. Wenn der Bundestagspräsident an
den Fraktionen vorbei Redezeit gewähre, so gefährde dieser Vorgang das
Funktionieren des Parlaments. Wegen der verfahrensrechtlichen und or-
ganisatorischen Vorteile müsse ein von der Fraktion nicht erfüllter Rede-
wunsch »möglichst kurz« bemessen werden. Überdies geschehe das alles
in unserem Interesse, denn es werde uns nun erstmals ein expliziter Anspruch auf Redezeit gewährt.

Wir hatten aber gar nicht um eine Änderung der Geschäftsordnung gebeten. Im Gegenteil erfolgte der Anstoß zur Änderung aus den Fraktionsge-
schäftsführungen. Was als Stärkung des Rederechts verkauft wurde, war in
Wahrheit seine Beschneidung und eine Verschiebung von Machtbefugnis-
sen vom Bundestagspräsidenten auf die Fraktionen, mit denen er sich zukünftig ins Benehmen setzen sollte. Vergleichbar heftig waren die geplanten Einschränkungen auch bei den persönlichen Erklärungen, die künftig
nur noch ausnahmsweise mündlich und nicht länger als drei Minuten vorgetragen werden sollten. Bezeichnend ist, dass die Änderung der Geschäftsordnung ursprünglich ohne Debatte verabschiedet werden sollte. Wenn
die Änderung Vorteile gebracht hätte, dann hätte man nicht das Licht der

Öffentlichkeit scheuen müssen. Hätten wir zugelassen, dass das Rederecht im Plenum eingeschränkt wird, dann wäre der Prozess der Entscheidungsfindung ins Vorfeld verlagert worden. Diese hätte eine Verlagerung vom Rampenlicht des Plenums ins diffuse Dunkel von Fraktion und Ausschuss bedeutet. Der amerikanische Jurist Louis Brandeis sagte einmal: »Sonnenlicht ist das beste Desinfektionsmittel, elektrisches Licht die beste Polizei.« Ohne Transparenz gedeihen Fäulnis und Unrecht. Daher gedeiht die Demokratie im Licht und lebt von der öffentlichen Debatte, vom Wettstreit der Meinungen in Plenarsaal und Feuilletons. Der öffentliche Austausch von Argumenten bringt allemal die besseren Lösungen hervor.

Statt einer Einschränkung des Rederechts zugunsten der Fraktionen wäre eine Stärkung der Rechte der Abgeordneten notwendig gewesen. Ein lebendiges Parlament braucht Abgeordnete, die den Mut zur eigenen Meinung haben und diese äußern. Es ist doch kein Zufall, dass die in Wissenschaft und in Teilen der öffentlichen Meinung vorherrschende Kritik am damaligen Kurs der Bundesregierung in der europäischen Banken-, Staatsschulden- und Währungskrise fast keinen parlamentarischen Widerhall fand und findet. Die Ursache hierfür ist die fortschreitende Machtverschiebung vom Abgeordneten zur Fraktion und vom Bundestag zur Bundesregierung. Es ist an der Zeit, dass Abgeordnete und Parlament sich erinnern, dass sie eine bedeutende Funktion im System der Gewaltenteilung innehaben.

Die öffentliche Diskussion und Empörung hat letztlich doch die Vernunft in den Koalitionsspitzen obsiegen lassen. Insgesamt hatten wir beide eine Redezeit von 10 Minuten. Schon deshalb war die Kritik kleinkariert. Die parlamentarische Demokratie muss dies aushalten.

Am 21. Juli 2011 beschlossen die 17 Euro-Länder auf einem Sondergipfel ein zweites Griechenland-Paket. Nach langem Hin und Her wurde dieses erst am 27. Februar 2012 im Bundestag verabschiedet. Vielen in meiner Fraktion war der mangelnde Umsetzungswille der Sparmaßnahmen durch das hellenische Parlament zunehmend ein Ärgernis. Dieses Argument teilte ich nicht, denn ich hatte immer die Auffassung vertreten, dass die Griechen souverän über ihr Land entscheiden müssten. Jedoch sollten wir dafür nicht bezahlen müssen.

Die Fraktionsspitze versuchte bis dahin die Zahl der »Abweichler« herunterzuspielen. Es sei nur eine kleine Gruppe um den Abweichler Frank Schäffler, kolportierte sie gegenüber der Presse. Mögliche Abweichler wurden im Einzelgespräch bearbeitet. Wer gegen die Maßnahmen stimmen wollte, sollte dies nach der Fraktionssitzung der Vorsitzenden oder dem parlamentarischen Geschäftsführer mitteilen. Dieses Verfahren hatte für die Fraktionsführung den Vorteil, dass vorab keine konkrete Zahl der »Abweichler« an die Öffentlichkeit drang. Denn es bestand die große Sorge, dass die Koalition keine eigene Kanzlermehrheit haben würde. Von einer Kanzlermehrheit spricht man, wenn die regierende Koalition die Mehrheit aller möglichen Abgeordneten bei einer Abstimmung aufbringt. Diese benötigte man für die damalige Abstimmung zwar nicht, da man nur eine relative Mehrheit im Parlament brauchte, dennoch hat die Kanzlermehrheit einen hohen symbolischen Wert. Denn bislang hatte die Koalition immer diese Mehrheit. Doch mitten in die Fraktionssitzung, in der das 2. Griechenland-Paket besprochen wurde, platzte die Nachricht, dass die Unionsfraktion eine Probeabstimmung gemacht hätte, die eine hohe Zahl von »Abweichlern« ergeben habe. Als dann wider Erwarten unser Fraktionsvorsitzender Rainer Brüderle ebenfalls die Gegenstimmen abfragte, war plötzlich keine Kanzlermehrheit mehr da. Daraufhin unterbrach Brüderle die Sitzung, um mit dem Parteivorsitzenden Philipp Rösler und den »Abtrünnigen« in den Nebenraum zu verschwinden. Eindringliche Minuten folgten. Es galt, die Koalition »handlungsfähig« zu halten. Dies dürfe nicht an der FDP scheitern, wurde appelliert. Einige Kollegen erklärten, dass sie letztmalig gegen ihre Überzeugung und lediglich aus Solidarität mit der Fraktion zustimmen würden. Dennoch erreicht die Koalition bei der Abstimmung keine Kanzlermehrheit. Gegen das 2. Griechenland-Paket stimmten aus der Unionsfraktion die Kollegen Veronika Bellmann, Wolfgang Bosbach, Thomas Dörflinger, Herbert Frankenhauser, Alexander Funk, Dr. Peter Gauweiler, Manfred Kolbe, Paul Lehrieder, Dr. Carsten Linnemann, Thomas Silberhorn, Christian Freiherr von Stetten, Stephan Stracke, Klaus-Peter Willsch und aus der FDP-Fraktion meine Kollegen Jens Ackermann, Sylvia Canel, Torsten Staffeldt und ich. Die Kollegen Christian Hirte, Hans-Georg von der Marwitz und Dr. Erwin Lotter enthielten sich der Stimme. Insgesamt stimmten damit 20 Abgeordnete nicht für das Paket. Für die Kanzlermehrheit von 311 Stimmen fehlten 6 Stimmen aus der Koalition. Bei späteren »Euro-Abstimmungen«

wurde die Kanzlermehrheit wiederholt verfehlt. Die Fraktionsführungen bemühten sich jedoch zu betonten, dass die Kanzlermehrheit lediglich bei der Kanzlerwahl notwendig sei. Die Mehrheit im Parlament sei auch ohne die Kanzlermehrheit gesichert. Dennoch war es ein Etappensieg. In der Debatte wollte ich in erster Linie die geschönten Zahlen Griechenlands entlarven, um den »Abweichlern« mitzuteilen, dass dies nicht das letzte »Griechenland-Paket« sein werde. So war es dann auch. Im Sommer 2014 verhandelten die Finanzminister in der Eurozone erneut mit Griechenland über ein weiteres Griechenland-Paket.

Doch zurück zu meiner Rede vor dem Deutschen Bundestag vom 27. Februar 2012:

Herr Präsident! Meine sehr geehrten Damen und Herren! Griechenland hat nicht gespart. Griechenland gibt in absoluten Zahlen mehr Geld aus. Griechenlands Wirtschaft schrumpft. Griechenland verschleppt Reformen. Griechenland ist nicht wettbewerbsfähig. Griechenland verliert Kapital. Mit anderen Worten: Griechenland ist insolvent.

Alle Zahlen, die uns 2010 und 2011 vorgelegt wurden, stimmen nicht. Jetzt werden uns neue Zahlen vorgelegt. Die ihnen zugrunde liegende Schuldentragfähigkeitsanalyse haben wir erst als Tischvorlage erhalten.

Nun rechnet die Troika im Basisszenario mit einem Schrumpfen der Wirtschaft in diesem Jahr um 4,3 Prozent. Realistisch sind 7 bis 8 Prozent. Nach nur drei Jahren wird das Bruttoinlandsprodukt Griechenlands Ende des Jahres um 17 bis 18 Prozent geschrumpft sein.

Griechenland wächst von einer niedrigeren Basis aus, wodurch sich der prozentuale Schuldenstand von 2012 bis 2020 weiter erhöhen wird. Damit ist der für das Jahr 2020 angenommene Schuldenstand von 120,5 Prozent des Bruttoinlandsprodukts heute schon unrealistisch. Die Annahme, dass Griechenland nächstes Jahr einen Überschuss im Primärhaushalt von 3,6 Milliarden Euro und 2014 von 9,5 Milliarden Euro erzielen kann, ist reine Illusion.

Nach den öffentlich einsehbaren Zahlen Griechenlands gab Griechenland im Jahre 2011 68,9 Milliarden Euro aus. 2010 hat Griechenland 66,9 Milliarden

Euro ausgegeben. Innerhalb eines Jahres sind die absoluten Ausgaben des griechischen Staates trotz aller angeblicher Sparprogramme um rund 1,9 Milliarden Euro oder 2,9 Prozent gestiegen.

Es ist nichts besser geworden. Es ist alles schlimmer geworden. Jetzt meinen wir, Griechenland mit einer Austerity-Politik aus dieser Falle herauszuführen. Das kann nicht funktionieren.

(Beifall des Abg. Klaus Ernst [DIE LINKE] – Dr. Gregor Gysi [DIE LINKE]: Da hat er recht!)

Deshalb ist es entscheidend, dass Griechenland da Wachstumsimpulse setzt, wo es notwendig ist. Aber Griechenland macht das nicht. Griechenland gibt zum Beispiel für den Militäretat mehr Geld aus als in der Vergangenheit. 2010 hat Griechenland 4,5 Milliarden Euro im Militärhaushalt ausgegeben, 2011 sollen es 4,73 Milliarden sein und 2013 4,63 Milliarden. Griechenland gibt im Militärhaushalt also mehr Geld aus als im Jahr 2010.

Daran sehen Sie, dass die Weichen falsch gestellt werden. Griechenland hat im Euro keine Chance, wettbewerbsfähig zu werden. Griechenland muss vielmehr zweierlei hinbekommen: Zum einen muss es aus der Währungsunion austreten. Verbunden werden muss das zum anderen mit einem wirklichen Schuldenschnitt, der seinen Namen auch verdient. Der beschlossene Schuldenschnitt wird vom europäischen Steuerzahler finanziert: Von den 107 Milliarden Euro stammen 50 Milliarden Euro aus dem Programm zur Rekapitalisierung der Banken und weitere 30 Milliarden Euro dienen dazu, das Umtauschangebot attraktiv zu machen. 80 Milliarden der 107 Milliarden Euro kommen vom europäischen Steuerzahler. Das ist keine Beteiligung privater Gläubiger, wie ich sie mir vorstelle.

(Beifall des Abg. Klaus Ernst [DIE LINKE])

Risiko und Haftung gehören zusammen. Das darf nicht außer Kraft gesetzt werden. Wer Risiken eingeht, der muss im Zweifel haften, der muss die Verantwortung für sein Handeln tragen. Wir dürfen nicht die Schulden sozialisieren und die Gewinne privatisieren. Das ist die falsche Botschaft.

(Beifall bei der LINKEN)

Damit werden wir den Rattenfängern auf der linken Seite Zuspruch verschaffen.

(Jürgen Trittin [BÜNDNIS 90/DIE GRÜNEN]: Na, na, na, Herr Schäffler! – Hubertus Heil [Peine] [SPD]: Das ist eine nationalbolschewistische Rede!)

Das ist das Gegenteil von sozialer Marktwirtschaft, was wir an den Tag legen. Deshalb lehne ich dieses Paket ab.

Vielen Dank. (Beifall bei Abgeordneten der FDP)

5.2   Der iberische Euro

Mitten in der Sommerpause 2012 kam die Stützung Spaniens auf die Tagesordnung. Der Bundestag wurde aus den Sommerferien gerufen. Ich war mit meiner Familie in Marokko und buchte früh morgens eine Maschine über Madrid nach Berlin. Als ich im Anflug auf den Flughafen in Madrid das höchste Gebäude der Stadt sah, wurde mir die Dimension der Problematik deutlich. Es war der Hochhausturm der größten spanischen Sparkasse Bankia. Bankia war das Ergebnis zahlreicher Fusionen im Sparkassensektor in Spanien. Die Probleme im Immobiliensektor und damit im Bankensektor in Spanien wurden nicht durch Insolvenz und eine Marktbereinigung gelöst, sondern durch die Übernahme des Lahmen durch den weniger Humpelnden. Aus kleinen privaten Sparkassen wurden immer größere Sparkassen. Die faulen Kredite sind dadurch aber nicht verschwunden, sie wurden lediglich gebündelt und in eine größere Einheit eingebracht. Am Ende blieb die Bankia übrig, die sich mit einer Bilanzsumme von rund 280 Milliarden Euro als »systemrelevant« präsentiert (rund 20 Prozent der spanischen Wirtschaftsleistung). Heute gehört sie zu 68 Prozent dem spanischen Staat, der inzwischen rund 20 Milliarden Euro vom europäischen Schuldenfonds für die Bankia-Schieflage erhalten hat.

Anders als die anderen Schuldenländer beantragte Spanien nur ein Bankenrekapitalisierungsprogramm in der Größenordnung von 100

Milliarden Euro. Sie waren der Auffassung, dass ein umfassendes Programm wie in Irland, Portugal und Griechenland für sie nicht notwendig sei. Man könne das den stolzen Spaniern auch nicht zumuten, hieß es in Koalitionskreisen.

Dabei hat die viertgrößte Volkswirtschaft in der Eurozone ganz erhebliche strukturelle Probleme. Dort sollen bis zu 1,5 Millionen Immobilien leerstehen oder unvollendet sein. Auf alle Fälle gibt es keine Käufer. Dabei wurden diese Immobilien alle von Banken finanziert. Diese mussten inzwischen auf Druck der spanischen Bankenaufsicht Wertberichtigungen für Hypothekenkredite von 87 Milliarden Euro vornehmen. Ende 2013 waren mehr als 5 Prozent der spanischen Hypothekenkredite »notleidend«. Für 2014 rechnet die spanische Refinanzierungsberatung AFES mit einem Anstieg auf 6 Prozent. 2007, ein Jahr vor dem Zusammenbruch des Immobiliensektors in Spanien, lag der Anteil noch bei 0,7 Prozent. Die spanische Notenbank berichtete im Februar 2014 sogar von einem neuen Höchststand an »zweifelhaften Krediten« (doubtful loans) in den Bilanzen der spanischen Banken von mehr als 197 Milliarden Euro. Dies entspricht 13,6 Prozent des ausstehenden Kreditvolumens an den Privatsektor.[28] Geht man davon aus, dass bereits 50,5 Milliarden Euro an faulen Krediten an die spanische Bad Bank SAREB ausgelagert wurden, sind also fast 250 Milliarden Euro im Feuer.

Als die Blase in Spanien 2008 platzte, reagierten die Banken mit der Refinanzierung der Kredite, verbunden mit Laufzeitverlängerungen. Die Hoffnung war, man könne die Krise aussitzen. Doch die Häuserpreise sind seit 2007 um 40 Prozent gefallen, die Beleihungswerte der Immobilien sinken und die Arbeitslosigkeit beträgt inzwischen 26 Prozent (12/2013). Die Jugendarbeitslosigkeit liegt bei 55 Prozent (12/2013). Sie ist nach Griechenland damit die höchste in der EU. Der Wohnungsbau und das Baunebengewerbe sind völlig zum Erliegen gekommen. Die Verschuldung Spaniens stieg innerhalb weniger Jahre von 382 Milliarden Euro (2007, 36,3 Prozent/BIP) auf 958 Milliarden Euro (2013, 91,8 Prozent/BIP), ein Anstieg um 150 Prozent innerhalb von sechs (!) Jahren. Dazu kommen Schwarzarbeit und Korruption. Das spanische Finanzministerium schätzt die Schattenwirtschaft im eigenen Land auf 20 Prozent (200 Milliarden Euro).[29]

Aber wie immer heißt es: Spanien hat nur ein Bankenproblem! Wie immer in der EU sind die beschlossenen Regel nur wenig wert. Das Beispiel Spanien zeigt, dass es einen Unterschied macht, ob ein großes Land wie Spanien in bedrohliche Schieflage gerät oder ein kleines Land wie Griechenland, Zypern oder Irland. Auf diesen Umstand wollte ich in meiner Bundestagsrede aufmerksam machen, um diejenigen zu entlarven, die ständig von schärferen Regeln fabulieren, die dieses Mal durchgesetzt würden.

In der anschließenden Bundestagsdebatte hatte ich wie üblich Redezeit bei Präsident Lammert beantragt und auch erhalten.

In der Debatte am 19. Juli 2012 sagte ich:

> Meine sehr geehrten Damen und Herren! Die Frage ist, ob das, was wir heute beschließen, gerecht ist.
>
> (Manfred Zöllmer [SPD]: Das ist überhaupt nicht die Frage!)
>
> Gerecht wäre es, wenn wir in Europa allgemeine und gleiche Regelungen für alle Staaten schaffen würden. Aber machen wir das?
>
> (Hans-Michael Goldmann [FDP]: Ja!)
>
> Nein, wir machen es nicht, sondern wir treffen unterschiedliche Regelungen für unterschiedliche Länder in Europa. Für Irland gelten andere Regelungen als die, die jetzt für Spanien getroffen werden sollen,
>
> (Norbert Barthle [CDU/CSU]: Das sind maßgeschneiderte Regelungen!)
>
> für Portugal gelten andere Regelungen als die, die jetzt für Spanien getroffen werden sollen, und auch für Griechenland gelten andere Regelungen als die, die jetzt für Spanien getroffen werden sollen.
>
> (Dr. Diether Dehm [DIE LINKE]: Viel schlimmere!)

Alle genannten Staaten haben im Vergleich zu dem, was wir jetzt Spanien aufs Auge drücken wollen, viel härtere Maßnahmen zu erleiden. Den Großen in Europa bringt man Geldkoffer, und in diejenigen Staaten in Europa, die klein sind, kommt der Sparkommissar. Das hat nichts mit Gerechtigkeit oder europäischer Einigung zu tun. Das hat auch nichts damit zu tun, dass wir die Verursacher der Krise tatsächlich an die Kandare nehmen.

(Beifall des Abg. Dr. Diether Dehm [DIE LINKE])

Nein, das findet nicht statt. Vielmehr lassen wir die Eigentümer der Banken in Spanien weitestgehend außen vor. Was haben wir in Deutschland bei der HRE gemacht? Die privaten Banken in Deutschland mussten 8,5 Milliarden Euro auf den Tisch legen, weil sie von einer Insolvenz der HRE mittelbar betroffen gewesen wären. In Spanien hat so etwas nicht stattgefunden. In Spanien gibt es auch keine Bankenabgabe. Also: Wo ist die Gerechtigkeit, die viele einfordern? Sie ist nicht vorhanden.

Die nächsten Schritte, die jetzt folgen werden, bestehen darin, dass wir den Boden für eine direkte Kapitalisierung des Bankensystems in Spanien bereiten. Das ist der Weg, der hier faktisch vorbereitet wird. Es gibt nämlich einen Verweis auf die Gipfelerklärung der Staats- und Regierungschefs vom 29. Juni dieses Jahres, in dem es ausdrücklich heißt, dass nach der Einführung einer Europäischen Bankenaufsicht die direkte Bankenrekapitalisierung vorbereitet wird. Ich frage mich: Gibt es das nicht schon? Wir haben doch schon die EBA. Sie müsste nur direkten Zugriff auf die nationalen Bankensysteme bekommen. Das ist relativ schnell gemacht. Das wird auch geschehen. Die Aufsicht wird nicht auf die systemrelevanten Banken beschränkt bleiben; denn am Ende geht es um das spanische Bankensystem. Dort sind die systemrelevanten Banken nicht betroffen, sondern es sind die kleinen Sparkassen betroffen. Das heißt, man wird die systemrelevanten Banken mit den nicht systemrelevanten Banken zusammen beaufsichtigen. Was heißt das? Das heißt am Ende, dass die Einlagensicherung in Deutschland dran glauben muss. Wir haften am Ende mit dem Sparvermögen Deutschlands für die Einlagen und die Schieflagen von Banken in Südeuropa, und das darf nicht zugelassen werden.

(Beifall bei Abgeordneten der CDU/CSU)

Der spanische Bankenmarkt ist geprägt durch eine Immobilienblase, die dazu geführt hat, dass bis zu 1,5 Millionen Wohnimmobilien nicht gebraucht werden. Hier steht eine Korrektur bevor. Die Frage ist, wer diese Korrektur bezahlt. Bezahlt das der europäische Steuerzahler, oder bezahlen das die Eigentümer dieser Banken? Ich bin der Auffassung, was nicht systemrelevant ist, das muss von den Eigentümern getragen werden. Das darf in Europa nicht sozialisiert werden, weil es am Ende dazu führt, dass wir die marktwirtschaftliche Ordnung außer Kraft setzen und pervertieren. Das ist das Gegenteil dessen, was man machen muss.

Es gibt keine Möglichkeit, den finalen Zusammenbruch eines Booms zu verhindern, der durch Kreditexpansion erzeugt wurde. Das ist genau das, was in Südeuropa stattgefunden hat.

Vielen Dank.

(Beifall bei Abgeordneten der CDU/CSU und der LINKEN)

5.3   Die Rettungseuropäer und Demokratieversuche

Meine Partei, die FDP, tat sich von Anfang an schwer mit der Europolitik der eigenen Regierung. So war der Bundesparteitag der FDP in Rostock im Mai 2011 für meine Mitstreiter und mich bereits ein großer innerparteilicher Erfolg. Im Vorfeld konnte ich 14 Abgeordnete der FDP und zahlreiche weitere Delegierte gewinnen, gemeinsam mit Burkhard Hirsch und mir einen Antrag einzubringen.

Dieser lautete:

Die FDP fordert die Bundesregierung auf, sich auf europäischer Ebene wirksam für die Stabilität unserer Währung einzusetzen. Das setzt auf der Grundlage der bisher gemachten europäischen Erfahrungen voraus,

➤ dass kein ständiger »Euro-Rettungsschirm« das unverzichtbare Eigeninteresse der Mitgliedstaaten und ihrer Gläubiger an einer konsequenten Finanzpolitik und ihre Eigenverantwortung lähmt,

> dass eine europäische Insolvenzordnung für Mitgliedstaaten zwingend eine Beteiligung der Gläubiger vorsieht,

> dass Staaten, die den Anforderungen der stabilitätsorientierten Finanzpolitik nicht folgen, aus der Euro-Währungsunion kurzfristig austreten können.

Die Bundesregierung wird zudem aufgefordert, sich auf europäischer Ebene für die konsequente Durchsetzung der Einhaltung der bereits im Maastricht-Vertrag festgelegten Konvergenzkriterien einzusetzen. Dazu ist ein Sanktionsmechanismus zu schaffen, der durch den Rat nicht ausgehebelt werden kann. Darüber hinaus wird die Bundesregierung aufgefordert, sich für die Durchsetzung des im Lissabon-Vertrag enthaltenen Artikels 125 (»Nichtbeistandsklausel«) und sich für eine Verschärfung des Artikels 123 (Verbot des Erwerbs von Schuldtiteln von Mitgliedstaaten durch die EZB) einzusetzen.

Zwar wurde dieser Antrag abgelehnt, dennoch war das Ergebnis unserer Niederlage für viele Beobachter überraschend. In der entscheidenden schriftlichen Abstimmung sprach sich ein Drittel der Delegierten für unseren Antrag aus. Von den 662 Delegierten waren mindestens ein Drittel Bundes- oder Landtagsabgeordnete. Darüber hinaus waren viele Mitarbeiter von Abgeordneten ehrenamtlich in der FDP tätig und ebenfalls Bundesparteitagsdelegierte. Deshalb war es sehr schwierig, an dieser Gruppe vorbei eine Mehrheit zu organisieren. Doch wie sollte es in der innerparteilichen Auseinandersetzung weitergehen? Wir hatten das Gefühl, dass die Basis der FDP in dieser wichtigen Frage anders dachte als die Funktionäre.

Nach Rostock wurde daher in Berlin bei einem Treffen des Liberalen Aufbruchs die Idee des Mitgliederentscheids geboren. Konzeptionell umgesetzt wurde sie an einem Augustwochenende auf dem Hof meines ehemaligen Bundestagskollegen und Mitstreiters beim Liberalen Aufbruch Paul Friedhoff in Huckelrieden im Oldenburger Münsterland. Ich erinnerte mich noch sehr genau an die beiden bisherigen Mitgliederentscheide der FDP zum »großen Lauschangriff« und zur »Freiwilligenarmee« in den 1990er-Jahren. Als Junger Liberaler fand ich die Elemente der direkten Demokratie immer belebend. In den Anfängen wählten die Jungen Liberalen sogar ihren Bundesvorsitzenden in Urwahl. Bemerkenswert ist, dass der »große Lauschangriff« von einer Mehrheit befürwortet wurde und bei der Befragung für die Einführung der Freiwilligenarmee das notwendige Quorum nicht erreicht wurde. Jahre später fasste die FDP jedoch gegenteilige Beschlüsse, sodass die Ablehnung des großen Lauschangriffs und der Verzicht auf die allgemeine Wehrpflicht und die Einführung einer Freiwilligenarmee nicht nur Beschlusslage der FDP war, sondern in reale Politik umgesetzt wurde.

In der Politik braucht man also einen langen Atem, es gibt keine schnellen Erfolge. Wichtig war uns, die FDP von einer Vorsitzendenpartei wieder zu einer Mitgliederpartei zu machen, die diskutiert und um den richtigen Weg ringt, gerade bei einer so wichtigen Frage, wie es weitergehen soll in der Währungsunion. Dieses belebende Element versprachen wir uns durch einen Mitgliederentscheid zum Europäischen Stabilitätsmechanismus.

Unser Antragstext, mit dem wir ins Rennen gingen, lautete wie folgt:

Für ein Europa mit solidem Fundament: Recht, Rechtsstaatlichkeit und Marktwirtschaft

Europa braucht einen realistischen Umgang mit der Schuldenkrise.

Unbefristete Rettungsmaßnahmen, bei denen Deutschland für Schulden anderer europäischer Staaten haftet, kommen für die FDP nicht infrage.

Rettungsmaßnahmen für überschuldete Staaten lassen sich mit ordnungspolitischen Prinzipien nicht vereinbaren. Sie setzen das Prinzip außer Kraft, dass Gläubiger für ihr Risiko haften müssen. Zusätzlich verletzen sie die Nichtbeistandsklausel der Europäischen Verträge.

Die FDP lehnt jedwede Ausweitung oder Verlängerung der Rettungsschirme, die Einführung von Eurobonds und auch jede andere Form von gemeinschaftlicher Haftung für Schulden einzelner Staaten ab. Die FDP hält es für falsch, dass die Europäische Zentralbank oder die Deutsche Bundesbank Staatsanleihen überschuldeter Staaten aufkauft.

Die FDP lehnt daher auch die Einrichtung eines unbefristeten Europäischen Stabilitätsmechanismus (ESM) ab. Sie wird ihm im Bundestag die

Zustimmung verweigern und eine entsprechende Veränderung der Europäischen Verträge ablehnen. Dies ist im Koalitionsvertrag auch nicht vereinbart worden.

Sollten sich die bisher beschlossenen Maßnahmen nicht als hinreichend herausstellen, spricht sich die FDP dafür aus, überschuldeten Staaten einen geordneten Austritt aus dem Euro zu ermöglichen, um ein ungeordnetes Auseinanderbrechen unserer Währung zu verhindern.

Da wir nicht wussten, bis wann wir die notwendigen 3 500 Antragsteller gewinnen konnten, mussten wir notgedrungen den Antrag so offen formulieren, dass er notfalls auch in einigen Monaten noch Gültigkeit haben konnte.

Um einen Mitgliederentscheid durchzusetzen, benötigen die Initiatoren nach der FDP-Satzung die Unterstützung von fünf Landesverbänden oder einem Drittel der Kreisverbände oder von 5 Prozent der Mitglieder. Schnell wurde deutlich, dass nur die Ansprache von 5 Prozent der Mitglieder möglich war. Da das Instrument des Mitgliederentscheids noch aus der Vor-Internet-Zeit stammte, war uns klar, dass das Internet uns helfen würde.

Als ich die Idee des Mitgliederentscheides Burkhard Hirsch mitteilte und ihn fragte, ob er mitmachen würde, war er sofort dabei. Diese Begeisterungsfähigkeit habe ich an ihm sehr schätzen gelernt. Er ist ein radikaler Liberaler im besten Sinne. Auf die Frage, wie viele Veranstaltungen er wahrnehmen könne, antwortete er mir mit seinen damals 81 Jahren: »Herr Schäffler, ich bin keine 80 mehr.« Am Ende hat er auf einem halbem Dutzend Veranstaltungen unsere Position vertreten. Als Initiatoren des Mitgliederentscheids standen neben Burkhard Hirsch und mir meine Kollegen Lutz Knopek und Nicole Bracht-Bendt sowie Holger Krahmer, Christoph Dammermann, Michael Böwingloh und mein Co-Sprecher des Liberalen Aufbruchs Carlos A. Gebauer auf dem Antrag.

Den damaligen Generalsekretär Christian Lindner informierte ich am 9. September bei einer Tasse Kaffee in der Cafeteria des Bundestags über unsere Absicht. Er war natürlich überrascht, ging aber mit dieser Nachricht professionell um. Als *Spiegel-Online* und *SZ-Online* am gleichen Tag darüber berichteten, nutzten wir unsere E-Mail-Verteiler, die wir beim Aufbau

des Liberalen Aufbruchs bereits zusammengestellt hatten, um alle Kreisverbände und Sympathisanten zu kontaktieren. Innerhalb von vier Wochen
hatten wir die notwendigen 3500 Antragsteller zusammen. Es war ein ein-
maliger Vorgang in der deutschen Parteiengeschichte, dass es einer Ba-
sisbewegung gelang, innerhalb kürzester Zeit einen Mitgliederentscheid
durchzusetzen. Als meine Kollegen Nicole Bracht-Bendt, Michael Böwingloh, Christoph Dammermann und ich am 10. Oktober mit acht Leitz-Ord-
nern ins Thomas-Dehler-Haus, die Parteizentrale der FDP, in der Rhein-
hardtstraße in Berlin-Mitte marschierten, war der Medienrummel groß.
Wollte doch der Generalsekretär ursprünglich die Unterschriften nicht ent-
gegennehmen, sondern die Zuständigkeit bei der Bundesgeschäftsführerin
Gabriele Renatus sehen. Nach langem taktischem Hin und Her begrüßte er
uns jedoch und ein gemeinsames Gruppenbild wurde auch noch möglich.
Schon in der Vorbereitungsphase ging die Parteispitze davon aus, dass wir
die notwendigen Unterschriften zusammenbekommen würden, und bereitete sich bereits auf einen Mitgliederentscheid vor. Der Bundesvorstand beschloss am 24. November 2011 einen Antrag, der alternativ zu unserem Antrag den Mitgliedern zu Abstimmung gestellt werden sollte.

Europa auf dem Weg zur Stabilitätsunion

1. Wir wollen ein Europa der gemeinsamen Stabilität.
Die FDP ist der Garant für den konsequenten Weg in eine europäische Stabilitätsunion mit Werten, Regeln und Sanktionen. Europa braucht eine Wirtschaftsverfassung der Sozialen Marktwirtschaft, die Selbstverantwortung der
Mitgliedstaaten und Wettbewerb stärkt. Die FDP lehnt eine zentralistische
Wirtschaftsregierung ab, die Schulden und Wohlstand umverteilt und büro-
kratisch regiert.

2. Wir entscheiden über Europas Zukunft.
Europa lebt von der Beteiligung seiner Bürgerinnen und Bürger. Deshalb ist der
Mitgliederentscheid der FDP ein Gewinn für die demokratische Meinungsbildung.

3. Wir wissen, dass Deutschland von Europa profitiert.
Wir verdanken der europäischen Einigung Freiheit, Frieden, Sicherheit und
Wohlstand. Der gemeinsame Markt und die gemeinsame Währung sind für
Deutschland als wichtige Volkswirtschaft in Europa von besonderer Bedeutung.

4. Wir wollen Änderungen der Europäischen Verträge.
Die Bürgerinnen und Bürger wollen eine harte Währung. Die Schuldenpolitik vieler Euro-Staaten und der Bruch des Stabilitätspakts durch Rot-Grün haben die derzeitige Krise verursacht. Ein verbindlicher Stabilitätspakt II muss zukünftige Schuldenkrisen in Europa verhindern. Wir sorgen für strikte Regeln, automatische Sanktionen und fordern »Schuldenbremsen« in allen Verfassungen der Euro-Staaten.

5. Wir gewähren Hilfe nur bei Gegenleistung.
Jede Form von Nothilfe darf nur das letzte Mittel sein, wenn die Stabilität der Eurozone insgesamt in Gefahr ist. Hilfen dürfen nur unter strengen Auflagen gewährt werden, deren Einhaltung ständig überprüft wird. Jeder haftet für seine Schulden selbst. Eine wechselseitige Schuldenübernahme findet nicht statt. Nur die FDP garantiert, dass die Vergemeinschaftung von Schulden, zum Beispiel durch Eurobonds, ausgeschlossen bleibt. Die FDP hat durchgesetzt, dass das deutsche Haftungsvolumen der Höhe nach klar begrenzt bleibt (bei der EFSF 211 Milliarden Euro) und vor jeder Hilfszusage die Zustimmung des Deutschen Bundestages einzuholen ist. Ausweitungen des deutschen Haftungsvolumens der Rettungsschirme durch finanztechnische Maßnahmen lehnt die FDP ab. Diese Prinzipien sind die Voraussetzung dafür, dass die FDP einem langfristigen Europäischen Stabilitätsmechanismus (ESM) zustimmt.

6. Wir werden Risiko und Haftung wieder verbinden.
Die FDP will die Möglichkeit eines geordneten Insolvenzverfahrens für überschuldete Staaten in den Verträgen verankern. So kann ein betroffenes Land seine wirtschaftliche Wettbewerbsfähigkeit und Schuldentragfähigkeit zurückerlangen. Die FDP hat eine Haftung der privaten Gläubiger durchgesetzt. Mit Einführung des ESM wird diese verpflichtend. Notwendig sind weitere Maßnahmen zur effektiven Regulierung der Finanzmärkte: Dazu gehören eine unabhängige europäische Ratingagentur, mehr Transparenz, klare Haftungsregeln und wirksamere Kontrollen durch eine schlagkräftige Bankenaufsicht und eine effektive internationale Finanzmarktarchitektur.

7. Die FDP hat Verantwortung für Deutschland und Europa.
Wir sind die Partei, die das Haus Europa mitgebaut hat, und die für die Werte der Sozialen Marktwirtschaft kämpft. Die FDP steht für eine Stabilitätsunion und lehnt eine Haftungsunion ab. Es entspricht unserer liberalen Haltung und Tradition, nicht nur Nein zu sagen, sondern den Weg für ein stabiles Europa mit Leidenschaft und wirtschaftlicher Vernunft mitzugestalten.

Bei den Abstimmungsunterlagen wurde später nicht der Bundesvorstand als Antragsteller aufgeführt, sondern alle Ehrenvorsitzenden, Bundesvorstandsmitglieder, Landesvorsitzenden namentlich und nach »Wichtigkeit« gestaffelt. Das war dann die viel beschworene Chancengleichheit.[30]

Auch sonst wurde mit Manipulation gearbeitet. Die ehemaligen Außenminister Genscher und Kinkel wollten einen Brief an alle Mitglieder versenden. Ich hatte – anders als das von der Parteispitze kolportiert wurde – nichts dagegen. Meine Forderung war jedoch, dass Burkhard Hirsch und ich ebenfalls einen Brief an alle Mitglieder schreiben dürften. Dies wurde jedoch abgelehnt und nur der Brief von Genscher über die Landesverbände an die Mitglieder versandt.[31]

Später telefonierte ich mit Barbara Scheel, der Frau des ehemaligen Bundespräsidenten und FDP-Ehrenvorsitzenden Walter Scheel. Diese bestritt, dass ihr Mann die Zustimmung zu einem gemeinsamen Gastkommentar der liberalen Außenminister Guido Westerwelle, Klaus Kinkel, Hans-Dientrich Genscher und Walter Scheel in der *FAZ* am 11. November 2011 gegeben habe.[32] So ist es halt. Der Zweck heiligte die Mittel.

Im Ausland hat dieser Gastkommentar jedoch ein ganz anderes Bild Deutschlands gezeichnet. Die spanische Zeitung *El Mundo* druckte den Gastkommentar ebenfalls ab, jedoch mit einem Bild, das allen Beteiligten zu denken geben sollte:[33]

Abbildung 8: EU-Flagge mit Pickelhaube. Quelle: Eigene Darstellung in Anlehnung an *El Mundo*.

Die Pervertierung der Marktwirtschaft durch das Herausboxen der Schuldner und Gläubiger widerspricht im Übrigen dem Kerngedanken Europas. Der Kerngedanke Europas beruht auf den Grundfreiheiten der Römischen Verträge von 1957. Die darin verankerte Waren-, Dienst-, Kapitalverkehrs-, Reise- und Niederlassungsfreiheit sind individuelle Rechte, die den Erfolg des eigenen Handelns ermöglichen, aber auch dessen individuelles Scheitern. Dieser zutiefst freiheitliche Gedanke hat eine Bewegung von unten ausgelöst. Millionen von Menschen haben ihn geteilt, und dies hat entscheidend zum Wiederaufbau Europas beigetragen. Mit der gemeinsamen Währung Euro ist das anders. Staatschefs haben sich dieses Projekt als »Krönungsprojekt« der europäischen Einigung ausgedacht. Nicht die Frage, wie gutes Geld geschaffen und dauerhaft erhalten werden kann, sondern ein planwirtschaftliches Währungsideal stand im Mittelpunkt. Dieses zentralistische Euro-Projekt muss heute von allen Bürgern der Euro-Staaten getragen werden, auch wenn es nicht funktioniert. Es funktioniert deshalb nicht, weil es den Dreiklang Risiko, Haftung und Verantwortung außer Kraft setzt.

Doch genau darum geht es. Die Rettungseuropäer wollen die Einigung erzwingen und den Superstaat schaffen. Langwierige Vertragsänderungen der Europäischen Verträge sind mühsam und steinig. Daher kommt die Krise gerade recht, um Fakten zu schaffen, hinter die man glaubt, nicht mehr zurückgehen zu können. Es ist die Schaffung des europäischen Superstaates durch die Hintertür. Dieses zentralistische Projekt ist nicht beliebt. Es fördert Ressentiments, vor denen bereits Thomas Mann in seiner Rede 1953 vor Studenten in Hamburg eindringlich warnte. Damals sagte er: »Der Traum von einem deutschen Europa spukt selbst heute – so elend er in Hitler zuschanden geworden ist. Sache der heraufkommenden deutschen Generation, der deutschen Jugend ist es, dies Mißtrauen, diese Furcht zu zerstreuen, indem sie das längst Verworfene verwirft und klar und einmütig ihren Willen kundgibt – nicht zu einem deutschen Europa, sondern zu einem europäischen Deutschland.«[34]

Deshalb war die Auseinandersetzung über den ESM auch eine Auseinandersetzung über die Entwicklung der Europäischen Union. Bis zum 13. Dezember konnten in den folgenden Wochen die 65 000 Mitglieder

der FDP abstimmen. In über 200 Veranstaltungen von München bis Flensburg konnten wir unsere Position darlegen. Unterstützung erhielten wir durch einen öffentlichen Brief in der *Frankfurter Allgemeinen Zeitung* von 47 Volkswirtschaftsprofessoren an die Mitglieder der FDP:

»Sehr geehrte Damen und Herren,

wir haben den Antrag von Frank Schäffler und anderen gelesen, über den Sie in den nächsten Wochen entscheiden werden. Wir halten den Antrag für kompetent und verantwortungsvoll. Europa darf keine Haftungsunion werden. Ganz im Gegenteil müssen die Grundsätze der Europäischen Verträge in Zukunft wieder beachtet werden. Kernpunkt dieser Verträge sind das Beistandsverbot und das Verbot der Monetarisierung von Staatsschulden. Selbst wenn man meint, die Stabilität der Finanzmärkte sei gefährdet, ist es doch offensichtlich, dass Rechtsbrüche und Vertragsverstöße das Problem nicht lösen, sondern verschärfen. Wir – 47 Professoren der Volkswirtschaftslehre – empfehlen Ihnen deshalb, den Antrag von Frank Schäffler u. a. zu unterstützen.

Mit freundlichen Grüßen

Dieter Bender, Charles B. Blankart, Manfred Borchert, Rolf Caesar, Dietrich Dickertmann, Jürgen B. Donges, Norbert Eickhof, Mathias Erlei, Andreas Freitag, Egon Görgens, Heinz Grossekettler, Gernot Gutmann, Gerd Habermann, Eberhard Hamer, Gerd Hansen, Stefan Homburg, Jörn Kruse, Hans Günter Krüsselberg, Uwe Lautner, Martin Leschke, Bernd Lucke, Helga Luckenbach, Hubertus Müller-Groeling, Hans H. Nachkamp, Peter Oberender, Hans-Georg Petersen, Rudolf Richter, Gerhard Rübel, Wolf Schäfer, Klaus-Werner Schatz, Horst Schellhaaß, Dieter Schmidtchen, Jürgen Schröder, Alfred Schüller, Hans-Werner Sinn, Peter Spahn, Joachim Stabatty, H. Jörg Thieme, Ulrich van Suntum, Roland Vaubel, Uwe Vollmer, Gerhard Wegner, Harald Wiese, Hans Willgerodt, Rainer Willeke, Manfred Willms, Rupert Windisch.«[35]

Später kamen weitere Professoren dazu. Am Ende unterstützten uns 54 Professoren. Die Professoren Vaubel, Schellhaas, Freytag und

Habermann waren sogar Teil unseres Referententeams. In der anschließenden Online-Umfrage der *FAZ*, bei der über 44 000 Stimmen abgege-
ben wurden, waren 83 Prozent gegen die Einrichtung eines Europäischen
Stabilitätsmechanismus.

Professor Vaubel von der Universität Mannheim trat kurz vorher sogar in
die FDP ein, um mich unterstützen zu können. Leider verließ er wie so
viele nach dem verlorenen Mitgliederentscheid die FDP in Richtung AfD.
Bernd Lucke traf ich zum ersten Mal im Frühjahr 2011 auf einer Veranstaltung der FDP in Hamburg. Mein dortiger Kollege Burkhard Müller-Sönk-
sen hatte mich eingeladen. Die Veranstaltung verlief eigentlich wie immer.
Ich erhielt viel Zustimmung, und es entbrannte nach meinem Vortrag eine
intensive Diskussion. Gegen Ende meldete sich Bernd Lucke, stellte sich als
Ökonomieprofessor vor und lobte meine Positionen. Er wolle mir jedoch einen Tipp geben: Das mit »dieser marktwirtschaftlichen Geldordnung« von
Hayek, die ich am Schluss meiner Rede als Ausweg aus der Krise skizziert
hatte, solle ich besser weglassen. Das sei in der Wissenschaft nicht mehr-
heitsfähig. Ich entgegnete ihm damals, dass ich diesen Gedanken weiter-
verfolgen wolle, da ich die Krise als Krise des Geldsystems und der Notenbanken ansehen würde. Unabhängig von diesem kleinen Disput hatte ich
anschließend immer wieder Kontakt zu ihm. Irgendwann sprach er mich
an, ob ich als Erstunterzeichner bei seinem »Bündnis Bürgerwille« dabei
sein wolle. Dies erschien mir sinnvoll, diente es doch dazu, in der Gesellschaft Unterstützer für den Kampf gegen den ESM zu gewinnen. Erst später erfuhr ich von ihm, dass er schon seit vielen Jahren CDU-Mitglied war.
Seine Absichten, mit der AfD eine eigene Partei zu gründen, ahnte ich damals noch nicht. Er weihte mich auch nicht in seine Pläne ein. Seitdem
haben wir keinen Kontakt mehr. Mir wurde sehr schnell klar, dass er im
neoklassischen Denken verhaftet ist und die Notenbanken in ihrer planwirtschaftlichen Funktion nicht infrage stellt. Er glaubt, es müsse nur »besser geplant« werden. Das ist nicht meine Position.

Doch zurück zum Mitgliederentscheid. Die allermeisten Veranstaltungen
waren sehr gut besucht, in München diskutierte ich mit Christian Lindner vor 400 Mitgliedern und Bürgern, im ostwestfälischen Rheda-Wiedenbrück mit Guido Westerwelle. Die Veranstaltung mit Westerwelle war bemerkenswert. Der damalige Außenminister hatte immer ein gutes Gespür

für Stimmungen in der eigenen Partei. Daher merkte er sehr schnell, dass sich die Stimmung zugunsten der Initiatoren drehte. In einer Sitzungswoche sprach er mich daher in der Auszählpause einer namentlichen Abstimmung im Plenum des Bundestages an, er wolle mir als Vorsitzendem des Bezirksverbandes Ostwestfalen-Lippe (OWL) offiziell mitteilen, dass er zur zentralen Mitgliederentscheidveranstaltung für Ostwestfalen-Lippe und Westfalen-Süd nach Rheda-Wiedenbrück kommen wolle. Das sei doch auch gut für mich, empfahl sich der Außenminister. Ursprünglich sollte der Europaabgeordnete Alexander Alvaro den Gegenpart des Bundesvorstandes zu mir einnehmen. Doch Westerwelle zog noch immer, das wusste ich. Ich stimmte natürlich augenblicklich zu, da ich die Absicht Westerwelles erkannte. Er wollte in die Höhle des Löwen, um die Kritiker »seines« Euro-Kurses im fernen Ostwestfalen-Lippe, in meiner eigenen Heimat, zu schlagen. Ich war froh, dass er dies ankündigte, wurde mir doch dadurch signalisiert, dass die Parteiführung den Mitgliederentscheid auf der Kippe sah und der Veranstaltung in OWL ein hohes Gewicht beimaß. Und mir war klar, dass anstatt der üblichen 60 bis 100 Mitglieder sehr wahrscheinlich erheblich mehr kommen würden und die Aufmerksamkeit der Medien besonders hoch sein würde. Obwohl ich wusste, dass ich Westerwelle in Redegewandtheit und Regierungsautorität unterlegen war, konnte ich aber den Heimvorteil und meine Glaubwürdigkeit als Pfund in die Waagschale werfen. Zudem fand die Veranstaltung im Kreisverband Gütersloh statt, in dem mein Mitstreiter und Organisator der Unterschriftensammlung für die Zulässigkeit des Mitgliederentscheids, Michael Böwingloh, Kreisvorsitzender war. Zur Veranstaltung im Messezentrum direkt an der A2 kamen weit mehr als 300 Mitglieder. Viele von ihnen wollten mich gegen Guido Westerwelle unterstützen. Diese Veranstaltung lief sehr gut für mich, denn Westerwelle war sich seiner Überlegenheit zu bewusst und wollte den westfälischen Parteimitgliedern die »Welt erklären« und die »großen Zusammenhänge« darstellen. Doch diese waren mit dem Regierungskurs und der Rolle der FDP höchst unzufrieden. Das unterschätzte er. Am Ende reichte es für ihn nur für einen »höflichen Applaus« (*FAZ*). Er spürte dies wohl, als er spät abends noch den Weg nach Berlin antrat. Die Medien berichteten anschließend entsprechend in meinem Sinne.

Aber schon auf dem außerordentlichen Bundesparteitag am darauffolgenden Wochenende am 11. und 12. November 2011 in Frankfurt wollte Guido

Westerwelle diesen Schnitzer wieder heilen. Der Parteitag, der eigentlich den Entwurf für ein Grundsatzprogramm debattieren sollte, wurde kurzerhand umfunktioniert, um die Funktionäre der Partei auf die Position der Parteiführung beim Mitgliederentscheid einzuschwören. Dort konnten wir nichts gewinnen. Dementsprechend unmotiviert fuhr ich zum Parteitag. Die Regie hatte alles perfekt inszeniert. Geschickt wurden vom Parteitagspräsidium in der Aussprache zu einem Antragsteller von uns anschließend drei der Gegenseite aufgebracht. Ich bekam wie alle anderen Redner drei Minuten Redezeit. Kurze Zeit später trat Guido Westerwelle ans Mikrofon und hielt eine zehnminütige Rede, in der er mich mit Stumpf und Stil versenkte. *Wir wollten Europa aufgeben; die FDP mache hier Geschichte und kein Kleinklein,* waren seine Botschaften. Anschließend gab es einen Geschäftsordnungsantrag auf Schluss der Debatte, der eine breite Mehrheit fand. Viele Redner, so auch Burkhard Hirsch, kamen nicht mehr zu Wort. Das war ärgerlich für uns, denn erstmalig hatte ich das Gefühl, dass die Parteiführung das Blatt noch in ihrem Sinne würde wenden können.

Es gab zahlreiche Argumente der Gegenseite, die man in der aktuellen Situation durchaus anführen konnte. Was passiert wäre, wenn Griechenland aus dem Währungsraum ausgetreten wäre und wenn das Land keine Hilfe erhalten hätte, konnte ich nicht mit letzter Konsequenz vorhersagen. Es gibt nur historische Beispiele, die man hätte heranziehen können. So beispielsweise der Fall Argentinien: Argentinien war 2002 bankrott. Erst im Mai 2014 einigten sich die staatlichen Gläubiger im sogenannten »Pariser Club« nach mehreren Anläufen auf einen Verzicht von 70 Prozent ihrer Forderungen. Diese Einigung war zwar durch die Klage von Hedgefonds vor US-Gerichten letztlich nicht erfolgreich, sodass Argentinien Ende Juli 2014 erneut seine Zahlungsunfähigkeit erklären musste, jedoch ist dieser Weg historisch eingeübt und allen Marktteilnehmern vertraut.

Doch es gab leider auch viele schlechte Argumente. Eines der dümmsten davon war, die einen zu guten Europäern und die anderen zu schlechten Europäern zu erklären. Die Fraktion ließ sogar ein Video drehen, in dem rückwärtsfliegende Bomber über Europa flogen und Soldaten im Stechschritt rückwärtsliefen, um damit den drohenden Rückfall in »alte Zeiten« zu suggerieren, sollte der Mitgliederentscheid für die Parteispitze verloren gehen. Alles um zu demonstrieren, dass es um nicht mehr und nicht weniger, als um »Krieg und Frieden« in Europa ginge. Da waren die vielen mir im Einzelnen gar nicht bekannten Unterstützer kreativer. Eine Berliner Gruppe produzierte zum Beispiel einen kurzen YouTube-Film aus dem Kinofilm »Krieg der Sterne«, in dem sie eine Situation im Film nachsprach und auf den ESM ummünzte. Darin war Darth Vader alias Jean Claude Trichet die Macht der Finsternis. So weit würde ich in der Wirklichkeit natürlich nicht gehen.

Viele aus der Parteispitze kritisierten in Hintergrundgesprächen die hohen Kosten des Mitgliederentscheids von angeblich 600 000 Euro. Mir war die Herkunft der Zahlen immer schleierhaft, aber sie sollten den Kritikern eines Mitgliederentscheids zusätzliche Argumente liefern. Jedoch allein der Sonderparteitag der FDP vom 12. bis 13. November 2011 kostete die Partei rund 1 Million Euro. Wie verquer die Parteispitze dachte, wurde mir klar, als ich im Shuttlebus vom Hotel zur Frankfurter Messe, wo der Parteitag stattfand, neben Gesundheitsminister Daniel Bahr saß. Der damalige Landesvorsitzende der FDP in Nordrhein-Westfalen fragte mich rhetorisch, ob ich denn schon ein Team zusammen hätte, das die Parteiführung nach meinem gewonnenen Mitgliederentscheid übernehmen könne. Darauf müsse ich eine Antwort haben, denn das seien die Folgen meines Handelns. Ich entgegnete ihm, dass es mir um eine Sach- und nicht um eine Personenfrage gehe. Klar war mir aber, dass alle in der Parteispitze die »Hosen voll hatten«.

Sechs Wochen lang lebte ich aus dem Koffer und diskutierte auf über 40 Veranstaltungen. Das Thema bewegte nicht nur die Öffentlichkeit, sondern auch die FDP-Mitglieder. Leider hat meine Parteispitze die große Chance nicht ausreichend genutzt, die FDP durch den Mitgliederentscheid wieder interessant zu machen. Nach außen hat die Parteiführung zwar das Instrument des Mitgliederentscheids gelobt, nach innen wurde jedoch mit unfairen Mitteln gearbeitet. Die Wahlunterlagen waren unübersichtlich in der Mitgliederzeitschrift versteckt. Das Präsidium war ständig über den Stand der Rückläufe informiert, wir wurden dagegen uninformiert gehalten. Über die Wahlunterlagen – wie sie aussahen, wie und wann sie verschickt wurden – wurden wir nie informiert. Ich sah sie zum ersten Mal in meinem Briefkasten. Auch das hätte man besser machen können, um den gemeinsamen Erfolg dieses Instruments herauszustellen. Auch wurden uns anfänglich die E-Mail-Verteiler nicht zur Verfügung gestellt und zahlreiche Veranstaltungen fanden ohne einen Vertreter von uns statt. Das spürten auch die Journalisten, und es entwickelte sich eine Stimmung, als gehe es um einen Kampf von »David gegen Goliath«. Dieser Eindruck entstand erst in der Öffentlichkeit und später auch bei den Mitgliedern. Bis zum Schluss gab es zahlreiche organisatorische Mängel. So erhielten viele Mitglieder die Unterlagen nicht oder warfen sie weg, weil die Unterlagen wie eine »Media-Markt-Werbung« verpackt waren. Mich erreichten zahlreiche bundesweite E-Mails und Anrufe von Mitgliedern, die sich darüber beschwerten. Allein in meinem Kreisverband versicherten über 10 Prozent der Mitglieder, dass sie die Unterlagen nicht erhalten hätten. Dieses Organisationsversagen muss sich die damalige Parteispitze vorwerfen lassen. Dass es am Ende 44,2 zu 55,8 Prozent gegen uns ausging, war enttäuschend, aber dennoch keine Niederlage. Wetterten doch der gesamte Bundesvorstand, alle Landesvorsitzenden, die große Mehrheit der Bundestagsfraktion wochenlang gegen den Antrag der Basis, unterstellten den Antragsstellern eine antieuropäische Einstellung und malten sogar den Rausschmiss aus der Koalition an die Wand. Das wollten am Ende viele Mitglieder nicht. Aber immerhin: Nach 20 Prozent Zustimmung beim Bundesparteitag 2010 in Köln und 33 Prozent beim Bundesparteitag 2011 in Rostock waren jetzt über 44 Prozent unserer Meinung. Die Entwicklung war daher sehr positiv.

Das notwendige Quorum scheiterte am Ende an den Organisationsmängeln. Über 2000 Wahlunterlagen konnten nicht gewertet werden, da die Versicherung der Mitgliedschaft nicht mit im Wahlumschlag lag. Anders als bei einer öffentlichen Wahl, öffnete die Parteizentrale die Briefwahlunterlagen bereits vor dem 13. Dezember, dem letzten Rücksendetag, um die Mitgliedschaft anhand der beizulegenden unterschriebenen Versicherung vorab zu prüfen. Die Stimmzettel wanderten verschlossen in die Wahlurne und wurden am 15. und 16. Dezember von einer Wahlkommission unter Aufsicht eines Notars geöffnet. Sicherlich ein ungewöhnliches Verfahren, das wir zwar im Verlauf beanstandeten, das aber dennoch nicht geändert wurde. Wie es besser geht, hatte die SPD nach der Bundestagswahl 2009 gezeigt. Ihre Mitgliederbefragung war eine perfekt organisierte

Befragung. Am Ende beteiligten sich 78 Prozent (!) der SPD-Mitglieder an der Mitgliederbefragung. Respekt!

Nach der verlorenen Bundestagswahl hat die FDP ihre Position in unsere Richtung verändert. Im Wahlprogramm zur Europawahl am 25. Mai 2014 hieß es dann:

»Insolvenzrecht für Staaten schaffen – Austritt aus dem Euro ermöglichen

Das Beispiel der Währungsunion zeigt, dass flexible Lösungen gefordert sind. Wenn ein Land politisch und ökonomisch dem Druck einer Hartwährung nicht gewachsen und sichtlich überfordert ist, seine Wettbewerbsfähigkeit und Schuldentragfähigkeit innerhalb der Währungsunion wieder herzustellen, kann es auf diese Weise den Fortbestand der Währungsunion als Ganzes gefährden. Deswegen sollte es in Zukunft die Möglichkeit einer Staateninsolvenz innerhalb der Eurozone geben. Wenn Staaten aus der Eurozone austreten wollen, soll das künftig möglich sein, ohne dass sie damit zugleich ihre Mitgliedschaft in der EU verlieren. Wollen sie in die Eurozone zurückkehren, müssen sie die zum Zeitpunkt ihrer Rückkehr geltenden Bedingungen erfüllen.«[36]

Gerade die Austrittsmöglichkeit aus dem Euro war Kernbestandteil unseres Antrages. Zu Beginn der Krise hatte dies der damalige Bundesvorsitzende und Außenminister Guido Westerwelle auf dem Bundesparteitag am 24. und 25. April 2010 in Köln noch vehement abgelehnt und letztlich verhindert.

Dennoch hatten wir uns vorgenommen, am Freitag, dem 16. Dezember, wenn das Ergebnis bekannt gegeben würde, weder bei positivem Ausgang ein Triumpfgeheule anzustimmen noch uns bei einem negativen Ausgang als schlechte Verlierer darzustellen und nachzukarten. Als Philipp Rösler eine Woche vor Ende des Mitgliederentscheids in der *Bild am Sonntag* erklärte, das Quorum werde nicht erreicht und ich sei mit dem Mitgliederentscheid gescheitert, half uns dies zusätzlich. Röslers Interview verärgerte viele Mitglieder auf beiden Seiten. Sie hatten bundesweit Veranstaltungen organisiert, Zeit und Geld in die Hand genommen, um die FDP als lebendige Partei zu präsentieren und der Parteivorsitzende erklärte den Mitgliederentscheid vorab für gescheitert. Das war für viele ein Schlag ins Gesicht. Für den damaligen Generalsekretär Christian Lindner war es wohl der berühmte Tropfen, der das Fass zum Überlaufen brachte. Zwar sprang er Rösler noch am gleichen Tag bei, indem er das Nichterreichen des notwendigen Quorums als vernunftgetriebene Entscheidung der Basis darstellte. Doch er glaubte wohl selbst nicht daran, als er erklärte: »Die Nichtbeteiligung ist auch eine Entscheidung. Viele sehen offensichtlich keinen Bedarf, den Euro-Kurs der FDP zu korrigieren.«[37] Er bezeichnete mich im gleichen Beitrag als den »David Cameron der FDP«. Ich nahm ihm das nicht übel, denn solche Vorwürfe waren Teil der Auseinandersetzung. Dennoch entgegnete ich ihm beim nächsten Aufeinandertreffen, die FDP könne die Wahlergebnisse von David Cameron gut gebrauchen. Tatsächlich hat David Cameron in zwei Reden, zuletzt am 24. Januar 2013 in Davos viel Richtiges zur Europäischen Union gesagt. Es ging dabei um die Positionierung des Vereinigten Königreichs in der Europäischen Union und die Gestalt einer zukünftigen Europäischen Union. Die unterschiedliche Auffassung Großbritanniens von dieser Gestalt lässt sich konkretisieren auf einen einfachen Punkt: Für Premier Cameron ist die EU ein Mittel zum Zweck, während sie für die maßgeblichen Festlandpolitiker zum Selbstzweck geworden ist.

So wird hierzulande beispielsweise romantisch überhöhend, vielleicht sogar geschichtsvergessen, von Europa als »Schicksalsgemeinschaft« gesprochen. Oder – ein anderes Beispiel – es wird behauptet, die europäische Einigung bilde den mit Abstand fortschrittlichsten Ansatz für Regierungsstrukturen. Die Regelungsmacht der EU-Institutionen steht im Vordergrund, nicht Prosperität und Freiheit der Bürger.

Für die Briten ist der Zweck der EU ein anderer. Es geht bei Cameron ganz und gar nicht romantisch zu, sondern nüchtern um die Sicherung des Wohlstands als Grundlage für unsere offene Gesellschaft. Dies unterfüttert er mit einer tragfähigen Theorie, wie dieser Wohlstand zustande kommt, nämlich durch Wettbewerbsfähigkeit, Flexibilität und Diversität, Wiederbelebung der Subsidiarität durch Rückfluss von Kompetenzen an die Mitgliedstaaten, demokratische Rechenschaftspflichtigkeit und schließlich Fairness zwischen den Staaten innerhalb und außerhalb der Eurozone.

Diese Prinzipien haben viel gemein mit den Prinzipien, an die wir Liberale glauben. Daher ist es ein Fehler, Cameron zu unterstellen, es ginge ihm um ein besseres Geschäft und den puren Vorteil für Großbritannien. Man sollte nicht in Unkenntnis übersehen, dass Nationalismus und Dezentralismus kategorisch verschiedene Konzepte sind. Ich teile die Ansicht Camerons, dass eine Trendumkehr nötig ist. Statt europäischem Zentralismus brauchen wir einen Wiederaufbau der Europäischen Union von unten, von den Bürgern her. Die Mittel sind Dezentralität und Subsidiarität. Dies nutzt nicht nur Großbritannien, sondern allen Bürgern in den Mitgliedstaaten der EU.

Während Bundesfinanzminister Schäuble eine »wachsende Bürokratisierung« der EU als »Preis, den wir für diese Entwicklung bezahlen«[38] billigend in Kauf nimmt, betont Cameron die Gefahren und Probleme exzessiver Regulierung. Mehr vom Gleichen werde keinen Vorteil bringen, sondern die ökonomische Misere befördern. Er hat recht. Die himmelschreiende Ungerechtigkeit von annähernd 60 Prozent Jugendarbeitslosigkeit in Spanien und die erschreckend schnell wachsenden Zahlen in fast allen lateineuropäischen Ländern können wir nur mit Flexibilität im Arbeitsrecht beseitigen, nicht mit der europaweit bevorzugten festeren Strangulierung der Arbeitsmärkte. Regulierung, Bürokratisierung und Entdemokratisierung entfernen die Bürger weiter von der EU. Darin sehe ich wie Premierminister Cameron drohende Gefahren für den Status der EU als Friedens- und Wohlstandsprojekt.

Das Cameronsche Rezept liegt auf dem Tisch und ist als wirksam bekannt. Wenn sich Cameron nicht durchsetzt, werden die festlandeuropäischen Entscheider an ihrem Kurs festhalten. Im Zentrum ihres Bemühens steht der seit der Gründung der Eurozone zweite – in meinen Augen untaugliche – Versuch, die Euro-Finanzmärkte zu integrieren. Diesem übergeordneten Interesse werden die von Cameron angeführten Prinzipien der Dezentralität untergeordnet. Die fortgesetzte (Re-)Integration der Eurozone wird den Konflikt mit den Briten um eine akzeptable Gestalt der Europäischen Union weiter befeuern. Denn die elitengetriebene zunehmende Unifizierung, Zentralisierung und Standardisierung der Eurozone strahlt negativ auf die Nicht-Euro-EU aus. Es besteht die begründete Aussicht, dass das Vereinigte Königreich diese Entwicklung nicht mittragen wird.

Schaut man über den Kanal – der sich, wie Cameron ausführt, nicht trockenlegen lässt –, so sind sich dort Eliten und Regierte in diesem Punkt einig. Das angekündigte britische Referendum über den Verbleib in der EU wird entsprechend ausfallen.

Das Königreich Großbritannien wird dann den Status der Schweiz, von Liechtenstein oder von Norwegen haben; vielleicht wird auch die EFTA als Freihandelszone neu erblühen. Damit würde für Deutschland ein wichtiges Korrektiv in den Gremien der EU fehlen. Nur zu oft waren die Briten der »Bad Cop« in den Verhandlungen über die Weiterentwicklung der EU. Jüngst konnte sich Deutschland darauf verlassen, dass eine ungebührliche Ausweitung des Budgets der Kommission am Veto der Briten scheitern würde. Deutschland konnte sich einigermaßen zurücklehnen und in seiner Rolle als integrationsstiftendes und integrationstreibendes Mitglied gefallen, während es von der haushalterischen Wächtervernunft der Briten als Trittbrettfahrer profitierte. Deutschland wird diese Rolle bei einem Ausfall der Briten wegen diplomatischer Schwierigkeiten nur schwer selbst spielen können. Eine Achsenverschiebung der EU in Richtung der lateineuropäischen Staaten ist daher vorgezeichnet. Die Gestaltung der Eurozone wird sich dann nicht mehr nach Kerneuropa richten, sondern nach den Interessen ihres Randes.

Ich finde es bedenklich – nicht nur für Deutschland, sondern für alle Mitgliedstaaten der Union –, dass der Zentralismus ein »race to the bottom« auszulösen droht. Die Zentralbank wird italienisch, unsere Politik griechisch, die Immobilienmärkte spanisch, die Banken irisch und die Arbeitsmärkte französisch. Besser wäre es, Camerons Wunsch entsprechend den Wettbewerb der Regionen und Staaten wieder anzufachen. Statt eines Europas der Einfalt brauchen wir das Europa der Vielfalt. In ihm sollen tausend Blumen blühen.

Doch nach dem Fauxpas Röslers trat Lindner am Mittwoch vor der Verkündung des Ergebnisses des Mitgliederentscheids zurück. Vielleicht wollte er die Flucht nach vorn antreten. Ich erfuhr dies auf dem Weg nach Zürich, wo mir am Abend die Jungfreisinnigen des Kantons Zürich den »Liberal Award 2011« überreichten. Ich war froh, aus Berlin herauszukommen, da sich dort die Presseanfragen, ein Statement zum Lindner-Rücktritt abzugeben, stapelten. Unseren Grundsatz, sich nicht zu Personalfragen zu äußern, habe ich konsequent beherzigt.

Nach dem Mitgliederentscheid war uns klar, dass diese Schlacht geschlagen war, dennoch hatten auch der Bundesvorstand und der Vorsitzende Philipp Rösler rote Linien gezogen, die es jetzt umzusetzen galt. So hatte Rösler bereits am 12. September in einem Gastbeitrag für *Die Welt* die »unzureichenden Konsolidierungsbemühungen« Griechenlands beklagt und notfalls eine geordnete Insolvenz Griechenlands und »eine substanzielle Beteiligung privater Gläubiger« ins Spiel gebracht. Dazu schlug er ein Resolvenzverfahren vor.

Dennoch hatte ich nach dem Mitgliederentscheid versucht, dass wenigstens die konkreten Forderungen des Bundesvorstandes und der Parteitagsbeschlüsse von Rostock und Köln umgesetzt werden. Aber auch in diesen Angelegenheiten ließ meine damalige Parteiführung alles einfach laufen. Am 7. Februar schrieb ich daher einen Brief an den damaligen Bundesvorsitzenden Philipp Rösler:

Sehr geehrter Herr Bundesminister Rösler, lieber Philipp,

der Vertrag zur Einrichtung des Europäischen Stabilitätsmechanismus (ESM-V) liegt dem Finanzausschuss seit dem 3. Februar in einer offiziellen deutschen Sprachfassung vor. Sein Regelungsgehalt widerspricht den Beschlüssen von Parteitag und Bundesvorstand.

I. Rostocker Parteitagsbeschluss

Für die FDP und ihre Parteiorgane bindend ist die Beschlusslage der Partei. Anders als vom Rostocker Parteitag im Beschluss »Europa ist Deutschlands Zukunft« gefordert,

> ➤ enthält der ESM-V kein »transparentes Verfahren«, um alle Gläubiger einzubeziehen;

> ➤ sieht der ESM keine »klaren Regeln für eine geordnete Staateninsolvenz« vor;

➤ werden private Gläubiger nicht »grundsätzlich an allen Hilfsmaßnahmen« beteiligt;

➤ steht momentan die Ausweitung des Kreditvergabevolumens statt kontinuierlicher Rückführung der Ausleihkapazität des ESM auf der Agenda;

➤ sind Sekundärmarkt-Käufe expliziter fester Bestandteil der ESM-Instrumente (Art. 18 ESM-V);

➤ erfolgt die Feststellung der Schuldentragfähigkeit nicht zwingend gemeinsam mit dem IWF, sondern nur wenn dies »angemessen und möglich« ist (Art. 13 (1) b) ESM-V).

II. Beschluss des Bundesvorstands

Zwar ist weder Antrag A noch Antrag B des Mitgliederentscheids Beschlusslage der FDP geworden. Antrag B »Europa auf dem Weg zur Stabilitätsunion« entspricht jedoch der Beschlusslage des Bundesvorstands der FDP. Mit dieser Beschlusslage ist der ESM-Vertrag vor allem aus zwei Gründen derzeit nicht vereinbar.

1. In Abweichung zu Nr. 6 von Antrag B dreht die Bundesregierung das Rad bei der Haftung der privaten Gläubiger hinter den Stand der Debatte zum Zeitpunkt des Mitgliederentscheids zurück. Von einer »verpflichtenden Haftung der privaten Gläubiger« bei Einführung des ESM kann keine Rede sein.

2. Anders als vom Bundesvorstand unter Nr. 6 verabschiedet, verankert der ESM kein Insolvenzverfahren für verschuldete Staaten in den Verträgen.

III. Weiteres Vorgehen

Privatgläubigerbeteiligung und Staateninsolvenz sind unverzichtbar. Wir haben sie aus gutem Grund für den ESM gefordert. Sie entsprechen unserem liberalen Markenkern, weil sie notwendige Elemente der marktwirtschaftlichen Ordnung sind. Dennoch fehlen Privatgläubigerbeteiligung und Staateninsolvenz im ESM-Vertrag.

Dabei ist festzuhalten: Die Verankerung von Umschuldungsklauseln (»CAC«) in allen ab dem 1. Januar 2013 emittierten Staatsanleihen mit Laufzeiten von länger als einem Jahr (Art. 12 ESM-V) ist kein Ersatz für eine zwingende Privatgläubigerbeteiligung. Mit Umschuldungsklauseln wird eine Privatgläubigerbeteiligung im Einzelfall zwar erleichtert, doch nicht zwingend als Regel eingeführt.

Ohne zwingende Privatgläubigerbeteiligung wird bewirkt, dass vorrangig und an erster Stelle Staatshilfen gewährt werden. Die Haftung der Privatgläubiger, zu denen diese sich vertraglich verpflichtet haben, wird so ins zweite Glied gerückt und nur ausnahmsweise greifen.

Mit Fiskalunion und ESM gehen wir den Weg in eine dauerhafte und unbegrenzte Haftungsgemeinschaft. Diese wird am Ende Europa nicht stabilisieren, sondern gründlich zerstören.

Aus diesem Grund bitte ich, das weitere Vorgehen im Bundesvorstand und in der Fraktion darzulegen. Ich bitte auch darum darzustellen, wie wir mit dem Fehlen von marktwirtschaftlichen Prinzipien im ESM umgehen werden. Schließlich bitte ich um das Aufzeigen von Wegen, wie die Beschlusslage der FDP umgesetzt wird, obwohl der ESM-Vertrag ja bereits am 2. Februar in Brüssel von den Botschaftern der Länder des Euroraums unterzeichnet worden ist.

Freundliche Grüße

Frank Schäffler

Nach der Einbringung in den Bundestag wurde faktisch nichts mehr verändert. Der Drops war gelutscht. Die FDP hatte ihren Einfluss in der Regierung nicht genutzt, sondern wieder einmal Merkel und Schäuble das Feld überlassen. Die Verabschiedung des ESM und des Fiskalpaketes am 29. Juni 2012 war eigentlich nur noch Formsache. Lange habe ich überlegt, ob ich mich einer Klage gegen den ESM-Beschluss anschließen sollte. Mir gefiel insbesondere die Klage von »Mehr Demokratie e.V.«. wo ich seit einiger Zeit Mitglied bin. Die Klage wurde von Herta Däubler-Gmelin und Prof. Degenhart vertreten. Insgesamt schlossen sich 37 000 Bürger unterschiedlicher politischer Couleur dieser Klage an. So sehr ich die Klage inhaltlich auch unterstützen konnte, bin ich am Ende doch zu dem Schluss gekommen, den Kampf im Parlament aufzunehmen. Dennoch wollten Burkhard Hirsch und ich in einer gemeinsamen Erklärung unsere Unterstützung für die Kläger zum Ausdruck bringen:

Wir begrüßen die Verfassungsbeschwerde der Professoren Däubler-Gmelin und Degenhart, deren Begründung wir für überzeugend halten.

Der ESM und die dazu beschlossenen Begleitgesetze werden die Eurokrise nicht lösen, sondern lediglich dazu führen, die Verschuldung einer wachsenden Reihe europäischer Länder und deren Banken auf die anderen Staaten der Währungsgemeinschaft zu übertragen. Damit wird der versprochene Gründungsvorbehalt der Währungsgemeinschaft irreparabel verletzt, dass jeder für seine eigenen Schulden zu haften hat. Die ökonomischen Ursachen der Krise bleiben dabei unverändert: Die unterschiedliche Leistungskraft der Mitglieder und ihre unerschöpflichen Forderungen nach »frischem Geld«, die gegenüber dem »Rettungsschirm«, werden unweigerlich wachsen, weil der Haftungsvorrang von ESM-Krediten jede private Investition dramatisch verteuern wird.

Das Vertrauen der Bürger in die Stabilität der Währung ist eine unverzichtbare ökonomische Grundvoraussetzung. Das Geld und unsere Ersparnisse sind unsere gespeicherte Lebensarbeitskraft, die materielle Seite unserer Freiheit und unsere soziale Sicherheit. Sowohl der Inhalt wie das bei der Verabschiedung der Gesetze gewählte Verfahren beschädigen dieses notwendige Vertrauen nachhaltig.

Wir beanstanden das Verfahren, in dem diese Gesetze verabschiedet wurden. Die Bundesregierung hat wesentliche Vorarbeiten über die beabsichtigte Handhabung dieser Verträge in der ökonomischen Wirklichkeit erst in den letzten Tagen dem Bundestag zugeleitet, obwohl diese wesentlichen Entscheidungsunterlagen schon vor Wochen fertiggestellt und zwischen den zukünftigen Vertragspartnern verabredet worden waren. Die Mehrzahl der Abgeordneten hatte keine Möglichkeit, diese z. T. erst in englischer Sprache übermittelten Unterlagen zu prüfen und zu bewerten. Das widerspricht den Anforderungen des Bundesverfassungsgerichts an eine ordnungsgemäße Gesetzgebung.

Wir halten das Verfahren für verfassungswidrig, in dem Art. 136 des Vertrages über die Arbeitsweise der EU (AEUV) geändert wurde, um den Weg für Haftungsübernahmen frei zu machen. Grundlegende Vertragsänderungen der Europäischen Verträge – so die Einführung neuer staatsähnlicher Zuständigkeiten ohne jede parlamentarische Beteiligung – dürfen nicht im »vereinfachten Verfahren« durchgezogen werden.

Wir halten es für unzulässig, die Letztentscheidung über den Haushalt der Bundesrepublik – also über eine Kernzuständigkeit des Deutschen Bundestages – im Streitfall dem Europäischen Gerichtshof (EuGH) zu übertragen. Wer den zentralen Bereich staatlicher Funktionen auf eine überstaatliche Einrichtung übertragen will, der schafft eine neue Verfassung und braucht dazu eine Volksabstimmung.

Wir halten den ESM in der vorgelegten Form für verfassungswidrig. Mit dem ESM wird eine Finanzinstitution gegründet, die staatsgleiche Vorrechte hat. Sie wird auf unbestimmte Zeit beschlossen und unterliegt nur einer Kontrolle, die sie selbst bestimmt. Sie benötigt keine Zulassungen oder Lizenzen. Ihre handelnden Personen genießen vollständige Immunität. Ihre Haushalte unterliegen keiner Sonderprüfung der Mitgliedstaaten, ihre Unterlagen und Papiere können von niemandem eingesehen werden, auch nicht von den Gerichten. Die Bindungen des deutschen Gouverneurs und des Direktors an die Entscheidungen des Bundestages sind völkerrechtlich ungültig. Ihre Beschlüsse binden die Bundesrepublik also auch dann, wenn sie die Weisungen des Bundestages und damit dessen haushaltspolitische Verantwortung verletzen. Auch die ständige beruhigende Behauptung ist unzutreffend, die Bundesrepublik besitze ein ständiges gesichertes Veto-Recht. Es geht bei dem Beitritt weiterer Mitglieder verloren, ohne dass die Bundesrepublik das verhindern kann.

Auf dieser Basis lassen wir uns nun neben den bereits bestehenden Gewährleistungen von ca. 400 Mrd. Euro auf eine weitere Zahlungsverpflichtung von zumindest 190 Mrd. Euro ein.

Wir wollen ein vereintes Europa mit stabiler Währung. Der ESM wird zum Gegenteil führen, zu einer weiteren Vergemeinschaftung der Haftung ohne gemeinsame politische parlamentarische Verantwortung.

Wir sind nicht für ein Europa der Gouverneure und Direktoren, sondern für ein Europa der Bürger. Darum muss der Bundestag veranlasst werden, seine Entscheidung einer Volksabstimmung zu unterwerfen.

Andere, wie mein CDU-Kollege Manfred Kolbe aus Sachsen, schlossen sich jedoch der Klage an. Peter Gauweiler, ein großer Kämpfer für die Rechte der Abgeordneten, hatte eine eigene Klage eingereicht. Beide Klagen haben im Ergebnis mehr erreicht, als ich dies noch im Juli 2012 erwartet hatte.

Zwar konnten die Kläger den ESM nicht verhindern, sie haben aber immerhin zwei wichtige Korsettstangen eingezogen. Bereits während der Verabschiedung der ESM-Gesetze hatten elf Kollegen aus Union und FDP (Willsch, Ackermann, Bellmann, Bosbach, Bracht-Bendt, Canel, Lehrieder, Knopek, Kolbe, Lindemann und Staffeldt) und ich einen Änderungsantrag in der 2. Beratung direkt im Plenum des Bundestages gestellt.[39]

Es war zwar ein ungewöhnlicher Vorgang, dass Abgeordnete der Regierungsfraktionen einen nicht vorher mit der Fraktionsspitze abgestimmten Antrag einfach so einbrachten. Trotzdem war er sehr wichtig, auch wenn er mit großer Mehrheit abgelehnt wurde. Uns ging es in dieser wichtigen Stunde um eine völkerrechtliche Klarstellung des Zustimmungsvorbehalts des Bundestages und damit um das maximale Haftungsvolumen Deutschlands gegenüber den anderen Teilnehmerländern. Nach unserer Auffassung wirkte die Bindung des Finanzministers im ESM-Gouverneursrat und daher auch das deutsche Haftungsvolumen von 190 Milliarden Euro völkerrechtsverbindlich nicht nach außen, sondern nur im Verhältnis Bundesregierung gegenüber Parlament. Wir schlugen deshalb vor, dass Deutschland einen sogenannten Vorbehalt bei der Ratifizierung des ESM anbringen solle.

Einen ähnlichen Weg hat das Bundesverfassungsgericht in seiner Eilentscheidung vom 12. September 2012 dann auch von der Bundesregierung verlangt. Anschließend erklärten alle anderen Vertragspartner, dass sie mit der Haftungsbeschränkung Deutschlands einverstanden seien. Das war für die ESM-Kritiker im Bundestag, aber auch für die Kläger vor dem Bundesverfassungsgericht ein Achtungserfolg.

Die andere Korsettstange war das Urteil des Bundesverfassungsgerichts vom 18. März 2014 zu den angekündigten unbegrenzten Ankäufen von Staatsanleihen der Eurozone (Outright Monetary Transactions, »OMT-Beschluss«) durch die Europäische Zentralbank (EZB). Selten zuvor hat das Bundesverfassungsgericht in Fragen der Europäischen Union so dezidiert formuliert. Es sprächen »gewichtige Gründe dafür«, dass der Beschluss der EZB »über das Mandat der Europäischen Zentralbank für die Währungspolitik hinausgeht und damit in die Zuständigkeit der Mitgliedstaaten übergreift sowie gegen das Verbot der monetären Haushaltsfinanzierung verstößt.« Und an anderer Stelle: »Der OMT-Beschluss dürfte nicht vom Mandat der Europäischen Zentralbank gedeckt sein.«[40] Soweit die Breitseite gegen den EZB-Präsidenten Mario Draghi. Hätte die EZB die Möglichkeit, Staatsanleihen unbegrenzt aufzukaufen, dann wäre die Staatsfinanzierung über die »Druckerpresse« sehr leicht möglich und das Ende der Währung nahe. Denn wenn ein Staat seine steigenden Ausgaben einfach durch das Gelddrucken der Notenbank begleichen kann, gehen die letzten Anreize verloren, die Staatsfinanzen durch solides Haushalten in den Griff zu bekommen.

Tatenlosigkeit gegen diesen Rechtsbruch wirft das Verfassungsgericht Bundesregierung und Bundestag vor:

»Aus der Integrationsverantwortung erwächst für den Bundestag und die Bundesregierung die Pflicht, über die Einhaltung des Integrationsprogramms zu wachen und bei offensichtlichen und strukturell bedeutsamen Kompetenzüberschreitungen durch Organe der Europäischen Union aktiv auf die Einhaltung des Integrationsprogramms hinzuwirken.«

Schon wegen dieser Sätze muss man den Klägern dankbar sein, die dem offensichtlichen Rechtsbruch mutig entgegengetreten sind. Denn weder Bundestag noch Bundesregierung haben den Versuch unternommen, den Beschluss der EZB zu stoppen. Ganz im Gegenteil: Hinter vorgehaltener Hand war man dankbar, dass die EZB unserer Regierung und dem Parlament die Arbeit abgenommen hatte. Aus genau diesem Grund unterstreicht die Politik öffentlich immer die Unabhängigkeit der Europäischen Zentralbank. Die Unabhängigkeit der EZB gilt jedoch nur innerhalb des Rechtsrahmens der Europäischen Verträge, nicht darüber hinaus. Das

Verfassungsgericht beklagt genau diesen Sachverhalt im Schuldenankauf-beschluss der EZB: »[...] so verstößt er offensichtlich gegen diese Kompetenzverteilung.« Die »Euroretter« sind zumindest juristisch eingehegt worden. Doch bei ihrer Eurorettung bricht die Not am Ende jedes Gebot.

Das war schon zu Beginn der Krise das Hauptproblem. Die Europäische Zentralbank legte die Europäischen Verträge großzügig aus. So heißt es in Artikel 123, Abs. 1 der Verträge über die Arbeitsweise der Europäischen Union:

> »Überziehungs- oder andere Kreditfazilitäten bei der Europäischen Zentralbank oder den Zentralbanken der Mitgliedstaaten für Organe, Einrichtungen oder sonstige Stellen der Union, Zentralregierungen, regionale oder lokale Gebietskörperschaften oder andere öffentlich-rechtliche Körperschaften, sonstige Einrichtungen des öffentlichen Rechts oder öffentliche Unternehmen der Mitgliedstaaten sind ebenso verboten wie der unmittelbare Erwerb von Schuldtiteln von diesen durch die Europäische Zentralbank oder die nationalen Zentralbanken.«

Die EZB kaufte zu Beginn der Krise dennoch im Rahmen ihres »Programms für die Wertpapiermärkte« u. a. Staatsanleihen von Griechenland, Portugal und Irland, im August 2011 dann auch von Italien und Spanien. Sie kaufte formal nicht direkt von den überschuldeten Staaten, sondern an der Börse (Sekundärmarkt). Das Ziel sei es, so der ehemalige EZB-Chefvolkswirt Jürgen Stark beim Stuttgarter Steuerkongress am 15. Oktober 2010, einen angemessenen geldpolitischen Transmissionsmechanismus wiederherzustellen. Insgesamt gehe es darum, die effektive Durchführung einer auf mittelfristige Preisstabilität ausgerichtete Geldpolitik zu gewährleisten.

Das ist die offizielle Version. Dass die Begründung selbst Jürgen Stark nicht ganz geheuer ist, zeigt die Begründung seines Rücktritts zum Ende 2011. Im *Focus* vom 23. Dezember 2011 sagte er, dass er seine »persönliche Glaubwürdigkeit nicht mehr gewahrt« gesehen habe. Und weiter: »Es ist kein Geheimnis, dass ich mit einigen Entscheidungen des EZB-Rats nicht einverstanden war.«

Der Anleihenkauf war der Einstieg in die Staatsfinanzierung über die Notenbanken. Der ehemalige Bundesbankpräsident Helmut Schlesinger warf der EZB in einem bemerkenswerten Interview mit dem *Handelsblatt* vom 12. Mai 2010 vor: »Die EZB hat den Rubikon überschritten.« Und der wissenschaftliche Beirat beim Bundeswirtschaftsminister hob in einem Gutachten zur Eurokrise mahnend den Zeigefinger und warnte, dass alle großen Inflationen seit dem Ersten Weltkrieg mit dem Ankauf von Staatsanleihen durch die Notenbank begonnen hätten.[41]

Eine Woche vor der entscheidenden Bundestagsabstimmung zum ESM hatte ich in einem umfangreichen Brief an meine Fraktionskollegen alle meine Bedenken zusammengefasst:

Liebe Kolleginnen und Kollegen,

am Freitag werden ESM und Fiskalpakt beraten. Ich bleibe bei meiner festen Überzeugung, dass dies – für unsere FDP und für unser Europa – ein schwerer Fehler ist, aus folgenden Gründen:

I. Vertrag über die Einrichtung eines Europäischen Stabilitätsmechanismus (ESMV)

1. Unzulängliche Information in der Vergangenheit

Die Regierung hat sich nicht an die ausdrücklichen Vorgaben gehalten, die wir ihr in Drs. 17/4880 gemacht haben. In dieser »Einvernehmensherstellung« fordern wir die Bundesregierung auf, »die Verhandlungen über die Ausgestaltung des ESM nach den folgenden Maßgaben zu führen und den Deutschen Bundestag frühestmöglich, fortlaufend und umfassend über diese Arbeiten zu unterrichten«. Dies ist nicht erfolgt und deshalb ist es notwendig, die Entscheidung zu verschieben.

2. Informationsgrundlage immer noch nicht gegeben

Das Bundesverfassungsgericht hat die Vorgehensweise der Bundesregierung als rechtswidrig bezeichnet, den Bundestag kleckerweise und unvollständig, nach eigenem Belieben unter Nichtbeachtung der Bedeutung des Parlaments in einer Demokratie zu informieren. Dennoch setzt die Regierung dieses Fehlverhalten beim ESM fort.

Mindestens seit Ende Mai hat sie konkrete Entwürfe für die Richtlinien des ESM zurückgehalten. Erst nach dem Urteil in der letzten Woche hat sie dem Haushaltsausschuss diese Richtlinien in englischer Sprache übergeben. Den Bundestag als Ganzes hat sie nicht informiert. Nach § 4 EUZBBG muss die Bundesregierung jedoch den Bundestag »umfassend, zum frühestmöglichen Zeitpunkt, fortlaufend und in der Regel schriftlich« unterrichten. Die Unterrichtung des Haushaltsausschusses genügt nicht. Schon deshalb kommt eine Beschlussfassung zum ESM nicht infrage. Es ist ungenügend, wenn das Bundesverfassungsgericht uns Rechte einräumt, auf deren Geltendmachung wir bereitwillig verzichten. Wir entscheiden auf unvollständiger Informationsgrundlage.

3.   ESMV widerspricht den Vorgaben des Bundestags

Auch die weiteren inhaltlichen Vorgaben der »Einvernehmensherstellung« hat die Regierung missachtet. Wir hatten die Regierung in Drs. 17/4880 erstens aufgefordert, eine Beteiligung privater Gläubiger in allen Phasen der Restrukturierung auszuhandeln. Wir haben zweitens Restrukturierungsregeln für die Staaten der Eurozone gefordert. Wir haben drittens Schuldenaufkaufprogramme ausgeschlossen. Wir haben viertens beschlossen, dass der ESM sämtliche Maßnahmen nur einstimmig ausführen darf. Keine einzige dieser vier entscheidenden Forderungen ist im vorliegenden Vertrag erhalten geblieben. Es ist das Gegenteil verhandelt worden! Bei der Vielzahl von Verstößen gegen unsere Vorgaben liegt es nahe, dass es nicht an der Verhandlungsstärke der anderen Mitgliedstaaten lag, dass die Regierung dies nicht wie von uns gewünscht umgesetzt hat. Es drängt sich vielmehr auf, dass die Regierung sich nicht um unsere Vorgaben geschert hat. In der Rückschau erweist sich die Bezeichnung der Drucksache als »Einvernehmensherstellung von Bundestag und Bundesregierung« als ganz schlechter Witz.

4.   ESM dient der Vermeidung von Staatsbankrotten, nicht der Stabilität des Euro

Die Idee der Rettungsschirmpolitik war ursprünglich, dass sie Gefährdungen für die Eurozone vermeiden soll. Daher haben wir der Regierung aufgetragen, dass der neue Mechanismus nur im äußersten Fall aktiviert werden darf (Drs. 17/4880), »wenn dies unabdingbar ist, um die Stabilität der

Eurozone als Ganzes zu wahren (Ultima Ratio). Dies schließt ein Tätigwerden des ESM außerhalb von Notfallsituationen für die Eurozone als Ganzes aus«.

Der ESM geht über diese Vorgabe hinaus. Denn er darf nach Art. 3 ESMV nicht nur tätig werden, wenn »dies zur Wahrung der Finanzstabilität des Euro-Währungsgebiets insgesamt« erforderlich ist, sondern auch wenn es für die Finanzstabilität »seiner Mitgliedstaaten unabdingbar ist«.

Der ESM soll daher nicht nur bei Gefährdung der Stabilität der Eurozone agieren dürfen, sondern zusätzlich auch dann, wenn zwar die Mitgliedstaaten, aber jedenfalls nicht die Eurozone als Ganzes in Gefahr ist. Anders als die EFSF darf der ESM daher auch dann agieren, wenn nicht die Eurozone als Ganzes, sondern auch die Finanzstabilität seiner Mitgliedsländer gefährdet ist. Daher weicht der ESMV von den Vorgaben der »Einvernehmensherstellung« ab. Diese sieht nicht vor, dass ein Mechanismus geschaffen wird, der die Finanzstabilität der Mitgliedstaaten bezweckt. Damit haben wir die Ultima. Ratio-Bedingung aufgegeben. Wir befinden uns auf dem Weg in eine Eurozone, in der nicht bloß der Euro als solcher geschützt wird. Geschützt wird nun vielmehr jeder einzelne Mitgliedstaat vor Insolvenz.

5.   Endstation: gemeinschaftliche Haftung

Eine europäische Wirtschaftsverfassung, in der jeder Staat der Eurozone vor Insolvenz geschützt ist, führt auf direktem Wege in die gemeinschaftliche und gesamtschuldnerische Haftung aller Euro-Staaten für nationale Schulden. Wenn Staatsinsolvenzen ausgeschlossen sind, dann folgt daraus eine zwangsläufige Haftungsübernahme für fremde Schulden. Es gibt keine andere logische Möglichkeit. Unser Widerstand gegen Eurobonds, den Schuldentilgungsfonds oder die Bankenunion bleibt daher symbolischer Natur und wird sich nicht halten lassen.

6.   Rettungsschirme sind Ansteckungsmechanismen

Die Institutionalisierung der Hilfen mittels der »Rettungsschirme« potenziert das bereits vorhandene und sichtbare Risiko. Die »Rettungsschirme« dienen nicht der Stabilität, sondern wirken wie Ansteckungsmechanismen. Es ist moralisch und wirtschaftlich falsch, Staaten vor dem Bankrott zu retten. Hätte man Griechenland wie Island im Jahr 2012 die eigenständige Schuldenabwicklung erlaubt, dann hätte es wie Island einen Ausweg aus der Krise finden können. Weder wären die Hilfen für Irland noch die für Portugal notwendig gewesen. Inzwischen hat sich Island erholt, weil es seine Banken bankrottgehen ließ. In der Eurozone sind wir den anderen Weg gegangen und die Krise hat sich verfestigt. Spanien und Zypern haben Anträge auf Schuldenübernahmen gestellt bzw. angekündigt.

7. Beispiel Zypern

Sichtbares Beispiel der falschen Politik ist Zypern. Sein Antrag liegt auf dem Tisch, obwohl nichts abwegiger ist als die Aufnahme von Zypern unter den Rettungsschirm. Zyperns Banken sind nicht lebenswichtig für den Euro oder die Stabilität der Eurozone. Die Insolvenz der größten zypriotischen Bank ist eine völlig normale Insolvenz einer vergleichsweise kleinen Bank. Sie muss nicht gerettet werden. Sobald diese Bank in die Insolvenz geschickt wird, verschwindet das griechische Schuldenproblem. Dieses existiert nur unter der Annahme, dass die Bankschulden automatisch zu Staatsschulden werden.

Der Antrag Zyperns muss nach den Regeln der EFSF abschlägig beschieden werden. Denn nach den Regeln der EFSF sind Hilfen nur zulässig, wenn sie der Stabilität der Eurozone als Ganzes dienen. Doch die Insolvenz des Inselstaats Zypern oder seiner Banken berührt das Schicksal der Eurozone nicht. Er ist abschlägig zu bescheiden.

8. ESM verstößt gegen europäisches Recht

Da der ESM anders als die EFSF auch agieren darf, wenn nicht die Eurozone als Ganzes, sondern auch wenn die Finanzstabilität ihrer Mitgliedsländer gefährdet ist, verstößt der ESMV gegen Art. 136 AEUV n. F. Denn auch der neue Art. 136 Abs. 3 AEUV adressiert nur die Stabilität der Eurozone als Ganzes, nicht aber die eigenständige Finanzstabilität der Mitgliedstaaten. Daher gilt: Solange die Europäischen Verträge nicht geändert sind, verstößt der ESM als permanenter Rettungsschirm gegen die Nichtbeistandsklausel in Art. 125 AEUV und damit gegen die Europäischen Verträge. Nachdem die Änderung von Art. 136 AEUV in Kraft ist, verstößt er gegen die Europäischen Verträge, weil er Hilfen für einzelne Mitgliedstaaten erlaubt, auch wenn die Eurozone als Ganzes nicht gefährdet ist.

9. ESM darf Marktoperationen aller Art durchführen

Der ESM darf entgegen unserer Vorgaben Staatsanleihen am Sekundärmarkt kaufen. Doch dabei bleibt es nicht. Die Sekundärmarkt-Unterstützungsfazilität des ESM wird in Art. 18 ESMV geregelt. Eine genaue Lektüre bringt zum Vorschein, dass der ESM »Sekundärmarktoperationen in Bezug auf die Anleihen eines ESM-Mitglieds« durchführen kann. Marktgeschäfte in »Bezug auf Anleihen« umfassen eine enorme Zahl von Operationen über bloße Marktgeschäfte mit Anleihen hinaus. Der ESM wird also nicht nur Anleihen kaufen dürfen, sondern auch ungedeckte Leerverkäufe durchführen sowie Credit Default Swaps und alle anderen Arten von Hebelprodukten kaufen dürfen, die Auswirkungen auf den Zins oder Kurs von Staatsanleihen haben. Er wird den Markt mit seiner ganzen Marktmacht und allen finanziellen Mitteln manipulieren dürfen und das macht ihn zu nichts anderem als einem gewaltigen Hedgefonds. Der ESM kann diese Mittel gehebelt einsetzen und setzt deswegen sein Haftkapital und somit auch deutsche Haushaltsmittel einem größeren Risiko aus.

10. ESM ist unreguliert, intransparent und mit unbeschränkter Marktmacht ausgestattet

Während Banken und andere Anlagevehikel staatlich reguliert und beaufsichtigt werden, bleibt der ESM von Regulierung und Aufsicht verschont. Nach dem bisher vorliegenden Entwurf zur Parlamentsbeteiligung gibt es zwar ein Mitspracherecht des Bundestags bei einigen Entscheidungen des ESM, aber kein Einsichtsrecht in die Ergebnisse von externen und internen Prüfungen des ESM. Es stellt sich daher die Frage, wie kontrolliert wird, welche Operationen mit welchem Ergebnis der ESM am Markt getätigt hat, um Markt und Preise von Staatsanleihen zu manipulieren. Während wir es uns zur Aufgabe gemacht haben, jeden Spieler an den Finanzmärkten einer scharfen Regulierung zu unterziehen, bleibt der ESM unreguliert, Art. 32 Abs. 9 ESMV. Das Finanzgebaren der deutschen öffentlich-rechtlichen Institutionen kennen wir zur Genüge aus dem Schicksal von WestLB und SachsenLB. Es bleibt unbeantwortet, wie die Aufsicht über den mit Fremdgeldern spekulierenden ESM vollzogen und mit Fehlverhalten umgegangen werden soll.

11. ESM führt zu gemeinschaftlicher Haftung

Wir richten daher einen Hedgefonds ein, der mit hohem Risiko agiert und für den wir keine Struktur zur Wirtschaftsprüfung einrichten. Er finanziert sich über die Aufnahme von Schulden, für die wir gemeinschaftlich mit allen anderen Mitgliedstaaten des ESM haften. Diese Anleihen des ESM unterscheiden sich in nichts von Eurobonds. Dadurch steigt das Risiko für einen Kapitalabruf und das Risiko der finanziellen Inanspruchnahme Deutschlands.

12. Keine Deckelung des deutschen Haftungsvolumens

Wie Sie einem anderen Briefwechsel entnehmen konnten, bin ich mit Vizepräsident des Deutschen Bundestages a. D. Dr. Dr. h. c. Burkhard Hirsch der Auffassung, dass es keine Deckelung des deutschen Haftungsumfangs auf 190 Milliarden Euro gibt. Der ESM darf seine Anteile zu einem höheren Ausgabekurs als zum Nominalwert herausgeben. Die Haftung hängt am Ausgabepreis der Anteile, nicht am Nominalwert, sodass sich die deutsche Haftung nach dem Vertrag auch auf ein etwaiges Aufgeld erstreckt. Die Aufgeld-Problematik ist weiterhin nicht adressiert.

13. Zugang zur EZB

Nach Art. 21 ESMV kann der ESM an den Kapitalmärkten und bei jeder anderen Institution Kapital aufnehmen. Die Kreditaufnahme bei der EZB ist nicht explizit ausgeschlossen und kann durch die Gremien des ESM im Zusammenspiel mit der EZB bewirkt werden. Die Banklizenz ist bereits im ESMV angelegt.

14. Streitbeilegungsregeln hebeln Vetorecht aus

Streitigkeiten um die Auslegung des Vertrages werden erst im Direktorium, dann unter Aussetzung der Stimmrechte der Betroffenen, schließlich vom EuGH entschieden (Art. 37). Bei allen wichtigen Auslegungsfragen des Vertrages hat Deutschland kein Vetorecht, da die Letztentscheidungsmacht beim EuGH liegt. Wenn der EuGH rechtskräftig zum Schluss kommt, dass der ESM eine Forderung gegen Deutschland besitzt, dann hilft kein Parlamentsvorbehalt, keine begrenzte Haushaltsvorsorge und keine Sperrminorität bei den

Stimmrechten (siehe Anlage, Schäffler/Hirsch, *Welt* vom 26.06.2012). Diese gerichtlich festgestellte völkerrechtliche Verpflichtung muss erfüllt werden.

15. Organe des ESM arbeiten ohne klare Haftungsregeln

Die Gremien des ESM arbeiten in heimlicher Eigenständigkeit. Gleichwohl ist völlig unklar, in welcher Weise seine Organmitglieder zivil- und strafrechtlich zur Verantwortung gezogen werden können. Gewaltenteilung lebt von der gegenseitigen Kontrolle der Gewalten. Im Normalgang schreibt die Legislative die Regeln vor, die Exekutive führt sie aus und die Judikative prüft, ob sich die Exekutive an die legislativen Vorgaben gehalten hat. Eine rechtliche Verantwortung der Arbeit der Organe im ESM ist nicht gegeben, da der Vertrag hier eine Immunität verspricht, die zum Ausfall von Haftung führt. Es verwundert außerordentlich, dass hier niemand Nachbesserungsbedarf sieht.

16. Beitrittsregelungen des ESM führen zum Verlust des Veto

Die Mitgliedschaft in der Europäischen Union ist auf eine Mitgliedschaft in der Eurozone ausgelegt. Grundsätzlich wird jeder Mitgliedstaat der EU Mitglied des ESM. Einen Parlamentsvorbehalt für die Aufnahme weiterer Mitglieder nach Art. 44 ESMV gibt es nach dem ESMFinG nicht. Durch die Aufnahme weiterer Mitglieder in den ESM sinkt daher ohne weitere Beteiligung des Bundestags die wirtschaftliche Bedeutung der Bundesrepublik und somit auch das sich nach Kapitalanteilen berechnende Stimmgewicht. Bestimmungsgemäß wird der deutsche Kapitalanteil demnach unter die Grenze von 20 Prozent rutschen, in etwa dem deutschen Stimmgewicht bei der EZB von rund 19 Prozent. Damit verliert Deutschland seine Vetomacht in den Gremien des ESM. Wenn wir uns an den Vertrag halten, verlieren wir automatisch die Kontrolle über unser Königsrecht. Das verletzt die haushaltspolitische Gesamtverantwortung.

II. Vertrag über Stabilität, Koordinierung und Steuerung in der Wirtschafts- und Währungsunion (Fiskalpakt)

1. Gerichte untauglich zur Rechtsdurchsetzung von Haushaltsregeln

Der Fiskalpakt wird nicht gegen Haushaltsdefizite helfen, denn er lässt Ausnahmen zu für Sondersituationen. Wie wir aus Deutschland wissen, sind

Gerichte ungeeignet, solche Sondersituationen zu überprüfen. Sie überlassen dies der Exekutive, indem sie ihr einen nicht justiziablen Beurteilungsspielraum einräumen. Deshalb sind mehrfach Klagen gegen eine erhöhte Schuldenaufnahme des Bundes gescheitert. Das Bundesverfassungsgericht hat dem Bund die Einschätzungsprärogative überlassen, wann eine »Störung des gesamtwirtschaftlichen Gleichgewichts« nach der alten Schuldenregel vorliegt. Bei Verstößen gegen den Fiskalpakt kommt es ebenso auf eine Einschätzung der volkswirtschaftlichen Situation an, die der EuGH nicht vornehmen wird.

2.   Fragliche Wirksamkeit wegen Konflikts mit Europäischen Verträgen

Es ist völlig unklar, ob der Fiskalpakt überhaupt Anwendung finden wird, da er die Vorgaben der Europäischen Verträge verschärft und unklar ist, in welchem Verhältnis sie stehen. Stellt das Gericht einen Vorrang der Europäischen Verträge fest, ist der Fiskalpakt unbeachtlich.

3.   Zahnloser Tiger wie der Stabilitäts- und Wachstumspakt

Es wird auch nicht zu einer Klage gegen den Fiskalpakt verletzende Länder kommen. Nach der jetzt getroffenen Regelung darf nur das »Trio« Klage erheben. Das Trio besteht aus dem Land, das den Ratsvorsitz innehat, dem Land, das den Ratsvorsitz zuletzt innehatte, und dem Land, das als nächstes den Ratsvorsitz inne haben wird. Bei 17 Euro-Staaten ist die Wahrscheinlichkeit, dass Deutschland Mitglied des Trios ist, weniger als 20 Prozent. Die Wahrscheinlichkeit, dass außer Deutschland noch ein Mitglied des Trios klagen will, ist verschwindend gering. Genau wie der Stabilitäts- und Wachstumspakt wird auch der Fiskalpakt weder zu Verurteilungen noch zu Sanktionen führen.

4.   Erkauft durch Einknicken bei der Finanztransaktionssteuer

Der Fiskalpakt ist also wertlos. Gleichwohl haben wir seine Zustimmung bei der Opposition erkauft mit einem Ja zur Finanztransaktionssteuer. Die Presse kommentiert dies mit »Die FDP gibt ihren Widerstand auf«.

5. Einführung von Zinssozialismus in Deutschland

Den Ländern kaufen wir die Zustimmung ab, indem wir Eurobonds für Bund und Länder einführen. Wir nennen das »Intelligentes Schuldenmanagement«. Letztendlich handelt es sich um Zinssozialismus. Die dringend notwendige Reform des Länderfinanzausgleichs mit einer höheren Eigenverantwortung der Länder für haushaltspolitisches Versagen rückt so in weite Ferne.

6. Übernahme der Bußen bei Verstößen

Die Strafen für Verstöße gegen den Fiskalpakt trägt im Außenverhältnis der Bund. Die Sozialisierung der Vertragsstrafen reißt erneut Haftung und Verantwortung auseinander. Stattdessen schaffen wir eine perverse Anreizsituation, indem wir das Schuldenmachen der Länder mittels Jumbo-Bonds subventionieren, während der Bund die Kosten von Verstößen gegen die Verschuldungsregeln übernimmt.

Freundliche Grüße

Frank Schäffler

Mit dem ESM stolperte Deutschland immer mehr in die Buhmann-Rolle hinein. Nicht die falsche Politik vor Ort ist schuld an der Misere, sondern Brüssel und Berlin sind es, die anderen Ländern ihren Willen aufzwingen. In kolonialer Manier »vereinbart« die Troika aus EZB, IWF und Kommission mit den überschuldeten Staaten in Europa Maßnahmenpakete, deren Umsetzung von den dortigen Parlamenten nur noch abgenickt werden kann. Damit werden aus guten Nachbarn Gläubiger und Schuldner.

Dabei waren es souveräne Entscheidungen, die in Griechenland dazu führten, dass Reeder keine Steuern zahlen und dies auch noch Verfassungsrang hat. Es war eine souveräne Entscheidung Zyperns, ein Doppelbesteuerungsabkommen mit Russland zu schließen und damit Investoren ins eigene Land zu holen, die den Bankensektor aufblähten. Es war die souveräne Entscheidung Spaniens, der Immobilienblase zuzuschauen und die Korrektur hinauszuzögern. Und es ist die souveräne Entscheidung Frankreichs, seinen Spitzensteuersatz zu erhöhen und damit

Unternehmer aus dem Land zu treiben. Das kann man tun, ich möchte nur nicht dafür haften müssen.

Das politische Europa hat nur eine Zukunft, wenn es marktwirtschaftlich und rechtstaatlich ist. Wer Risiken eingeht, muss haften, wenn es schiefgeht. Er muss die Verantwortung für sein Handeln tragen. Er darf die negativen Folgen nicht sozialisieren. Wer Verträge in Europa unterschreibt, muss sich daran halten, bei schönem Wetter, aber auch wenn es regnet. Doch gerade diese Rechtsgemeinschaft sind die EU und der Euro-Club leider nicht. Verträge werden unterschrieben, aber meist ist die Tinte noch nicht trocken, wenn die Regeln schon wieder gebrochen, umgedeutet oder ausgehebelt werden. Das galt für die Aufnahme von Mitgliedern in die Eurozone genauso wie für die Einhaltung der Maastricht-Kriterien. Es wurde gemogelt und betrogen, was das Zeug hält. Mit der Aushebelung der Nichtbeistandsklausel, dass kein Land für die Schulden eines anderen Landes haftet oder die Verantwortung übernimmt, im Mai 2010 und dem Ankauf von Staatsanleihen durch die EZB war für mich persönlich klar, dass hier der Weg zu einem deutschen Europa eingeschlagen wird, der nicht der meinige ist. Dieser Rechtsbruch – der ein kollektiver Rechtsbruch ist, da sich alle, die dagegen vorgehen könnten, auf diesen geeinigt haben –, findet nunmehr in nahezu halbjährlichen Abständen statt. Was ursprünglich als Brandmauer in Griechenland konzipiert war, hat sich zum Brandbeschleuniger entwickelt. Immer mehr Länder werden infiziert und unter einen Schuldenschirm gedrängt – zum Wohle des Finanzsystems und seiner Stabilität. Es werden ständig neue Regeln aufgestellt, an die sich anschließend keiner mehr hält.

In meiner Rede im Plenum des Bundestages wollte ich nicht auf das Klein-Klein des ESM, seine ökonomischen und rechtlichen Probleme hinweisen, denn dies hatte ich in den letzten Monaten und Tagen zur Genüge getan. Mir ging es um meine Vision von Europa, die auf Vielfalt, auf das Recht, die Marktwirtschaft und auf Wettbewerb setzt, die nicht-zentristisch ist und gleichzeitig zukunftsgewandt. Das sollte meine Botschaft an diesem wichtigen Tag sein.

Schon länger war ich der Meinung, dass sich die EU in einer Sinnkrise befindet. Dies haben nicht zuletzt die jüngsten Europawahlen 2014 gezeigt.

Die »Protestparteien« von Syriza in Griechenland bis UKIP in Großbritannien, vom Front National in Frankreich bis zu den »Wahren Finnen« in Finnland und von der AfD in Deutschland bis zur FPÖ in Österreich legten alle erheblich zu.

So unterschiedlich alle diese Parteien sein mögen, kommt doch in ihrem Ergebnis der Unmut über die Europäische Union zum Ausdruck. Die Europäische Union braucht wieder eine neue Vision, die an die Gründerväter anknüpft und deren Stärken betont.

Hier meine Rede dazu (29.06.2012):

Herr Präsident! Meine sehr geehrten Damen und Herren! Das ist ein historischer Zeitpunkt, über den wir heute sprechen. Das ist ein Scheideweg für Europa.

(Volker Kauder [CDU/CSU]: Schon wieder!)

Die einen wollen Europa zu mehr Zentralismus führen und nennen das EFSF, ESM, Projektbonds usw., usf. Am Ende steht der europäische Superstaat, der europäische Einheitsbürger. Das ist nicht meine Vorstellung von Europa.

(Beifall des Abg. Manfred Kolbe [CDU/CSU])

Meine Vorstellung von Europa ist ein Europa des Rechts, der Rechtsstaatlichkeit und der Freiheit,

(Beifall bei Abgeordneten der FDP und der CDU/CSU)

ein Europa, das auf die individuelle Freiheit setzt, ein Europa der Römischen Vertrage, ein Europa der vier Grundfreiheiten, ein Europa, das Reisefreiheit, Waren- und Verkehrsfreiheit, Dienstleistungsfreiheit und Kapitalverkehrsfreiheit sichert. Das war eine Bewegung von unten nach dem Krieg, durch die Europa dahin geführt wurde, dass Millionen von Menschen und Millionen von Unternehmen Handel getrieben und sich ausgetauscht haben. Das war eine Bewegung von unten.

Der Euro ist eine Bewegung von oben. Er ist ein zentralistisches Projekt. Dieses zentralistische Projekt muss jetzt mit Milliarden an Geldern korrigiert werden, und es führt am Ende nicht zum Guten. Es führt am Ende vielmehr dazu, dass man in Europa einen europäischen Superstaat durch die Hintertür einführen will. Ich meine, wer dies will, muss das Volk fragen, muss die Menschen fragen. Das darf nicht durch die »kalte Küche« entstehen.

Wenn wir Deutschland in eine neue Staatlichkeit führen, dann muss eine Volksabstimmung es möglich machen, dass alle Menschen mitreden können. Das darf nicht durch die »kalte Küche« geschehen.

(Beifall bei Abgeordneten der FDP, der CDU/CSU und der LINKEN)

Die europäische Einigung muss rechtsstaatlich geschehen. Es kann nicht sein, dass alle die Verträge in Europa unterschreiben, aber sich keiner daran hält. Wer die Regeln verletzt, der muss sanktioniert werden, der muss auch so weit sanktioniert werden, dass die Strafen durchgesetzt werden. Es kann nicht sein, dass jemand bei Rot über die Ampel fährt und andere die Strafzettel bezahlen.

(Claudia Roth [Augsburg] [BÜNDNIS 90/DIE GRÜNEN]: Ui, ui, ui!)

Das ist nicht meine Vorstellung von Europa. Wer Risiken als Investor eingeht, der muss auch für diese Risiken haften. Er darf sie nicht zulasten der europäischen Steuerzahler sozialisieren. Das machen wir aber jetzt fortgesetzt. Das machen wir jetzt im dritten Jahr dieser Krise.

Wir lösen dieses Problem dadurch, dass die Investoren weitere Risiken eingehen können und dass diese Risiken weiter sozialisiert werden können. Wir glauben, mit neuen Schulden könnten wir das Verschuldungsproblem lösen. Aber das Verschuldungsproblem kann man nicht durch neue Schulden lösen, und man kann auch nicht daraus herauswachsen. Denn die Ursache dieser Krise ist ein Wachstum, das auf Sand gebaut war. Dieses Wachstum auf Sand will sich jetzt korrigieren. Das kann man nicht mit neuen Schulden korrigieren.

(Beifall bei Abgeordneten der FDP und der CDU/CSU)

Deshalb müssen wir zu einem Europa des Rechts, der Rechtsstaatlichkeit und der Freiheit zurückkehren. Das heißt, es müssen wieder die europäischen Regeln gelten, dass kein Land für die Schulden eines anderen Landes haftet oder für diese Schulden eintritt. Die Nichtbeistandsklausel wird fortgesetzt mit Füßen getreten. Wir erleben einen kollektiven Rechtsbruch in Europa.

(Beifall bei Abgeordneten der FDP und der CDU/CSU)

Wir müssen das Erpressungspotenzial der Nehmerstaaten und Banken in Europa durchbrechen. Das ist die einzige Möglichkeit, um am Ende vernünftig aus dieser Situation herauszukommen.

(Claudia Roth [Augsburg] [BÜNDNIS 90/DIE GRÜNEN]: Da kriegt man ja Gänsehaut!)

Wilhelm Röpke, einer der Gründerväter der sozialen Marktwirtschaft und bekennender Europäer, hat schon früh gesagt: Die Einheit in der Vielheit macht das Wesen Europas aus. Ich glaube, wir legen heute mit der Entscheidung für den ESM und für den Fiskalpakt die Lunte an das Haus Europa.

5.4 Keine halben Sachen für eine halbe Insel

Doch der ESM beruhigte die Lage nicht. Die im Frühjahr 2013 einsetzende Zypern-Krise lieferte den endgültigen Beweis dafür, dass mit aller Gewalt und allem Geld die Eurozone in ihrer Zusammensetzung verteidigt werden würde. Dabei ging es zwar um das angeblich unseriöse Geschäftsmodell der halben Mittelmeerinsel, aber dies war nur vordergründig.

Die Maßnahmen dienten der Repression gegenüber der zyprischen Regierung sowie der Bevölkerung auf der Mittelmeerinsel. Es ist eine Tatsache, dass sich verschiedene Branchen in verschiedenen Staaten in Europa verschieden entwickelt haben. Das hat Gründe. Zypern etwa hat nicht nur enge Bande mit Griechenland und mit dem ebenfalls orthodoxen Russland. Ebenso hat es eine enge historische Beziehung zu Großbritannien. Es war ab 1925 Kronkolonie und wurde durch einen Gouverneur verwaltet. Erst 1960 erhielt es die Unabhängigkeit. Zu Zeiten der Kronkolonie wurde der Konflikt zwischen der türkischen Minderheit und griechischen Zyprern lange unterdrückt. Vor allem aber wurde eine weitere kulturelle Schicht über die vorhandenen Schichten gelegt: Englisch ist auf Zypern heute noch Bildungs- und Verkehrssprache. Wesentliche Institutionen wurden übernommen und beibehalten. Zypern wendet 7 Prozent seiner Wirtschaftskraft für Bildung auf und liegt damit in den Top 3 der Europäischen Union. Eine Vielzahl von Zyprern erwirbt ihre akademische Ausbildung auf Universitäten in Großbritannien oder in Nordamerika. Fast vier von fünf Zyprern studieren nicht auf der Insel. 47 Prozent haben eine universitäre Ausbildung. Das ist der höchste Wert der EU. Die Zyprer sind ein gebildetes und mobiles Volk.

Das ist der Grund, warum sie überhaupt in der Lage sind, hochwertige Buchhaltungs-, Bank- und Rechtsdienstleistungen zu erbringen. Nach der türkischen Invasion von 1974 gingen große Flächen verloren. Ohne Landwirtschaft und ohne Schwerindustrie mussten die Zyprer in eine Nische ausweichen. Sie sind EU-Mitglied mit allen Vorteilen, die die Zahlungs-, Kapital- und Dienstleistungsverkehrsfreiheiten mit sich bringen, haben eine gebildete Bevölkerung, ein Doppelbesteuerungsabkommen mit Russland und niedrige Steuern. Das alles sind die Ursachen für Zyperns bisherigen Erfolg als übereuropäisches Dienstleistungs- und Handelszentrum.

Alternativen dazu hat Zypern nicht. Wer Zypern sein »Geschäftsmodell« wegnehmen will, versteht seine Geschichte und seine Position nicht. Er verurteilt Zypern zu jahrelangem Siechtum und ewigen Hilfstransfers der EU. Hinzu kommt: Das »Geschäftsmodell« ist nicht gescheitert. Griechenland ist vielmehr Opfer des Europäischen Währungssystems geworden. Dieses Währungssystem gründet auf der Hinterlegung von Staatsanleihen bei der Europäischen Zentralbank, um dafür Euro-Liquidität zu erhalten. Der Erwerb von Staatsanleihen wird so zumindest für größere Banken zur Notwendigkeit. Beim Schuldenschnitt für griechische Staatsanleihen haben viele zyprische Banken wegen der engen Verzahnung mit Griechenland sehr hohe Verluste erlitten. Sie hätten der EZB neue Sicherheiten bringen müssen und dazu wäre eine Kapitalaufnahme notwendig gewesen. Das war den Banken nicht möglich, und sie hätten in die Insolvenz gehen müssen. Stattdessen hat die zyprische Zentralbank es vorgezogen, die zyprischen Geschäftsbanken mit Notkredithilfen (Emergency

Liquidity Assistance) auszustatten. Der Umfang soll bis zu 12 Milliarden Euro betragen. Wenn die zyprischen Banken also nun bankrottgingen, hätte die zyprische Zentralbank einen Verlust in dieser Höhe zu verbuchen. Das wäre ein Schlag für die Glaubwürdigkeit des Eurosystems, der kaum verkraftbar wäre. Die EZB hat dem Treiben der zyprischen Zentralbank über nun zwei Jahre zugesehen und die ELA (Emergency Liquidity Assistance) nicht gestoppt – wie sie das auch in keinem anderen Euroland tut, wo Notkredite der nationalen Zentralbanken vergeben werden. Insgesamt waren bis zu 89 Milliarden Euro Notkredite ausstehend.[42]

Der schockierende Skandal ist, dass die Notkredite der zyprischen Zentralbank bei der Umschuldung nun privilegiert werden. Während die Sparguthaben der zur Abwicklung vorgesehenen Laiki-Bank über 100 000 Euro zur Rekapitalisierung genutzt werden, bleibt der größte Gläubiger, die zyprische Zentralbank, ungeschoren. Ihre Forderung in Höhe von 9 Milliarden Euro geht ohne jeden Abschlag über auf die größte zyprische Bank »Bank of Cyprus« und muss von dieser zukünftig bedient werden.[43] Das europäische System der Zentralbanken aus EZB und nationalen Zentralbanken rettet sich selbst, und bezahlen müssen es die Sparer.

Die Kritik am »Geschäftsmodell« Zypern geht daher an den Ursachen der zyprischen Misere völlig vorbei. Die Mängel des staatlichen Geldmonopols und seiner Regeln müssten als Ursprung der Misere benannt werden. Bis heute ist das Zentralbanksystem stark abhängig von der Verfügbarkeit von Staatsanleihen mit guter Bonität. Bis heute besteht die absurde gesetzliche Fiktion, dass Euro-Staatsanleihen als ausfallsicher gelten und von Geschäftsbanken ohne jede Risikovorsorge im Bestand gehalten werden dürfen. Bis heute gibt es keine Bestrebungen, die Einschränkungen für die Vergabe von Großkrediten auf den Erwerb von Staatsanleihen auszudehnen.

Sicher muss Zypern sein Staatswesen reformieren. Doch sein Staatshaushalt ist grundsätzlich ohne Hilfe des ESM sanierbar und könnte ohne die Bankrisiken gelingen. Zu reformieren ist in erster Linie nicht das Staatswesen Zyperns, sondern das Bankwesen Europas. Alle diesbezüglichen bisherigen Reformen gehen an der Wurzel des Problems vorbei. Die Kollektivierung von Risiken durch eine gemeinsame Einlagensicherung, eine gemeinsame Aufsicht und ein gemeinsames Abwicklungsregime wird die Probleme verstärken. So wird das europäische Bankwesen noch fragiler. Das wird im Fiasko enden.

Statt gleichmachender Zentralisierung brauchen wir eine konsequente Dezentralisierung. Jede Geschäftsbank muss für ihre eigenen Risiken haften. Die Verwendung von Steuergeldern bei der Abwicklung von Banken muss kategorisch ausgeschlossen werden. Nur dann haben wir es mit einem marktwirtschaftlichen Insolvenzregime zu tun. Die Nullgewichtung von Staatsanleihen muss sofort beendet werden. Und schließlich müssen die Großkreditgrenzen ausgeweitet werden. Beides haben Bundesbankpräsident Dr. Weidmann und auch ich gefordert. Letztlich muss der Prozess der Geldschöpfung gänzlich aus den Händen des staatlichen Monopols genommen und dem Wettbewerbsprozess überantwortet werden. Die Krise wird nur durch gutes Geld überwunden.

Andere Töne schlug die Kanzlerin im Fall Zypern an. Sie wusste, dass Zypern ein besonders heikler Fall ist. Eine kleine Insel, Steueroase, eine schlechte Bankenaufsicht und vieles andere mehr sprachen gegen eine Zypern-Hilfe. Deshalb ging sie früh in die Offensive. Bereits am 25. März 2013 sagte sie: »Wir wollen nicht, dass die Steuerzahler Banken retten müssen, sondern dass Banken sich selber retten. Das wird im Falle Zyperns der Fall sein.« Doch tatsächlich war von Anfang an klar, dass auch Zypern ein Programm bekommt.

Das zyprische Programm war jedoch kein Rettungsprogramm, Zerstörungsprogramm wäre treffender. Die für die zyprischen Banken nötigen Mittel wurden für 2013 auf 11,9 Milliarden Euro geschätzt. Für 2014 bräuchten die Banken weitere 500 Millionen Euro. Im Jahr 2015 bräuchten sie noch einmal 400 Millionen Euro. Das sind in der Summe Verluste in Höhe von 12,8 Milliarden Euro. Von diesen 12,8 Milliarden Euro werden 10,3 Milliarden Euro durch die Abwicklung der Laiki-Bank, die Beteiligung der Einleger und die Kapitalmaßnahmen bei der Bank of Cyprus getragen. Es bleibt nach Schätzung der Troika ein Verlust von 2,5 Milliarden übrig. Anstatt dass die Eigentümer und Gläubiger der zyprischen Banken diesen Verlust tragen, sollen diese Mittel aus den Taschen der europäischen Steuerzahler kommen. Frau Merkel behauptete, die Banken retteten sich selber. Das klingt gut, ist aber falsch. Der europäische Steuerzahler bezahlt (schon wieder!), jemand anders hält die Hand auf. Die Zyprer sind es jedenfalls nicht, in deren Schatullen das Geld wandert.

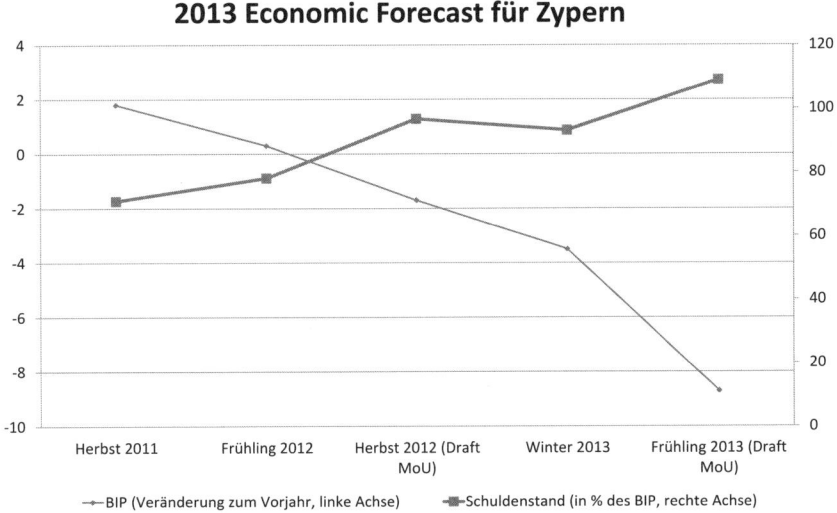

2013 Economic Forecast für Zypern

—•—BIP (Veränderung zum Vorjahr, linke Achse)　　—■—Schuldenstand (in % des BIP, rechte Achse)

Abbildung 9: Vorhersage der Europäischen Kommission für das Jahr 2013 zu verschiedenen Zeitpunkten, Quelle: European economic forecasts; http://ec.europa. eu/economy_finance/publications/european_economy/forecasts/index_en.htm

Und wie verlässlich ist die Troika? Erinnern wir uns: Die Troika-Zahlen für Portugal waren falsch, Portugal brauchte eine Verlängerung der Kredite. Die Troika-Zahlen für Irland waren falsch, Irland brauchte eine Verlängerung der Kredite. Über Griechenland brauchen wir gar nicht erst zu reden. Auch das zyprische Programm wird scheitern. Während die Troika 2014 noch eine scharfe Rezession von 3,9 Prozent erwartet, soll sich 2015 bereits ein Wachstum einstellen. Mittelfristig werde sich das zyprische Wachstum bei 2 Prozent einpendeln. Das ist völlig unwahrscheinlich. In allen Programmländern hat der Umschwung viel länger gedauert als nur zwei Jahre oder er ist noch gar nicht eingetreten. Wachstumszahlen von dauerhaft 2 Prozent sehen wir in ganz Europa nicht.

Zypern wuchs wegen seiner Finanzindustrie und wegen seiner geplatzten Immobilienblase. Nun wird der Finanzsektor auf Troika-Anweisung ausradiert. Die vorsätzlich künstlich geschaffenen Unsicherheiten wegen der Diskussion der Beteiligung der Einleger waren das wirksamste Verkleinerungsprogramm für den Sektor überhaupt. Zypern hat allerdings sonst nichts, wovon es sich Wachstum versprechen könnte. Die Nordeuropäer können nicht gleichzeitig in Portugal, Spanien, Griechenland und Zypern Urlaub machen. Der Tourismus fällt also auch aus. Die russischen Investoren und Touristen hat man vertrieben. Wo ein positives Wachstum aufgrund welchen »Geschäftsmodells« herkommen soll, bleibt schleierhaft. Ich prophezeie, dass eher den Griechen eine Wende zum Guten gelingt als Zypern. Vielleicht können die, die Zyperns Geschäftsmodell zerstört haben, gleich ein neues empfehlen. Sowohl die von der Troika eingefädelte Zerstörung des zyprischen Geschäftsmodells als auch die Empfehlung eines neuen haben die gleiche Qualität: Sie sind Ausdruck eines untauglichen, zentralplanerischen Konstruktivismus, der sich anmaßt, die Wirtschaft eines ganzen Landes, ja sogar die Gestalt der Eurozone, modellieren zu können.

Doch wir kennen diesen Konstruktivismus als Ausdruck falscher Rationalität ja bereits. Er ist uns schon früher begegnet bei denen, die meinten, Europa eine Währung vom Reißbrett verordnen zu können. Diese Architekten der Euroeinführung sind mit ihrem Großprojekt heute genauso gescheitert wie die Befürworter des Berliner Flughafens. Die Folgen ihres konstruktivistischen Denkens müssen wir nun tragen: eine wirtschaftlich entkernte Peripherie, ein wirtschaftlich dahinsiechendes Kerneuropa und von Randeuropa ins Zentrum wandernde Immobilienblasen, die nun platzen. Die jeweiligen Gemeinsamkeiten der Krisenentwicklung in der Peripherie und der Stagnation im Kern sind nicht zu übersehen. Doch die gemeinsamen Ursachen dieser Probleme analysiert niemand und niemand geht sie an. Niemand schert sich um das Versagen der ungedeckten Monopolwährung, der gemeinsamen Zentralbank und der einheitlichen und zentralplanerischen Zinspolitik der EZB. Stattdessen reiht sich Programm an Programm. Zypern ist längst nicht vom Tisch, über das Scheitern von Portugal und Irland mag noch keiner so richtig reden. Jedes neue Programm führt dazu, dass nationale Schulden durch von den Schuldenschirmen emittierte gemeinsame europäische Anleihen ersetzt werden.

Europäische Schuldscheine mit Laufzeiten von 10, 15, 20 und sogar 30 Jahren lösen so stetig zunehmend die nationalen Schulden ab, die selten längere Laufzeiten als 10 Jahre haben. Wo soll das hinführen, wenn nicht zu Eurobonds?

Als am 18. April 2013 der Deutsche Bundestag über das Zypern-Paket abstimmte, ergriff ich erneut das Wort:

> Herr Präsident! Meine sehr geehrten Damen und Herren! Das, was heute stattfindet, ist ein Rechtsbruch, ein kollektiver Rechtsbruch.

(Beifall des Abg. Jens Ackermann (FDP), Dr. Andreas Schockenhoff (CDU/CSU): Das sieht das Bundesverfassungsgericht anders!)

> Alle haben sich darauf verständigt, den ESM, den wir gerade geschaffen haben, die Regeln, die wir dort beschlossen haben, einfach beiseitezuwischen; denn kein Mensch kann ernsthaft behaupten, dass eine halbe Insel wie Zypern, deren größte Bank kleiner ist als die Hamburger Sparkasse, irgendwie systemrelevant für den Währungsraum als Ganzes ist. Das ist absurd.

(Beifall des Abg. Jens Ackermann (FDP) sowie des Abg. Dr. Peter Gauweiler (CDU/CSU) und des Abg. Klaus-Peter Willsch (CDU/CSU) – Hubertus Heil (Peine) (SPD): Gehen Sie doch zur AfD!)

> Auch das, was die Europäische Zentralbank fortgesetzt macht, ist ein kollektiver Rechtsbruch; denn das, was hier passiert, ist nichts anderes, als die Rettung der zypriotischen Notenbank.

(Manuel Sarrazin (BÜNDNIS 90/DIE GRÜNEN): Die höchstrichterliche Rechtsprechung sagt etwas anderes!)

> Sie hat seit September 2011 der Laiki-Bank 9,5 Milliarden Euro zur Verfügung gestellt. Sie hat sie am Leben gehalten. Sie hat dafür gesorgt, dass Einleger ihr Geld abziehen konnten, dass sie im Zweifel nicht haften. Letztendlich wird jetzt die zypriotische Notenbank herausgeboxt; denn deren ELA-Kredite werden jetzt auf die Bank of Cyprus übertragen. Das ist ein Taschenspielertrick: Nach außen wird gesagt, dass die Gläubiger beteiligt werden, aber der größte

Gläubiger, die zypriotische Notenbank, wird herausgeboxt. Das ist das, was hier tatsächlich passiert.

Die eigentliche Ursache dieser Krise ist aber eine ganz andere, nämlich eine Krise unseres Geldsystems, weil wir es nicht schaffen, das Geldmonopol des Staates abzuschaffen. Letztendlich hat die Geldpolitik des Staates dazu geführt, dass sich diese Länder überschuldet haben, dass sich die Wirtschaften überschuldet haben, dass wir ein Schneeballsystem aus ungedeckten Forderungen entwickelt haben; und diese ungedeckten Forderungen platzen jetzt.

(Dr. Frank-Walter Steinmeier (SPD): Der Staat? Interessante These!)

Die Antwort auf diese Krise kann eigentlich nur sein, dass wir zu einer marktwirtschaftlichen Geldordnung kommen, zu einer Geldordnung, die Sparen und Investieren und die Kreditvergabe wieder in Einklang bringt. Wer Geld aus dem Nichts produziert, indem er als Bank auf den Knopf drückt, der verursacht Blasen, die immer wieder platzen.

(Dr. Frank-Walter Steinmeier (SPD): Quatsch!)

Jetzt platzt die Blase in Zypern, morgen platzt die Blase in Portugal, übermorgen in Frankreich. Das heißt: Wir stehen am Anfang dieser Finanzkrise. Wenn wir immer mehr Geld in das System pumpen, dann führt das am Ende dazu – und das ist das Gegenteil dessen, was viele hier in diesem Haus wollen –, dass diese Währung vor die Wand fährt. Ihre Existenz wird nicht von Dauer sein, wenn wir sie immer wieder mit neuem Geld befeuern.

Die Brandstifter in diesem System sind die europäischen Notenbanken und die Europäische Zentralbank. Herr Draghi tut das Gegenteil dessen, was er nach den Verträgen eigentlich tun muss: die Preisstabilität des Euro sichern.

(Beifall der Abg. Jens Ackermann (FDP), Dr. Peter Gauweiler (CDU/CSU) und Klaus-Peter Willsch (CDU/CSU))

Er boxt die Länder heraus. Das, was in Irland heute passiert, ist das Gegenteil dessen, was uns jahrelang gesagt wurde. Wir haben immer gehört: Irland ist doch das beste Beispiel, da läuft es super. Aber wenn es super laufen würde, dann müssten wir die Laufzeiten der Kredite nicht verlängern. Das Gegenteil ist der Fall. Die EZB hat die Iren herausgeboxt. Am Ende hat der irische Staat 20 Milliarden Euro weniger an Zinszahlungen zu leisten, weil die EZB das Geld schlicht gedruckt hat. Wer diesen Weg weitergeht, der wird die Währung ruinieren. Vielen Dank.

(Beifall der Abg. Jens Ackermann (FDP), Dr. Peter Gauweiler (CDU/CSU) und Klaus-Peter Willsch (CDU/CSU))

5.5 Die Schlinge zieht sich zu

Die Intervention der EZB und die Gründung des ESM waren jedoch nur die ersten Schritte. Wer die Schulden in Europa vergemeinschaften will, kommt um eine Zentralisierung der Aufsicht der Banken nicht herum. Das Argument ist sehr einfach. Wenn andere für andere bezahlen sollen, wollen sie auch die Gewähr haben, dass nicht gemogelt und geschoben wird. Das ist gleichzeitig ein weiterer Schritt in Richtung Interventionismus. Denn es braucht neue Strukturen mit neuem Personal, neuer Bürokratie und neuen Eingriffsrechten. Dies geschieht am nationalen Souverän vorbei. Deshalb war ich von Beginn an skeptisch und vermutete dahinter ganz andere Absichten, als offiziell verlautbart wurde.

Der Übertragung der Bankenaufsicht auf die europäische Ebene habe ich aus diesem Grund nicht zugestimmt. Ich glaube, die Zustimmung zur Übertragung erfolgte in völliger Unkenntnis der Bedeutung der Angelegenheit. Die Bedeutung des Projekts kommt am besten in einer Äußerung von Sharon Bowles, Mitglied des Europäischen Parlaments, zum Ausdruck. Sie gehört dort der ALDE-Fraktion an, in der sich auch die FDP organisiert hat. Vor dem Hintergrund ihrer Herkunft aus der ältesten Demokratie der Welt sagte sie: »Unter demokratischen Maßstäben handelt es sich bei der Übergabe der Bankaufsicht an die EZB um eine weitaus größere Souveränitätsabgabe als bei der Einführung des Euro.«[44]

Die Übertragung erfolgte in Verkennung der Problemlage. Der Gesetzentwurf behauptete, ein Staat könne bei Verbleib der Aufsicht auf nationaler Ebene die Risiken, die von international tätigen, für die Stabilität des

Finanzsystems relevanten Kreditinstituten ausgehen, nicht bändigen, ohne eine implizite Staatsgarantie einzugehen. Ich halte dies, mit Verlaub, für groben Unfug. Die Risiken für das Finanzsystem rühren nicht her von einer zu laxen Aufsicht, die in nationaler Beschränktheit und Blindheit agiert. Die Risiken im Finanzsystem sind Folge des Geldsystems, das den Notenbanken die Geldschöpfung im Kartell mit den Geschäftsbanken ermöglicht. Die Geldschöpfung ist dadurch nicht nur abgehoben von der wirtschaftlichen Entwicklung. Die Geldschöpfung ist vielmehr komplett entkoppelt von dem grundlegenden Prinzip des Wirtschaftens, vom Prinzip der Knappheit. Die Wirtschaftsrechnung erfolgt zur Lösung des Problems, wie knappe Ressourcen zu verteilen sind. Preise sind das Werkzeug, dessen sich die Wirtschaftsakteure bedienen, wenn sie Entscheidungen treffen und handeln. Für das wichtigste Element eines marktwirtschaftlichen Systems, das Geld, ist die Verknüpfung zwischen Knappheit und Verfügbarkeit aufgehoben – insbesondere für manche Akteure, was besonders ungerecht ist. Der »Preis« des Geldes stimmt nicht mehr. Für manche Akteure ist Geld daher viel zu leicht verfügbar, denn die Notenbanken können nach Belieben und auf Knopfdruck Geld drucken. An dieses Geld kommen zuerst die Geschäftsbanken und die Finanzindustrie. Was heute – ursprünglich polemisch, mittlerweile fast schon üblich – als Finanzkapitalismus bezeichnet wird, ist Folge dieser Entkopplung des Geldes vom Knappheitsprinzip. Das Geld, das wir alle benutzen, wird dadurch ausgehöhlt und seiner Funktion beraubt. Das seiner Funktion entleerte Geld ist verantwortlich für Blasen und vor allem für die von vielen als ungerecht empfundene Verteilung von Gütern. Diesem Problem kommt man nicht durch eine Aufsicht bei, gleich ob in nationaler oder europäischer Verantwortung. Diesem Problem kommt man nur durch ein besseres, im Wettbewerb stehendes Geld bei. Geld muss also wieder ein Produkt der Marktteilnehmer werden. Bis dahin werden die Krisen bleiben.

Die angebliche implizite Staatsgarantie, der man durch die Übertragung der Aufsicht beikommen will, ist keineswegs implizit, sondern Folge vorheriger staatlicher Entscheidungen. Die vorherigen Bankenrettungen auf Kosten der Steuerzahler, angefangen mit Hypo Real Estate, den diversen Landesbanken und der IKB in Deutschland, haben den Grundstein dafür gelegt, dass Gläubiger von Banken glaubten, ihre Forderungen würden staatlich garantiert. Und leider war es dann auch so. Seit Anfang der 1990er-Jahre haben die Landesbanken (Bayern LB, HSH Nordbank, Helaba, LBB, LBBW, NordLB, SachsenLB und WestLB) über 37 Milliarden Euro an frischem Kapital durch die Länder und Kommunen erhalten. Deren Schieflagen mussten die Länder und der Bund zwischenzeitlich mit Garantien von 198 Milliarden Euro stützen.

Hätten wir IKB, die Landesbanken und Hypo Real Estate dem normalen Marktprozess ausgesetzt, wäre dies mit einem Disziplinierungseffekt verbunden gewesen. Alle Bankengläubiger hätten Konsequenzen gezogen und genau geschaut, ob und zu welchen Konsequenzen sie Banken Kredit geben können. Das Gegenteil ist jedoch passiert: Seit den Bankengläubigerrettungen von IKB, HRE und Landesbanken verhalten sich die Gläubiger aller Banken disziplinlos. Seitdem lohnt es sich, Gläubiger von Banken zu sein. Leider übertragen wir dieses Modell einer impliziten Staatshaftung für die Forderungen von Bankgläubigern nun auf die europäische Ebene. Die von der Bundesregierung vertretene Haftungskaskade von Aktionären zu Gläubigern, zu nationalen Abwicklungseinrichtungen, zu ESM ist fürchterlich schädlich.

Gleichzeitig ist diese Haftungskaskade nur ein geschickter Marketingtrick. Unabhängig von ihrer Wirksamkeit ist davon im Gesetzestext, der dem Bundestag im Sommer 2014 vorgelegt wurde, keine Rede. Lediglich wurde in der Begründung ein bisschen Lyrik hinzugefügt. Doch nicht ohne Grund heißt es: Ein Blick ins Gesetz erleichtert die Rechtsfindung. In den beiden Gesetzentwürfen, wird lediglich der Aufgabenkatalog um eine direkte Bankenrekapitalisierung erweitert.

Eine Insolvenz muss ohne Staatsmittel auskommen, gleich an welcher Rangstelle, ansonsten ist es keine marktwirtschaftliche Insolvenz, denn das Verlustprinzip wird für die begünstigten Gläubiger außer Kraft gesetzt. Wir brauchen daher nur eine einzige Haftungskaskade: erst die Aktionäre, dann die Gläubiger. In welcher Reihenfolge die Gläubiger haften, ist Sache der vertraglichen Gestaltung mit ihrem Schuldner. Wenn das Vermögen des Insolvenzschuldners nicht reicht, müssen im Zweifel eben die Gläubiger haften. Ich mache nur eine einzige Ausnahme: Vor allem aus Gerechtigkeitsgründen, aber auch, um den Zahlungsverkehr aufrechtzuerhalten, sollten Sparkonten und bestimmte andere Konten garantiert werden, sodass sie von der Insolvenz nicht betroffen sind. Doch dazu später mehr. Dies kann jedoch für den Staat kostenlos passieren. Um diese simple, marktwirtschaftliche, die Vertragsfreiheit bewahrende und steuerzahlerschonende Haftungskaskade durchzusetzen, braucht man keine europäische Aufsicht und keinen ESM. Die Übertragung der Aufsicht auf die europäische Ebene ist daher komplett überflüssig.

Sie ist zusätzlich ein Verstoß gegen die Europäischen Verträge. Die Bundesregierung meint, die Rechtsgrundlage für die Aufsicht in Artikel 127 Absatz 6 AEUV sehen zu können. Nach diesem geltenden Recht dürfen der EZB nur »besondere Aufgaben im Zusammenhang mit der Aufsicht« übertragen werden. Doch der Verordnungsvorschlag sieht vor, der EZB die laufende, reguläre Aufsicht zu übertragen. Das war niemals von der Norm beabsichtigt. Das gibt der Wortlaut nicht her und ist rechtswidrig. Aus der Wahl dieser falschen Norm resultieren überdies Folgeprobleme: Durch die Ansiedlung der Aufsicht bei der EZB werden Geld- und Fiskalpolitik vermischt. Die angeblich eingerichteten sogenannten Brandmauern zwischen Geldpolitik und Aufsicht sind aus japanischem Papier: Schon jetzt scheint hindurch, was sich dahinter abspielt und bei der erstbesten Gelegenheit werden sie abgefackelt werden.

Mit der EZB machen wir überdies den Bock zum Gärtner. Ziel der Bankenaufsicht war die Schaffung eines unabhängigen Gremiums zur Durchsetzung »deutscher« Standards für die südeuropäischen, insbesondere spanischen Banken. Das kann die Aufsicht durch die EZB nicht gewährleisten. Nach der geplanten internen Kompetenzverteilung der EZB wird es ein Aufsichtsgremium und ein Schlichtungsgremium geben. Doch beide sind im Wesentlichen nach dem Vorbild des EZB-Rats eingerichtet. Sie werden von nationalen Interessen dominiert. Beschlossen wird mit einfacher Mehrheit. Von keinem der beiden Gremien sind daher Entscheidungen zu erwarten, die inhaltlich von der die Südländer bevorteilenden »Geld«-Politik des EZB-Rats abweichen oder dieser widersprechen. Diese europäischen Aufseher sind nicht objektiver als nationale Behörden. Sie werden keinesfalls mutmaßliche europäische Interessen vertreten, da sie ihren nationalen Hintergrund niemals vergessen können. Im Hinblick auf die EZB wissen wir aus Studien, dass die Leitzinsen im EZB-Rat nicht

im europäischen Interesse, sondern mit Blick auf die Heimatländer aus-
gehandelt werden. Für die Aufsicht durch die EZB wird zukünftig nichts
anderes gelten. Entscheidungen der Aufsicht werden nicht irgendeinem
fiktiven gesamteuropäischen Interesse folgen, sondern den Interessen
derjenigen, die im Aufsichtsgremium entscheiden. Oder anders ausgedrückt: Es ist eine Illusion zu glauben, wir bekämen eine objektive Aufsicht mit »deutschen« Standards. Ob diese »deutschen« Standards besser
sind, sei ohnehin dahingestellt.

Doch dieses nicht objektive Aufsichtsgremium wird als institutionalisierte Verkörperung nationaler Interessen weitreichende Entscheidungen
treffen können. Es geht nicht bloß darum, ob Direktoren entlassen werden können oder ob die Aufsicht Geschäftsräume von Banken betreten
darf. Vor allem geht es darum, dass die Aufsicht zukünftig dafür zuständig sein wird, Banklizenzen zu erteilen und Banklizenzen zu entziehen.
Die EZB wird zukünftig über den Erwerb von Beteiligungen entscheiden,
sie genehmigen oder ablehnen können. Das sind harte Eingriffsbefugnis-
se. Die EZB hat es zukünftig in der Hand, welche Form und Gestalt die
europäische Kreditbranche annehmen wird. Ob und wie es gegen solche
Entscheidungen Rechtsschutz gibt, ist höchst fraglich.

Ich bleibe daher dabei, dass es ein großer Fehler war, die Aufsicht auf die
EZB zu übertragen. Wir machen den zweiten Schritt vor dem ersten. Die
Übertragung neuer Kompetenzen auf die EZB ist mindestens solange ein
Fehler, wie die derzeitigen Strukturen – nicht nur bei den Stimmverhält-
nissen – von ESZB und EZB fortbestehen. Das Einzige, was wir auf diese
Art bewirken, ist die Tür für weitere heimliche und offene, mittelbare und
unmittelbare Transfers zu öffnen. Ein Europäischer Finanzausgleich darf
jedoch nicht innerhalb des Zentralbankensystems stattfinden. Er wäre,
wenn man ihn überhaupt haben wollte, Aufgabe der Politik, die ihrerseits
und zu diesem Zeitpunkt jedenfalls keine Legitimation besitzt.

Bezeichnend war in der Bundestagsdebatte, dass die Fraktionen das Thema möglichst tiefhängen wollten. So fand die Debatte im Bundestag zu
später Stunde statt. Meine Fraktion schickte den Parlamentsneuling Gerhard Drexler, der als Nachrücker für den verstorbenen Kollegen Max Stadler ins Parlament einzog, zu diesem wichtigen Thema in die Debatte. Der

volkstümliche Niederbayer war erst wenige Wochen Mitglied des Bundestages und durfte seine »Jungfernrede« halten. Dies hat er auch zur Freude des Plenums sehr kurzweilig und in niederbayrischem Dialekt getan. Es herrschte heitere Stimmung, da gleichzeitig das Sommerfest der Parlamentarischen Gesellschaft gegenüber vom Bundestag im alten Reichstagspräsidentenpalais stattfand. Da man nur kurz über den Ebert-Platz schlendern musste, um an der namentlichen Abstimmung zur Übertragung der Bankenaufsicht auf die EZB teilzunehmen, wollten alle diese Pflichtübung schnell über sich ergehen lassen, damit sie zügig wieder zurück in den schönen Garten der Parlamentarischen Gesellschaft gehen konnten.

Ich hatte nicht erwartet, dass meine Fraktion mich als Redner nominiert, und bin erneut den Weg über Parlamentspräsident Lammert gegangen.

Es war am 13. Juni 2013 gleichzeitig meine letzte Rede in dieser Legislaturperiode:

Herr Präsident! Meine sehr verehrten Damen und Herren! Die Übertragung der Bankenaufsicht auf die Europäische Zentralbank ist eine der weitreichendsten Entscheidungen, die der Deutsche Bundestag seit der Einführung der gemeinsamen Währung, des Euros, getroffen hat. Sie ist verbunden mit der Abgabe von Souveränität. Dass der Deutsche Bundestag über diese entscheidende Frage heute um 22 Uhr entscheidet, zeigt, wie wichtig wir diese Frage als Parlament tatsächlich einschätzen.

(Dr. Gerhard Schick (BÜNDNIS 90/DIE GRÜNEN): Da hat er recht! – Joachim Poß (SPD): Was heißt hier »wir«? Christian Lange (Backnang) (SPD): Ihre Koalition!)

Die Frage ist, wie ernst es uns damit ist, die europäische Bankenaufsicht tatsächlich zentral zu regeln. Es glaube bitte keiner in diesem Raum, dass es möglich ist, von 17 Bankenaufsichten in Europa mit 17 EDV-Systemen und 17 Behördenstrukturen innerhalb eines Jahres zu einer funktionsfähigen europäischen Bankenaufsicht zu kommen.

(Dr. h. c. Hans Michelbach (CDU/CSU): Es geht nur um wenige Banken!)

Das ist unmöglich, und es wissen auch alle, dass das unmöglich ist.

(Beifall bei Abgeordneten der CDU/CSU)

Daran sehen Sie: Es geht gar nicht darum, eine funktionsfähige Bankenaufsicht in Europa zu schaffen, es geht um etwas ganz anderes: Es geht darum, die spanischen Banken mit Eigenkapital aus europäischen Steuertöpfen zu befördern. Das eigentliche Ziel ist, die Banken durch den ESM an den Staatshaushalten vorbei direkt zu rekapitalisieren.

(Beifall des Abg. Manfred Kolbe (CDU/CSU))

Das Ziel ist also, dass der ESM zu einem Bankenrekapitalisierungsfonds wird; die Bankenaufsicht spielt überhaupt keine Rolle.

(Dr. h. c. Hans Michelbach (CDU/CSU): Das stimmt doch gar nicht!)

Wenn Sie es ernst meinten mit der vollständigen Übertragung der Bankenaufsicht, dann müssten Sie die Europäischen Verträge ändern. Diese Verträge geben das, was Sie heute beschließen wollen, nämlich nicht her. In Art. 127 Abs. 6 AEUV ist geregelt, dass nur besondere Aufgaben der Bankenaufsicht auf die EZB übertragen werden können, aber nicht die komplette Bankenaufsicht.

(Bartholomäus Kalb (CDU/CSU): »Bedeutende« heißt es im Vertrag! – Dr. h. c. Hans Michelbach (CDU/CSU): Das machen wir gar nicht!)

Doch genau das haben Sie jetzt vor. Wenn Sie das machen, begehen Sie einen Rechtsbruch. Tatsächlich gibt es für das, was Sie heute beschließen wollen, keine Rechtsgrundlage.

(Widerspruch des Abg. Klaus-Peter Flosbach (CDU/CSU))

Wenn Sie den ESM zu einem Bankenrekapitalisierungfonds machen wollen, dann müssen Sie das mit offenem Visier tun, dann müssen Sie einen Konvent einberufen und eine Vertragsänderung in Gang setzen und in letzter Konsequenz auch eine Volksabstimmung darüber in Deutschland durchführen. Wir sind dann nämlich letztendlich auf dem Weg in den europäischen Superstaat.

(Beifall bei Abgeordneten der CDU/CSU – Widerspruch des Abg. Dr. h. c. Hans Michelbach (CDU/CSU))

Wer den europäischen Bundesstaat will, der muss am Ende die Verträge dahingehend ändern und muss darüber in einer Volksabstimmung entscheiden lassen. Das muss man offensiv machen, das darf man nicht durch die Hintertür tun.

Wenn wir gute Nachbarn in Europa zu Schuldnern bzw. Gläubigern machen, dann schaffen wir kein einheitliches Haus Europa, sondern zerstören es. Das, was heute beschlossen werden soll, ist ein weiterer Schritt dahin, der am Ende dazu führt, dass das Haus Europa zerstört wird, statt dass an ihm weitergebaut wird.

Vielen Dank.

(Beifall bei Abgeordneten der FDP und der CDU/CSU Dr. h. c. Hans Michelbach (CDU/CSU): Völlig verquer!)

Danach war Wahlkampf in Deutschland und anschließend dauerte die Regierungsbildung der großen Koalition bis kurz vor Weihnachten 2013. Daher kam es auch zum Stillstand in der europäischen »Rettungspolitik«. Erst im März 2014 trafen Europäisches Parlament, EU-Kommission und Rat weitreichende Entscheidungen zur Bankenabwicklung in Europa. Der damalige Präsident der Europäischen Kommission José Manuel Barroso konnte zufrieden sein. So auch seine offizielle Stellungnahme:

»Die heutige politische Vereinbarung zum einheitlichen Abwicklungsmechanismus vollendet unsere Bankenunion. Dies wird Vertrauen und Stabilität in den Finanzmärkten stärken und die Kreditvergabe an die Realwirtschaft wiederherstellen. Wir haben versprochen, dies vor den Europawahlen zu tun. Ich bin sehr erfreut, dass wir dieses Versprechen erfüllt haben.«[45]

Worum ging es? Es ging darum, wer die Lasten der Bankenschieflagen in Europa tragen sollte: die Eigentümer und die Gläubiger oder die Sparer und die Steuerzahler. Es ging und geht also immer noch um viel Geld. In Spanien stehen die Banken wegen der Immobilienkrise im Fokus. Danach stehen rund 17 Prozent des Kreditvolumens – rund 250 Milliarden Euro – an den Privatsektor im Feuer. Hohe Wertberichtigungen, die deren Eigenkapital im Winde verwehen lässt, sind für den spanischen Bankensektor unausweichlich. In den anderen Krisenländern sieht es nicht viel besser oder sogar noch schlimmer aus. In Zypern wird jeder zweite Kredit (!) nicht ordnungsgemäß zurückgezahlt. Die klassische Lehre lautet: Solange die Banken nicht mit frischem Kapital ausgestattet werden, solange werden keine neuen Kredite durch den maroden Bankensektor ausgereicht und solange wird es keinen neuen Wirtschaftsfrühling in diesen Ländern geben. Da es keine privaten Kapitalgeber gibt, die in ein marodes Banksystem frisches Geld geben wollen, bleibt nur der Staat, die Sparer oder die Insolvenz der Institute.

Da Letzteres ausgeschlossen wurde, hatten die Euro-Staaten mit einem überschuldeten Bankensektor von Anfang an nur ein Ziel: Sie wollten an ihren Staatshaushalten vorbei die »Vitalisierung« ihres Bankensektors durch das Geld der anderen Staatshaushalte und der Sparer in Europa vorantreiben.

Angela Merkel hat dieses Zugeständnis bereits sehr früh gemacht. Am 29. Juni 2012 stimmte sie beim Europäischen Rat in Brüssel zu:

> »Sobald unter Einbeziehung der EZB ein wirksamer einheitlicher Aufsichtsmechanismus für Banken des Euro-Währungsgebiets eingerichtet worden ist, hätte der ESM nach einem ordentlichen Beschluss die Möglichkeit, Banken direkt zu rekapitalisieren.«

Dieser entscheidende Satz in der Gipfelerklärung war die Eintrittskarte für die sogenannte Bankenunion aus einheitlicher Bankenaufsicht, Einlagensicherung und Abwicklungsmechanismus für in Schieflage geratene Banken in Europa.

Die Bankenaufsicht soll bis Ende des Jahres 2014 unter dem Dach der EZB stehen. Die Bankenabwicklung und die europäische Einlagensicherung wurden abschließend eingestielt. Damit geht eine lange, liberale Tradition zu Ende, die mit dem Genossenschaftswesen und Namen wie Hermann Schulze-Delitzsch und Eugen Richter verbunden war. Glaubten die

Volks- und Raiffeisenbanken noch, ihr seit dem 19. Jahrhundert stolzes Modell der Selbstorganisation und der gegenseitigen Notfallhilfe würde sie vor dem Zugriff eines paternalistischen Europas schützen, sind sie seit gestern eines Besseren belehrt. Ebenso geht es den Sparkassen. Auch sie dachten, dass sie nicht für Bankenschieflagen in Europa zur Kasse gebeten würden. Jetzt geht es viel schneller. Ein Fonds, der in den ersten acht Jahren mindestens 55 Milliarden Euro von allen Banken in Europa einsammeln wird, soll bereits in den ersten zwei Jahren mit 33 Milliarden Euro befüllt werden. Er soll auch kapitalmarktfähig werden, das heißt, er kann sich verschulden. Vielleicht bekommt er auch noch eine eigene Banklizenz und damit die Eintrittskarte, um sich bei der EZB frisches Geld durch die Teilnahme an sogenannten Tendergeschäften zu besorgen. Dann könnte der Abwicklungsfonds Anleihen begeben, um frisches Geld am Kapitalmarkt aufzunehmen, aber sich gleichzeitig auch direkt bei der EZB frisches Geld besorgen.

Die Umsetzung geht dann sehr schnell. Erst stellt die EZB per Beschluss fest (im Zweifel per Mehrheit), dass eine Bank abgewickelt bzw. mit frischem Eigenkapital ausgestattet werden muss und anschließend stellt der Ausschuss des einheitlichen Abwicklungsmechanismus die notwendigen Mittel aus dem Abwicklungsfonds (im Zweifel per Mehrheit) bereit. Wenn dann noch die direkte Hilfe für Banken aus dem Europäischen Stabilitätsmechanismus ESM möglich wird, zieht sich die Schlinge endgültig zu.

Wieder ein Baustein der Verstaatlichung des Bankensektors, der damit beschlossen wurde. Schleichend, aber bestimmt dreht sich die Interventionsspirale immer weiter.

5.6 Die Hohepriester des Geldes

Zum besseren Verständnis möchte ich die Rolle der EZB näher beleuchten. Mit dem Ankauf der Anleihen überschuldeter Staaten in Europa durch die EZB wurden Investitionen in Anleihen zu einem risikolosen Geschäftsmodell. Zwischenzeitlich ging die EZB noch einen wesentlich »eleganteren« Weg. Im Rahmen eines sogenannten 3-Jahres-Tender stellte die EZB den Banken kurz vor Weihnachten 2011 500 Milliarden Euro für drei Jahre zu 1 Prozent Zinsen zur Verfügung. Im Frühjahr 2012 wiederholte sie dies nochmals. Mit deren Hilfe können die Finanzinstitute Staatsanleihen des »Club Med« kaufen und damit den Renditeanstieg stoppen.

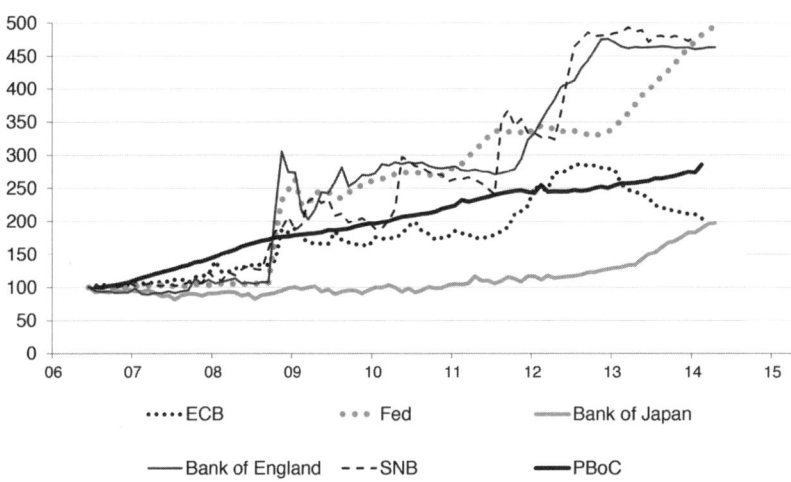

Abbildung 10: Entwicklung der Bilanzsummen der wichtigsten Notenbanken. Quelle: Thomson Financial, Berechnungen Thorsten Polleit (Juni 2006 = 100)

Es ist eine Win-win-Situation. Die EZB muss nicht direkt monetarisieren, gleichzeitig werden die Banken mit frischer Liquidität ausgestattet, die ein ertragreiches Zinsdifferenzgeschäft ermöglicht, und das alles ohne Risiko.[46] Selbst wenn sich die Banken nun an den Kosten einer Teilentschuldung Griechenlands »freiwillig« beteiligen, ändert das nichts am Problem. Im Zweifel kommt das Geld von der EZB.

Als über die Einführung des Euro 1998 im Bundestag abgestimmt wurde, war mir die Bedeutung des Projektes in seiner Dimension nicht bekannt. Meine Meinung wurde beeinflusst durch die Jugendorganisation der FDP, die Jungen Liberalen, Anfang der 1990er-Jahre. Wir hängten Plakate mit dem Slogan auf »Für ein vereintes Europa«, unter anderem mit einem Bild, auf dem sich Männlein und Weiblein im Bett wälzten. Es drückte das Lebensgefühl vieler junger Menschen aus, dass Europa sich vereint, auch auf der persönlichen Ebene. Es war ohnehin die Zeit, die an den Finanzmärkten einen Höhenrausch auslöste. Diese Irrationalität übertrug sich anscheinend auch auf die Hoffnungen und Sehnsüchte, die die Euro-Einführung begleiteten.

Dennoch konnte, wer genau hinsah, bereits früh skeptisch sein. Als am 9. Februar 1998 155 Wirtschaftsprofessoren in einer Erklärung vor der Einführung des Euro zu diesem frühen Zeitpunkt warnten, wurden sie ignoriert. Noch heute ist diese Erklärung sehr lesenswert. So heißt es:

»Da Sanktionen nicht automatisch eintreten, dürfte es aber kaum eine qualifizierte Mehrheit für die Anwendung des Paktes geben, wenn eine größere Zahl von Ländern gleichzeitig die Defizitgrenze verletzt. Die Stabilität des Euro kann der Pakt daher nicht sichern.«

Als der Deutsche Bundestag am 23. April 1998 über die Einführung des Euro als neue Währung in Deutschland abstimmte, waren es unter anderem die Abgeordneten Otto Graf Lambsdorff und Burkhard Hirsch, die der damaligen christlich-liberalen Koalition die Gefolgschaft versagten. In seiner persönlichen Erklärung bei der Abstimmung im Deutschen Bundestag erklärte der »Marktgraf«:

»Ich habe die endgültige Zustimmung davon abhängig gemacht, dass die Kriterien des Vertrages strikt eingehalten werden und dass ihre Dauerhaftigkeit gesichert wird. Ich habe Zweifel, ob die Kriterien wirklich strikt eingehalten wurden. Stichwort: ›kreative Buchführung‹.«

An anderer Stelle heißt es weiter:

»Es ist ausgeschlossen, dass Italien die Marke von 60 Prozent in den nächsten 10 bis 15 Jahren erreichten könnte. Dazu bedürfte es eines Budgetüberschusses von 8,2 Prozent für einen Fünf-Jahres-Zeitraum oder von 2,2 Prozent für einen Zehn-Jahres-Zeitraum. Jetzt hat Italien ein Budgetdefizit von 2,7 Prozent. Veränderungen dieser Größenordnung kann ich nur ironisieren: Unmögliches wird sofort erledigt, Wunder dauern etwas länger.«[47]

So hänge die Wirksamkeit des Stabilitäts- und Wachstumspaktes sehr davon ab, ob die Daten der Stabilitätsprogramme richtig übermittelt wurden, da die nationalen Regierungen bezüglich der wirklichen Defizite einen Informationsvorsprung gegenüber den EU-Gremien besaßen. Die Budgetdefizite konnten – vergleichbar mit den deutschen Erfahrungen nach der Wiedervereinigung – in Sonderfonds, Neben- und Schattenhaushalte ausgelagert werden. Das nominale Budgetdefizit lag so unter der 3-Prozent-Hürde, während es in Wahrheit darüber war.

Deutlich hingewiesen wurde auch auf das Problem der ungenügenden rechtlichen Verankerung. Denn der Stabilitäts- und Wachstumspakt ist leicht aussetzbar, sofern sich eine ausreichende Mehrheit bei den Mitgliedstaaten der EWWU findet.[48] Als Signalwirkung für einen stabilen Euro ist dies natürlich fatal. Wenn sich nämlich eine Mehrheit als Defizitsünder entpuppt, greift der Mechanismus nicht mehr.

Schließlich muss noch darauf hingewiesen werden, dass sich die Sanktionen nur auf Geldstrafen beschränken und dass ein Ausschluss aus der EWWU bei dauerhaft hohen Defiziten nicht vorgesehen ist, was einem Verlust der abschreckenden Wirkung gleichkommt.[49] Gerade dies erweist sich heute als Problem. Wären die Defizitsünder wirklich bestraft worden, dann hätte Deutschland 6,48 Milliarden Euro, Frankreich 5,57 Milliarden Euro, Griechenland 5,39 Milliarden Euro, Spanien 4 Milliarden Euro, Italien 3,78 Milliarden Euro und Portugal 1,8 Milliarden Euro insgesamt an Strafen bezahlen müssen. Für Griechenland wären dies allein 2,4 Prozent seines Bruttoinlandsproduktes 2010 gewesen.[50] Tatsächlich hat niemals ein Land, das gegen die Maastricht-Kriterien verstoßen hat, dafür Sanktionen erleben müssen.

Viel Wert wurde seinerzeit auf die Ausgestaltung der EZB-Politik gelegt sowie deren genaue Festlegung in Gesetzen, damit eine Geldwertstabilität den unbedingten Vorrang vor konjunkturellen Zielen erhält. Schließlich wurde auch behauptet, dass der Führungsperson der EZB oder einer unbedingten Transparenz viel Bedeutung zukommt. So sollte durch Kommunikation Vertrauen bei der Bevölkerung geschaffen werden. Die Bürger sollten verstehen, was in Frankfurt am Main, dem Sitz der EZB, gemacht wird, um die »Geldwertstabilität« zu erreichen.

Allerdings sollte sich bereits sehr schnell zeigen, was die Euro-Kritiker in scheinbar hellseherischer Ahnung voraussahen. Dabei ist es nur die Kenntnis von (anreiz-)ökonomischen Mechanismen und Gesetzmäßigkeiten. Der Ökonomieprofessor Jörg Guido Hülsmann hatte dazu bereits im Jahre 1999 Folgendes festgestellt:

»Doch diese personellen und technischen Details sind unerheblich. Die entscheidende Tatsache ist vielmehr die folgende: Der Euro ermöglicht neue Kredite, doch er diszipliniert nicht die Staaten. Er wird daher die Staatsverschuldung in Europa neuen Höhen entgegenführen, bis sie an ihre natürliche Grenze stößt, genau wie die nationale Verschuldung heute ihre natürliche Grenze erreicht hat. Spätestens dann, wenn der neue Zentralstaat keine weiteren Kredite mehr erhalten kann, wird es zu einer Rückkehr zur Inflationspolitik der 70er Jahre kommen. Alle Beteuerungen, die von den staatlich besoldeten Fürsprechern der europäischen Währungsunion gemacht wurden, können an dieser Tatsache nichts ändern. Der Euro führt in die Inflation [im österreichischen Sinne]. Er ersetzt lediglich die nationalen Kartelle der Inflationsprofiteure durch ein europäisches Kartell und erschwert es dadurch den Bürgern, sich vor Zugriff dieses großen Staates zu schützen.«[51]

Die alte Bundesbank verfolgte vor Einführung des Euro eine Zwei-Säulen-Politik mit den Zielen Preisniveaustabilität und Geldmengenbegrenzung. Aufgrund der starken D-Mark war diese Strategie den europäischen Nachbarn immer ein Dorn im Auge.

Einen wesentlichen Aspekt dabei streicht der Ökonom Jörg Guido Hülsmann heraus:

»EZB und Euro wurden geschaffen, weil das alte System im Begriff war, unter dem Druck der Verschuldung der Nationalstaaten zusammenzubrechen. Doch EZB und Euro schaffen weder die Schulden noch die Abhängigkeit der Staaten von der ständigen Zufuhr neuer Kredite aus der Welt. Sie lösen diese Probleme nicht, sondern werden sie verschärfen.«[52]

Mit der Einführung des Euro und dem Übergang der geldpolitischen Verantwortung auf die EZB verfolgt diese de facto nunmehr eine Ein-Säulen-Politik, in deren Fokus faktisch ausschließlich die Entwicklung der

Konsumgüterpreisinflation steht. Die für die Bildung von Investitionsblasen entscheidende Vermögensgüterpreisinflation wird nicht betrachtet. Damit betreibt die EZB die gleiche fatale Geldmengenpolitik wie Japan und die Vereinigten Staaten. Dies lässt sich anhand der Erhöhung der Geldmenge im Euroraum seit 1999 belegen. Am Anfang des Jahres 1999 betrug die breite Geldmenge M3 im Euroraum 4,4 Billionen Euro. Bis Ende April 2009 wuchs sie um rund 116 Prozent auf 9,5 Billionen Euro an.

Die Abschaffung des Teilreserveprivilegs wird deshalb zukünftige Finanzkrisen und Investitionsblasen nur verhindern, wenn gleichzeitig sichergestellt wird, dass möglichst nur Kredite vergeben werden können, die durch reale Ersparnisse gedeckt sind.

Heute zeigt sich, dass Ökonomen – und nicht nur die der Österreichischen Schule der Nationalökonomie – schon vor der Einführung des Euro vor den heutigen Entwicklungen gewarnt und sogar deutlich auf die Wahrscheinlichkeit ihres Eintretens hingewiesen haben. Damit zeigt sich, dass die ökonomischen Mechanismen und Gesetzmäßigkeiten von der Politik gerne ignoriert und verdrängt werden. Aber man kann dem Markt nicht auf Dauer ein Schnippchen schlagen.[53] Wenn man dennoch versucht, ökonomische Gesetzmäßigkeiten zu verdrängen, wird das in der Regel teuer und ist oft mit sehr großem sozialem Leid verbunden. Zusätzlich vermittelt es die fatale Illusion, dass der Markt versagt habe und man sozial gegensteuern müsse. Wenn man soziale Politik machen will, so muss man das *mit* dem Markt machen.

Selbst Alan Greenspan, also der Mann, dessen Name wie kein anderer mit der Politik des billigen Geldes verbunden ist, wusste vor seiner Amtszeit als Notenbankchef der Fed den Goldstandard offenbar zu schätzen:

»Eine geradezu hysterische Feindschaft gegen den Goldstandard verbindet Staatsinterventionisten aller Art. Sie spüren offenbar klarer und sensibler als viele Befürworter der freien Marktwirtschaft, daß Gold und wirtschaftliche Freiheit untrennbar sind, daß der Goldstandard ein Instrument freier Marktwirtschaft ist und sich beide wechselseitig bedingen. Um den Grund ihrer Feindschaft zu verstehen, muß man zunächst die Rolle des Goldes in einer freien Gesellschaft verstehen. [...] Aber die Gegnerschaft gegen den Goldstandard in jeder Form – durch eine wachsende Zahl von Wohlfahrtsstaat-Befürwortern – wurde von einer viel subtileren Erkenntnis gespeist – nämlich der Erkenntnis, daß der Goldstandard unvereinbar ist mit chronischen Haushaltsdefiziten (dem Wahrzeichen der Wohlfahrtsstaaten). Wenn man den akademischen Sprachschleier einmal wegzieht, erkennt man, daß der Wohlfahrtsstaat lediglich ein Mechanismus ist, mit welchem die Regierungen Vermögen der produktiven Mitglieder einer Gesellschaft konfiszieren, um zahlreiche Wohlfahrtsprojekte zu finanzieren (unterstützen). Ein großer Teil der Vermögenskonfiskation erfolgt durch Steuereinziehung. Aber die Wohlfahrtsbürokraten haben schnell erkannt, daß die Steuerlast begrenzt werden mußte, wenn sie an der Macht bleiben wollten, und daß sie auf massives Deficit Spending ausweichen müssen, d. h. sie müssen Geld borgen, indem sie Staatsanleihen auflegen, um im großen Stil Wohlfahrtsausgaben zu finanzieren.«[54]

1922 schrieb Ludwig von Mises in einem Beitrag für die österreichische *Neue Freie Presse* unter dem Titel »Inflation und Geldknappheit« über die Auswirkungen einer veränderten Geldmenge. Ein Mehr oder Weniger an Geld wirke nur auf die Preise der Güter und Dienstleistungen: Steige die Geldmenge, stiegen auch die Preise. Sinke die Geldmenge, sänken die Preise. Es komme aber nicht zu der von den Inflationisten erwarteten Senkung der Zinssätze. Der Grund ist folgender: Wenn es mehr Geld gibt, dann preisen die Verleiher von Geld die Geldentwertung durch die erhöhte Geldmenge ein. Deswegen verlangen sie höhere Preise. Auf die heutige Zeit übertragen heißt dies, dass die Überschuldungskrise von Staaten und Banken nicht über die Notenpresse gelöst werden kann. Die Zentralbankpolitik der quantitativen Lockerung muss auf mittlere Sicht wirkungslos bleiben. Die immer wieder ansteigenden Anleihezinsen in Griechenland, Spanien und Italien können daher nur vorübergehend, aber nicht auf Dauer durch noch so viele Aufkaufprogramme der EZB oder noch so hohe Schuldenschirme begrenzt werden. Der Grund für das vorübergehende Sinken dieser Zinsen ist nicht die höhere Solidität der Staaten, sondern ausschließlich die implizite Garantie der Eurozone, also auch Deutschlands, für die Anleihen der Südländer und die Ankündigung der EZB, im Zweifel unbegrenzt in den Markt einzugreifen.

Doch irgendwann preisen die Investoren, die durch die Geldpolitik hervorgerufenen Inflationserwartungen in ihre Entscheidungen ein. Es beginnt ein Wettlauf. Dieser findet jedoch dieses Mal nicht nur in Teilen, sondern in der gesamten Eurozone statt. Die Intervention der Euro-Staaten und der EZB auf der einen Seite, auf der anderen Seite die Vorwegnahme der Geldentwertung durch die Investoren, die für ihr Engagement immer höhere Zinsen verlangen. Bis es nicht mehr weitergeht. Mises nannte dieses Phänomen »Interventionsspirale«.

Wir Deutsche müssten es eigentlich besser wissen, was die Folgen einer solchen Politik sind. Die Währungsreformen in Deutschland 1923 und in Österreich 1924 vernichteten die Ersparnisse aller und traumatisierten die Menschen für Generationen. Dabei hätte man nur frühzeitig auf den Mann aus Lemberg hören müssen: »Es gibt nur ein Mittel, das gegen alle diese Übel helfen kann: die Einstellung der Tätigkeit der ' Notenpresse.«

Nach dem Bundesverfassungsgerichtsurteil im Februar 2014 zum Anleihenankaufprogramm der EZB kann EZB-Präsident Mario Draghi eigentlich nur mit angezogener Handbremse agieren, denn das Verfassungsgericht schränkt in seinem Urteil den Handlungsspielraum der EZB erheblich ein. Es scheint jedoch Draghi nicht zu jucken, was ein regionales Verfassungsgericht in einem der Euro-Staaten beschließt. Er will sich tatsächlich darüber hinwegsetzen und aktiv Wirtschaftspolitik betreiben. Er will sich nicht von dem Grundsatz abbringen lassen, dass die Not jedes Gebot bricht. Nach einer Sitzung des EZB-Rates wurde im April 2014 verlautbart, dass die EZB Anleihenkäufe von einer Billion Euro pro Jahr prüfe, um eine »gefährlich abflauende Inflationsrate« zu bekämpfen. Das Ziel der EZB ist bekanntlich eine Zielinflationsrate von 2 Prozent. Ich habe zu Beginn des Buches schon dargelegt, was 2 Prozent Inflation für langfristige Sparprozesse bedeuten. Es ist eine schleichende Enteignung und der Diebstahl der Altersvorsorge und des Sparvermögens. Deshalb ist die Aussage der EZB besonders absurd. Eine niedrige Inflationsrate sei schlecht und eine hohe Geldentwertung sei gut. Der Testballon im April 2014 diente also nur einem Zweck: Er sollte die öffentliche Widerstandskraft gegen diesen Willkürakt testen. Denn schon im Juni 2014 gab Eurostat die offizielle Inflationsrate für Mai 2014 in der Eurozone mit 0,5 Prozent, in Deutschland mit 0,6 Prozent bekannt. Jetzt konnte man endlich loslegen.

Ergo: Das an sich hässlich graue Bild der Krisenländer ist in der Zeit vor der Europawahl am 25. Mai 2014 mit viel frischer bunter Farbe angemalt worden. So konnte Griechenland von einem Primärüberschuss berichten und die ersten Anleihen platzieren. Spanien und Irland haben die kleinen und großen Anpassungsprogramme verlassen, Portugal im Mai 2014 ebenfalls. Sogar die Anleiherenditen bewegten sich auf einem Vorkrisenniveau. »Alles wird gut!«, war die Botschaft.

Doch schon wenige Tage nach der Europawahl wurde erneut von einem dritten Griechenland-Paket gesprochen. Es gehe um eine »deutlich niedrigere Summe als bei den ersten beiden Programmen – also eher um einen einstelligen Milliardenbetrag«, so Schäuble in der *Frankfurter Allgemeinen Zeitung* (*FAZ*, 2. Juni 2014, S. 17). Bis dahin hatte Griechenland bereits über 237 Milliarden Euro erhalten.

Die frische Farbe verlor nach der Europawahl schnell an Glanz, und es wurde deutlich, dass es nur Wasserfarbe war. Danach fing es direkt wieder an zu regnen. Das alte, hässliche Bild drohte wieder zum Vorschein zu kommen.

Sehr schnell wurde klar, dass Griechenland eigentlich keinen Primärüberschuss hatte, sondern mit 8,7 Prozent ein höheres Primärdefizit als ein Jahr zuvor. Und auch die Wirtschaft schrumpfte weiter. Im ersten Quartal 2014 um 1,4 Prozent zum Vorjahr. Damit war die griechische Wirtschaft um fast ein Drittel seit 2008 geschrumpft, so viel wie die Wirtschaft Deutschlands zwischen 1928 und 1932.

Es zeigte sich, dass Spanien ohne frisches Kapital für seine Banken und eine Bereinigung des Immobiliensektors auf keinen grünen Zweig kommt. Immerhin stehen über 250 Milliarden Euro Immobilienkredite in Spanien im Feuer. Das entspricht rund 17 Prozent des Kreditvolumens an den Privatsektor.

Für jeden wurde nun auch offensichtlich, dass es in Portugal ökonomisch weiter bergab ging. Im ersten Quartal 2014 schrumpfte die portugiesische Wirtschaft um 0,8 Prozent. Damit rückte die erhoffte Trendwende 2014 in weite Ferne. Außerdem lahmte der Keltische Tiger immer noch. Die hoffnungsvollen Prognosen für das Jahr 2013 hatten sich nicht erfüllt, die Wirtschaft schrumpfte um 0,3 Prozent.

Dazu passte, dass die französische Wirtschaft stagnierte und die italienische schrumpfte. Hilfsweise war die gemessene Inflation niedrig und der Eurokurs zum Dollar hoch. All dies diente als Ouvertüre für ein großes Theaterstück. Und so kam es dann auch am 5. Juni 2014. Die Geldschleusen wurden von der EZB an diesem Tag in einer neuen und bisher nicht gekannten Dimension aufgerissen.

Die EZB kündigte an, unter anderem Anleihen und sogenannte Asset-backed Securities (ABS) für 600 Milliarden Euro zu kaufen. Letztere sind die »Atombomben«, die die Bankenkrise 2007 eingeleitet hatten. Die IKB und die Landesbanken in Deutschland können davon ein Lied singen. Es handelt sich dabei um Wertpapiere, die meist mehrfach verpackt werden und in deren tiefstem Inneren Immobilienkredite und anderes schlummern. Formal wird Mario Draghi diese am sogenannten Sekundärmarkt kaufen, doch es ist klar: Die EZB wird zur Müllhalde der Finanzindustrie. Alle Schrottpapiere, die die Banken loswerden wollen, werden bei ihr abgeladen. Das ist doch praktisch! Anschließend kann man mit dem Wahnsinn einfach wieder von vorn beginnen. Der Effekt ist, dass diese Politik dem Euro weiteres Vertrauen entzieht und die Haftung für falsche Investitionen nicht bei den Verursachern landet, sondern bei uns allen. Draghi entpuppt sich erneut als Taube im Falkenkleid.

Gleichzeitig senkte die EZB am 5. Juni 2014 ihren Leitzins von 0,25 Prozent auf 0,15 Prozent und verlangt künftig sogar einen Strafzins für Banken-Einlagen bei der EZB. Das Ziel dieser Politik ist es, die schleppende Kreditvergabe der Banken zu durchbrechen und diese im Zweifel zu bestrafen, wenn sie keine Kredite vergeben. All das ist ziemlich pervers. Draghi hat die Grube selbst gegraben, in die er jetzt hineingefallen ist. Er gräbt sie jetzt noch tiefer, weil er glaubt, der Ausgang sei weiter unten. Doch das tiefe, dunkle Loch müssen die Sparer bezahlen. Die EZB manipuliert die Zinsen und die Märkte willkürlich und nach Belieben. Unterm Strich vernichtet Mario Draghi das Modell der Kapitaldeckung in der Altersvorsorge, auf das Millionen Menschen vertrauen. Die Absenkung des Garantiezinses für Lebensversicherungen zum 1. Januar 2015 von bescheidenen 1,75 Prozent auf noch bescheidenere 1,25 Prozent hat deshalb die EZB zu verantworten.

Der nächste Schritt wird sein, dass die EZB die Banken zu einer höheren Eigenkapitalausstattung zwingen wird. Dazu wird der Bankenstresstest einen Kapitalbedarf feststellen, der wohl in der Höhe von den Eigentümern, den Gläubigern und den jeweiligen Staaten nicht aufgebracht werden kann und soll. Daher wird der neu gegründete Abwicklungsfonds herangezogen, in den alle Banken in Europa (auch Sparkassen und Volksbanken) einzahlen sollen. Da dieser noch kein Geld eingesammelt hat, wird sicherlich ein Weg gefunden werden, der ihm entweder Kapital aus dem ESM zuschießt oder Geld der EZB zur Verfügung stellt. Besonders hinterrieben wäre es, wenn darunter auch eine deutsche Bank wäre. Dann wäre die deutsche Öffentlichkeit endlich mundtot gemacht. Denn in dem Fall könnte man nicht immer auf die anderen in der Eurozone zeigen. Der lateineuropäische Euro wäre damit vollendet.

Für die Bankenabwicklung über die Notenbank gibt es bereits in Deutschland ein historisches Vorbild. Die Insolvenz der deutschen Tochter von Lehman Brothers führte zum größten Entschädigungsfall der Einlagensicherung des privaten Bankenverbandes, der sich dies mangels Masse von der Bundesbank leihen durfte. Summa summarum spielt die EZB auf allen Bühnen, was das Zeug hält. Denn wenn die Konjunktur in den Südländern nicht anspringt, werden die Probleme der EZB immer größer. Sie hat das Japan-Szenario drohend vor Augen. Trotz dauerhaft niedriger Notenbankzinsen, trotz einer expansiven Geldpolitik dümpelt die japanische Konjunktur seit vielen Jahren vor sich hin.

Teil dieser Inszenierung ist auch das Umfeld. Schon im Vorfeld erhält Draghi Unterstützung von interessierter Seite. Banken assistieren in vorauseilendem Gehorsam, um Deflationsängste wirksam zu bekämpfen. Es ist erstaunlich, dass die größten Gegner der Marktwirtschaft in ihren eigenen Reihen sitzen. Denn wer die Manipulation der Zinsen begrüßt, Investitionsversagen einiger Unternehmen, Investoren und Banken von der Zentralbank ins Nichts befördern und die Krise mit noch mehr Schulden und Kredit bekämpfen will, der macht die Arbeit der Gegner der Marktwirtschaft, er zerstört sie und hofft selbst, kurzfristigen Profit daraus zu schlagen. Dies nicht aus eigener Leistung, sondern durch subtilen Diebstahl bei allen anderen.

Doch die Folge dieser Politik ist in Ansätzen heute schon absehbar. Nicht nur Piloten streiken und wollen höhere Lohnforderungen durchsetzen, auch der Tarifabschluss im öffentlichen Dienst liegt in diesem Jahr bei über 3 Prozent. Es beginnt eine Entwicklung, mit der die in den letzten Jahren erreichten Wettbewerbsvorteile durch eine expansive Tarifpolitik zunichte gemacht werden. Am Ende verlieren Unternehmen ihre Wettbewerbsfähigkeit. Arbeitslosigkeit und Inflation werden die Folge sein. Und es kommt noch ein Drittes dazu: die Stagnation. Das erinnert an Altbundeskanzler Helmut Schmidt, der 1972 meinte, 5 Prozent Inflation seien besser als 5 Prozent Arbeitslosigkeit. 1981, also fast zehn Jahre später, hatte Deutschland dann eine Inflation von 6,1 Prozent und die Arbeitslosenquote verfünffachte sich auf 5,5 Prozent. Fast gegen Ende seiner Regierungszeit hatte er dann beides. Für dieses Finale legt Mario Draghi mit seinem Vorgehen die Grundlage.

5.7   Der Insiderblick

Die »Dauerrettung« des Euro hat in ihren verschiedenen Aspekten mit meiner Partei, der FDP, zu tun. Im Rückblick – auch nach der verlorenen Bundestagswahl 2013 – ist der Hauptvorwurf, den man der FDP machen kann, dass sie das Feld der europäischen Politik komplett Angela Merkel und Wolfgang Schäuble überlassen hat. Sie haben die deutsche Politik in der Eurokrise geprägt. Sie haben dies mit Erfolg zulasten der Steuerzahler und Sparer in diesem Land gemacht. Die kurzfristige Rettung war ihnen wichtiger als das Recht und der Schutz des Eigentums. Außenminister Westerwelle wollte an anderer Stelle Punkte sammeln, Wirtschaftsminister Brüderle konnte sich gegen Schäuble nicht durchsetzen und nahm ihn deshalb lieber in den Arm und sein Nachfolger Philip Rösler hatte zwar gute Ansätze, aber nicht die Kraft, die Ausdauer und die ordnungspolitische Klarheit, um der FDP ein eigenständiges und glaubwürdiges Profil in der Euro-Frage zu geben.

Doch auch hier wurden die Fehler zu Beginn gemacht. Nach dem historischen Wahlerfolg der FDP von 14,6 Prozent im September 2009 sollten wir tief abstürzen. Eine offene und ehrliche Analyse des Absturzes fand nicht statt. Mal waren die Medien schuld, mal das schlechte »Verkaufen« der eigenen Politik und ab und an auch mal der Koalitionspartner. So konnte man sich einige Woche über die eigene Unzulänglichkeit hinwegretten. Als ich in der letzten Sitzungswoche vor Weihnachten 2009 die Möglichkeit hatte, den Vorsitzenden unseres Fraktionsarbeitskreises II, der für Wirtschaft, Haushalt und Finanzen zuständig ist, Hermann Otto Solms zu vertreten, erwirkte ich morgens in der Sitzung drei Beschlüsse:

1. Die FDP muss bereits im ersten Jahr ihrer Regierungsbeteiligung einen strikten Sparkurs durchsetzen, damit eine spätere Steuerreform glaubhaft ist.

2. Die FDP muss sich gegen eine Finanztransaktionssteuer stellen, die lediglich ein Ablenkungsmanöver von Teilen des Koalitionspartners ist, um vom eigenen Versagen in der Finanzkrise abzulenken. Nicht die Umlaufgeschwindigkeit ist die Ursache dieser Finanzkrise, sondern die Planwirtschaft unseres Geldsystems. Regierungen bekämpfen gerne – wie mit der Finanztransaktionssteuer – Symptome, da die Ursachenanalyse nicht stattfindet oder nicht stattfinden soll.

3. Die FDP muss sich gegen eine sich abzeichnende finanzielle Hilfe für Griechenland stellen, da dies gegen die Nichtbeistandsklausel der Europäischen Verträge verstößt und Haftung und Verantwortung, die tragenden Säulen einer Marktwirtschaft, außer Kraft setzt.

Zu meiner Freude wurden alle drei Punkte so im Arbeitskreis beschlossen. In der anschließenden Fraktionssitzung nutzte ich die Gelegenheit, alle drei Beschlüsse vorzutragen. Lediglich gegenüber dem strikten Sparkurs gab es von den »Großkopferten« Widerspruch. Man könne nicht gegen die größte Rezession in der Nachkriegsgeschichte ansparen, war das Hauptargument. Es sei ja faktisch noch der Haushalt der alten Regierung, daher trage sie die Verantwortung für den Ausgabenanstieg von über 5 Prozent.

Das war der erste Sargnagel für eine große Steuerreform im FDP-Sinne. Ich war fest überzeugt, dass eine steuerliche Entlastung nur glaubhaft sein kann, wenn man zu Beginn auch tatsächlich einen Schnitt in der Ausgabenpolitik macht. Der Bürger muss spüren, dass ein Ruck durch das Land geht, dass ein neuer Wind weht. Diese Chance haben wir leider versäumt und deshalb auch an Zustimmung verloren.

Am 25. März 2010 erklärte Bundeskanzlerin Angela Merkel in ihrer Regierungserklärung, wo es langgeht: »Deshalb haben die Staats- und Regierungschefs beim letzten EU-Gipfel, am 11. Februar, klar vereinbart: Wenn es notwendig sein sollte, sind die Euro-Mitgliedsländer bereit, entschlossen und koordiniert zu handeln, um die Finanzstabilität in der Eurozone insgesamt zu sichern.«

Daraufhin schrieb ich am 15. April 2010 in einem Brief an meine Fraktionsspitze:

»[...][I]n Anbetracht der von Finanzminister Dr. Schäuble angekündigten parlamentarischen Befassung mit einer Hilfe für Griechenland möchte ich nochmals auf den Beschluss des AK II [Arbeitskreis II] vom 15. Dezember 2009 hinweisen, in dem der AK II im Hinblick auf die drohende Zuspitzung der Refinanzierungsfähigkeit Griechenlands an den Finanzmärkten ›Finanzhilfen der Bundesrepublik für Mitgliedstaaten der Gemeinschaft‹ thematisiert hat und dazu ›eine ablehnende Position eingenommen‹ hat. Diesem Beschluss wurde im anschließenden Bericht in der Fraktion nicht widersprochen.«

Ich verwies dabei auch auf ein Gutachten des Wissenschaftlichen Dienstes des Deutschen Bundestages vom Februar 2010, das ich in Auftrag gegeben hatte. Das Gutachten kam zu dem Ergebnis, dass aufgrund der Nichtbeistandsklausel in Artikel 125 des Vertrages über die Arbeitsweise der Europäischen Union, der EU, der EZB und den Mitgliedstaaten des Euroraums Hilfen für einen Mitgliedstaat des Euroraums nicht möglich seien. Ich regte an, extern ein Rechtsgutachten der Fraktion zur Zulässigkeit von Hilfen in Auftrag zu geben. Dies geschah letztendlich nicht, was unsere Verhandlungsposition innerhalb der Koalition nicht gerade schärfte.

Nun überschlugen sich die Ereignisse. Und dass diese Zuspitzung der Situation nicht über Nacht kam, ist auch ein Teil der Wahrheit. Bereits im Oktober 2009 war klar, dass der Bail-out Griechenlands gezielt herbeigeführt werden sollte. Erst revidierte die neue griechische Regierung das Defizit 2009 von 3,7 auf 12,5 Prozent (später auf 15,4 Prozent) und anschließend stufte die Ratingagentur Standard & Poors Griechenland herab.

Die FDP sollte ihre Haltung auf dem Bundesparteitag vom 24. bis 25. April 2010 in Köln festlegen. Zwei Wochen vor der NRW-Landtagswahl, bei der die christlich-liberale Koalition in Düsseldorf eine positive Bilanz zur Abstimmung stellen wollte, trafen sich die Liberalen in der Domstadt, um ihren Parteitag abzuhalten.

Bereits am ersten Tag des Parteitages veröffentlichten der ehemalige Parteivorsitzende Wolfgang Gerhardt, der ehemalige Bundestagsvizepräsident Burkhard Hirsch und ich einen gemeinsamen Gastkommentar in der *Frankfurter Allgemeinen Zeitung* unter der Überschrift »Solidarität bewährt sich in der Solidität«, um die Delegierten auf die Dramatik der Schuldenkrise aufmerksam zu machen. Der entscheidende Passus war folgender:

> »Eine Umgehung der ausdrücklichen Nichtbeistandsklausel des Vertrages von Maastricht führt nicht zur Stabilisierung des Euro, sondern zu seiner ernsthaften Gefährdung.« [...] »Der Streit um die Hilfen für Griechenland ist ein versteckter und nicht offen geführter Streit um eine andere Wirtschaftsverfassung im Euroraum und in Europa, der mit den Begriffen ›Koordinierung der Wirtschafts- und Finanzpolitik‹, ›europäische Wirtschaftsregierung‹, ›Verhinderung von Leistungsbilanzdefiziten‹, ›IWF‹, ›Schuldenkrisenfonds‹, ›Haushaltsüberwachung‹, usw. geführt wird. Und es ist ein erneuter massiver Versuch von Banken und Fonds, das Risiko einer lukrativen Spekulation auf die Steuerzahler abzuwälzen. [...] Eine marktwirtschaftliche Ordnung ist auf eine stabile Währung angewiesen. Millionen von Bürgerinnen und Bürgern verlassen sich darauf. Tausende von Unternehmen vertrauen bei ihren Investitionen auf ein stabiles Geldwesen. Es geht uns nicht nur um Griechenland, es geht um mehr. Es geht um stabile Grundlagen sozialer Marktwirtschaft.«[55]

Schon im Vorfeld hatte ich mich klar gegen einen Bail-out Griechenlands und gegebenenfalls für den Austritt Griechenlands aus dem Euroraum ausgesprochen. Damit habe ich mich gegen die offizielle Linie der Bundesregierung und des Vizekanzlers Guido Westerwelle gestellt. Schon deshalb war der Parteitag ein Showdown besonderer Art. An den Infoständen der Basis wurden die Wahlkämpfer nicht auf die Erfolgsbilanz der Regierungsduos Rüttgers/Pinkwart in Nordrhein-Westfalen angesprochen oder auf Bildungsfragen, sondern die Themen Griechenland und Euro waren beherrschend. Die offizielle Linie der Parteiführung für den Parteitag in Köln war jedoch, das Thema nicht anzusprechen. Falls jedoch das Thema in der Aussprache zur Parteitagsrede des Vorsitzenden zur Sprache kommen sollte, müsse man reagieren. Deshalb hatten fleißige Helfer einen Antrag vorbereitet, der »Schlimmeres« verhindern sollte. Das Heft des Handelns wollte man sich nicht von Einzelnen, geschweige denn von mir, aus der Hand nehmen lassen. Teil der Inszenierung war, dass der Antrag auf Veranlassung von Guido Westerwelle in der Debatte »entschärft« wurde. So zeigt man Gestaltungswillen. Konkret ging es um die Forderung nach einem Ausschluss aus der Eurozone als Ultima Ratio. Das war nicht besonders revolutionär, hatte es doch Angela Merkel noch vor dem Euro-Gipfel am 25. März in Brüssel selbst gefordert und die CSU-Landesgruppe am 4. Januar 2012 bei ihrer Tagung in Wildbad Kreuth nochmals verlangt.[56] Trotz Gegenrede des ehemaligen Bundestagsvizepräsidenten Burkhard Hirsch und meiner Person unterlagen wir mit 80 zu 20 Prozent. Am Ende stimmte ich dennoch für den Antrag. Die damalige Beschlusslage der FDP ist heute noch lesenswert. So heißt es:

»Für die Zukunft der Währungsunion wird es darauf ankommen, allen ihren Mitgliedern zu verdeutlichen, dass deren Regeln kein unverbindliches ›gentelman's agreeement‹ darstellen, sondern die verbindliche Rechtsgrundlage und die politische Geschäftsgrundlage der Währungsunion bilden. [...] Die Freie Demokratische Partei ist die Partei des stabilen Euro, der soliden Staatsfinanzen und des sorgsamen Umgangs mit Steuergeldern. [...] Die Währungsunion wurde bewusst nicht als ›Transferunion‹ ausgestaltet, da sie weder finanzierbar noch gerecht noch volkswirtschaftlich im Interesse des Erhalts der Wettbewerbsfähigkeit und damit unseres Wohlstands in Europa wäre. Eine schleichende Umwandlung der Eurozone in eine Transferunion wird von den Menschen in unserem Land, aber auch in anderen Mitgliedstaaten damit aus guten Gründen strikt abgelehnt. Die Freie Demokratische Partei bleibt ihrem wirtschafts- und ordnungspolitischen Erbe verpflichtet und lehnt alle Ansätze ab, die dazu führen könnten, dass die Eurozone sich in eine Transferunion verwandelt. [...] Wir halten am Prinzip der Eigenverantwortung der Mitglieder der Eurozone fest. Würde hingegen der Fokus auf die Schaffung von institutionellen Rettungsmechanismen für Staaten gelegt, die über längere Zeit hinweg über ihre Verhältnisse gelebt haben, würde der Anreiz für solides Wirtschaften noch geringer werden. Die Maßnahmen zur Bewältigung der Bankenkrise haben die öffentlichen Haushalte mit bis dahin unvorstellbaren Summen belastet, den Schuldenstand in allen Mitgliedstaaten stark in die Höhe getrieben und jahrzehntelange Sparanstrengungen in nur zwei Jahren vernichtet. Die Politik muss mit großer Verantwortung handeln, um künftigen Generationen die politischen Handlungsspielräume nicht zu nehmen. Deswegen muss der Stabilitätspakt ergänzt werden, damit Krisen in der Zukunft verhindert werden und der Euro stabil bleibt.«

Bereits am 25. März 2010 hatte die Eurogruppe Griechenland Hilfen zugesagt. Auch der IWF sollte von Beginn an mit ins Boot. Die FDP selbst war im Regierungsalltag wieder einmal nur auf der Zuschauerbank. Das sollte auch so bleiben. Angela Merkel und insbesondere Wolfgang Schäuble legten die deutsche Position fest und beschritten mit der Griechenland-Hilfe den Einstieg in die Haftungsgemeinschaft in Europa. Papier ist aber bekanntlich geduldig. Am 23. April 2010 beantragte Griechenland offiziell Hilfen der Staatengemeinschaft. Anschließend stufte Standard & Poors das Rating Griechenlands auf Ramsch-Niveau. Am 1./2. Mai 2010 folgten dann tatsächlich die Kreditzusagen durch EZB, IWF und EU in Höhe von 110 Milliarden Euro.

Dies war leider nicht nur der Eindruck in der Europolitik. Die Europolitik ist nur ein Symptom für das Scheitern meiner Partei in der Koalition. Die Steuerreform, die Energiewende, die Enttäuschungen in der Gesundheitspolitik sind weitere Symptome. Ein weiterer Grund für das Scheitern der FDP bei der Bundestagswahl 2013 war auch das Aufkommen der AfD. 2009 kamen noch 1,14 Mio. ehemalige CDU/CSU-Wähler und 530 000 ehemalige SPD-Wähler zur FDP. Vier Jahre später verlor die FDP 2,1 Mio. Wähler an die Union und 530 000 Wähler an die SPD wegen der verpassten Steuerreform, der übereilten Energiewende und der fehlenden Gesundheitsreform. Entscheidend ist aber, dass wir mit dem nicht vorhandenen Profil in der Europapolitik 430 000 Wähler an die AfD verloren haben. Letzteres geschah ohne Not. Denn sowohl der CDU als auch der

CSU gelang es, beiden Positionen in ihrer Partei ausreichend Raum zu lassen.

Im Mai 2013 hätte noch die Chance bestanden, das Wahlprogramm der FDP zur Bundestagswahl unverwechselbar zu machen. In einem Gastkommentar für die *Frankfurter Allgemeine Sonntagszeitung* hatten mein Mitstreiter und damaliger Europaabgeordneter Holger Krahmer aus Leipzig und ich die Positionen des Liberalen Aufbruchs beschrieben.[57] Es war eine schonungslose Analyse der FDP als Regierungspartei und gleichzeitig unser Vorschlag für eine andere FDP:

Auf in den Kulturkampf

Bereits im Jahr 1992 wurden für eine klassisch-liberale Partei in Deutschland Wählerpotenziale von 20 bis 25 Prozent ermittelt. Das sind erheblich höhere Zahlen als die üblichen 5 bis 10 Prozent für die FDP und selbst als das historische Hoch von 14,6 Prozent aus dem Jahr 2009.

Diese Diskrepanz erklärt sich daraus, dass die FDP seit ihrer Gründung nach dem Zweiten Weltkrieg nie eine klassisch-liberale Partei war, sondern immer auf unterschiedliche Art und Weise zu verschiedenen Zeiten etwas ganz anderes. Dieses andere hat bereits inhaltlich verhindert, dass das klassisch-liberale Wählerpotenzial von einem Viertel der Wähler ausgeschöpft werden konnte. Wären die FDP-Parteiführungen Maximierer von Wählerstimmen, dann müsste auch für FDP-Parteiführer der Schluss naheliegen, die FDP zu einer klassisch-liberalen Partei umzuformen, um auf diesem sicherlich nicht leichten Weg das liberale Wählerpotenzial Schritt für Schritt, vollständig, dauerhaft und glaubwürdig zu erschließen [...]

Zudem fehlt den heutigen FDP-Parteiführungen eine klassisch-liberale Begrifflichkeit, die sie in die Lage versetzt, die Begriffsumwertungen zu erkennen und zu durchkreuzen, die unsere politischen Gegner erfolgreich in den letzten Jahrzehnten in unseren westlichen Gesellschaften implantiert haben. Als Beispiel mag an dieser Stelle der alte liberale Begriff Zivilgesellschaft dienen, der von unseren antiliberalen Gegnern in sein genaues Gegenteil verkehrt worden ist.

Auch ist oft vom Primat der Politik die Rede, obwohl es für Liberale kein Primat der Politik geben kann. Für Liberale gibt es ein Primat von Recht und Freiheit. Jede Politik hat sich diesem Primat unterzuordnen, denn Liberale wollen die Herrschaft von Menschen über Menschen durch die Herrschaft des Rechts ersetzen. Darüber hinaus wundert man sich, dass in der FDP viel von Leistungsgerechtigkeit schwadroniert wird. Die Forderung »Jedem nach seiner Leistung« stammt von Lenin! Sie diente Lenin dazu, in Kurzform Sozialismus zu definieren [...]

Dadurch verstärkt sich eine machtpolitische Versuchung ganz anderer Art. Unterstellt man die erfahrungsgesättigte Annahme, dass die Interessen der FDP-Parteiführungen nicht deckungsgleich mit den Interessen der normalen Parteimitglieder und der potenziellen FDP-Wähler sind, dann erkennt man, wieso fünf bis sechs Personen an der Parteispitze mit Aussicht auf Ministerämter nicht als Maximierer von Wählerstimmen handeln. Daher erschließen sie unser Wählerpotenzial von bis zu 25 Prozent nicht. Man erkennt dann auch, wieso die Koalitionsverhandlungen im Herbst 2009 nur etwas länger als drei Wochen gedauert haben. Und man erkennt, wieso zurzeit die FDP-Parteiführung Mindestlöhne fordert und ein Wahlprogramm vorgelegt hat, mit dem man unser Wählerpotenzial von 25 Prozent nicht erschließen kann.

Man will dieses Wählerpotenzial gar nicht erschließen, weil es dann schwieriger wird, mit der sozialdemokratisierten Merkel-CDU die Koalition fortzusetzen oder in eine Ampelkoalition mit SPD und Grünen einzutreten. Letzteres wird aber bereits am Hass auf die FDP scheitern, der bei SPD und Grünen Ausdruck des eigenen Lebensgefühls ist. Ersteres könnte scheitern, weil die falsche, jedenfalls nicht zur Rettung führende Europolitik der Bundesregierung die Neugründung einer »Alternative für Deutschland« (AfD) provoziert hat und so die entscheidenden Stimmen für die Fortsetzung der Koalition fehlen könnten.

Was ist zu tun? Überlassen wir die FDP nicht den üblichen Kalkülen der Parteiführung. Beschließen wir auf dem Bundesparteitag in Nürnberg eine glasklare Absage an eine Ampelkoalition. Mit SPD und Grünen können wir zurzeit keine Politik machen. Da dürfen wir uns nicht in die Tasche lügen. Lasst uns das vorgelegte FDP-Wahlprogramm durch Änderungsanträge so ändern, dass wir unser Wählerpotenzial von 25 Prozent ansprechen, nicht die

75 Prozent antiliberalen Kräfte. Soll die Union doch fluchen und sich schon einmal auf sehr lange Koalitionsverhandlungen einstellen, falls es für Union und FDP reichen sollte.

Der politische Auftrag, die Existenzberechtigung und die Erfolgsperspektive der FDP ergeben sich aus ihrer Position, gleichzeitig Sachwalter, Anwalt und Vorkämpfer von individueller Freiheit, Rechtsstaat und Marktwirtschaft zu sein. Die FDP darf sich nicht von einzelnen Personen und Gruppen oder Interessenvertretern instrumentalisieren lassen. Stattdessen muss sie die Prinzipien von Recht und Freiheit stets höher stellen als die Belange von Einzelinteressen. Sie muss in jeder Situation glaubwürdig für die Sache der Freiheit streiten – allein so wird sie das Vertrauen und den Rückhalt in der Bevölkerung wiedergewinnen, um eine starke politische Kraft zu sein. Ihre Aufgabe ist es, anders zu sein als andere Parteien.

6. Die Folgen der falschen Politik

6.1 Billiges Geld führt zu Interventionismus

In diesem Kapitel soll es nicht um die Folgen für die FDP gehen. Auch die Veränderung der FDP ist am Ende Symptom einer grundsätzlichen Entwicklung. All das, was ich in den vorangegangenen Kapiteln dargelegt habe, folgt einem Trend: Es ist der immer stärkere Interventionismus, der seine Ursache im billigen Geld der Notenbank hat. Doch welche Folgen wird diese Planwirtschaft zeitigen? Geht es allen gleich gut, wenn die Notenbanken den Zins und die Geldmenge manipulieren?

Wenn das Statistische Bundesamt die Preisentwicklung rückwirkend dokumentiert, dann hat das etwas Beruhigendes. Lag doch die offizielle »Inflationsrate« für 2012 bei 2 Prozent, 2013 lediglich bei 1,5 Prozent und für 2014 sogar darunter. Doch wie berechnet sich eigentlich die Inflationsrate und ist sie wirklich ein verlässlicher Indikator für jeden Einzelnen?

Das Statistische Bundesamt misst die Inflationsrate anhand eines Verbraucherpreisindex. Dieser »misst die durchschnittliche Preisentwicklung aller Waren und Dienstleistungen, die von privaten Haushalten für Konsumzwecke gekauft werden. Single-Haushalte sind ebenso berücksichtigt wie Rentnerehepaare oder Großfamilien. Der Verbraucherpreisindex bildet damit die Teuerung in ganz Deutschland ab, für alle Haushaltstypen, alle Regionen Deutschlands und sämtliche dort nachgefragten Waren und Dienstleistungen – Mieten, Nahrungsmittel und Bekleidung ebenso wie etwa Kraftfahrzeuge oder Dienstleistungen wie zum Beispiel Friseurdienstleistungen, Reinigung oder Reparaturen« (Statistisches Bundesamt).

Doch es gibt nicht den Durchschnittskonsumenten, die Durchschnittsfamilie oder den Durchschnittsstudenten. Jeder ist anders. Aber nicht nur das. Viel entscheidender ist die Tatsache, dass die Geldmengenveränderung nicht alle zum gleichen Zeitpunkt erreicht, sondern einige früher und einige später.

Deshalb ist jede Veränderung durch die Geldpolitik der Notenbanken ein Eingriff in das Handeln Einzelner und das hat Folgen für Sparer, Investoren, Steuerzahler, Konsumenten, Unternehmer, Politiker, Rentner, Schüler und Studenten, Banker, Arbeitnehmer, Beamte und alle anderen am Gesellschaftsleben Beteiligten. Dieser Sachverhalt ist nicht neu. Bereits der irische Ökonom Richard Cantillon (1680–1734) untersuchte die Folgen einer Veränderung der Geldmenge für die Marktteilnehmer. In seinem posthum veröffentlichten Werk *Abhandlung über die Natur des Handels im allgemeinen* beschreibt Cantillon, welche Auswirkungen eine Geldmengenerhöhung auf die Geldhalter hat. Keineswegs ist dieser Vorgang – die Inflation – für alle Geldhalter gleichermaßen von Vorteil. Es profitieren besonders diejenigen, die das frische Geld zuerst erhalten. Insbesondere der Staat und die Geschäftsbanken ziehen den Nutzen aus der Geldmengenerhöhung, zulasten der Bürger.

»Wenn die Vermehrung des Bargeldes von Gold- oder Silberminen ausgeht, die sich in einem Staate befinden, so werden der Eigentümer dieser Minen, die Unternehmer, die Schmelzer, die Raffinierer und überhaupt alle jene, die dort arbeiten, jedenfalls ihre Ausgaben entsprechend ihren Gewinnen erhöhen. Sie werden in ihren Haushalten mehr Fleisch und mehr Wein oder Bier verbrauchen als früher, sie werden sich daran gewöhnen, bessere Kleidung und schönere Wäsche zu tragen, besser eingerichtete Häuser und andere erlesenere Bequemlichkeiten des Lebens zu besitzen. Sie werden daher einigen Handwerkern Beschäftigung geben, die vorher nicht soviel Arbeit hatten und die nun aus dem gleichen Grund auch ihre Ausgaben erhöhen werden; alle diese Vermehrungen der Ausgaben für Fleisch, Wein, Wolle usw. vermindern notwendig den Anteil der anderen Bewohner des Staates, die zunächst nicht an den Reichtümern der fraglichen Minen teilnehmen. Das Feilschen auf dem Markte oder die Nachfrage nach Fleisch, Wein, Wolle usw. die stärker ist als gewöhnlich, wird jedenfalls deren Preise in die Höhe treiben. Diese hohen Preise werden die Pächter veranlassen, in einem anderen Jahre mehr Boden zur Erzeugung dieser Dinge zu verwenden; diese selben Pächter werden aus dieser Erhöhung der Preise Gewinn ziehen und werden wie die anderen die Ausgaben für ihre Familien erhöhen. Diejenigen, die unter dieser Teuerung und unter dem erhöhten Konsum leiden werden, werden also zunächst die Grundeigentümer während der Laufzeit ihrer Pachtverträge, dann ihre Diener und alle Arbeiter oder mit festen Gehältern Angestellte sein, die davon ihre Familie erhalten. Alle diese müssen ihre Ausgaben entsprechend dem neuen Verbrauch einschränken und dies wird eine große Zahl von ihnen zwingen, den Staat zu verlassen, um anderwärts ihr Glück zu suchen. Die Eigentümer werden viele von ihnen entlassen und es wird dazu kommen, dass die übrigen eine Lohnerhöhung verlangen werden, um leben zu können, wie sie es gewohnt waren. Das ist ungefähr die Weise in der eine beträchtliche Vermehrung des Geldes aus Minen den Konsum erhöht und unter Verminderung der Einwohnerzahl größere Ausgaben jener, die zurückbleiben, zur Folge hat.«[58]

Cantillon lebte in Zeiten des Goldstandards, in der die Geldschöpfung nur durch eine stärkere Förderung von Gold in Goldminen oder durch Entdeckung und Raub von Gold möglich war. Heute ist die fast unbegrenzte Geldschöpfung durch Kreditvergabe der Banken aus dem »Nichts« möglich. Jedoch muss die Geldmengenvermehrung nicht zwingend bei den Konsumgüterpreisen landen. Gerade das ist der Trugschluss der EZB, die ein Inflationsziel von 2 Prozent für ihre Geldpolitik ausgibt. Sie plant damit eine Steigerung der Konsumgüterpreise von 2 Prozent. Doch was ist, wenn die Geldmengenerhöhung nicht bei den Konsumgütern, sondern bei den Vermögensgütern wie Immobilien und Aktien landet? Dann funktioniert die Strategie der EZB nicht mehr. Und genau hier liegt des Pudels Kern.

Immer dann, wenn die Blasen an den Immobilien- und Aktienmärkten platzen, kommt es zu Arbeitslosigkeit. An den Arbeitsmärkten tut sich daher auch im Jahr 2014 nichts. In der EU kletterte die Zahl der Arbeitslosen auf einen historischen Höchststand von 10,5 Prozent, in der Eurozone sogar auf 11,8 Prozent. Die Jugendarbeitslosenquote lag in der Eurozone zu Beginn des Jahres 2014 sogar bei fast 24 Prozent. Zu Beginn der Krise 2008 hatte sie noch bei 15 Prozent gelegen. Dabei sind gerade die Quoten in den Krisenländern, die mit besonders viel billigem Geld der EZB ausgestattet wurden, besonders hoch: Griechenland 26,7 Prozent, Spanien 25,3 Prozent, Portugal 15,2 Prozent (März 2014).

Wer zur Jahreswende 2013/2014 die Wirtschaftsnachrichten verfolgte, musste sogar den Eindruck gewinnen, dass auf ein wirtschaftlich gutes Jahr ein sehr gutes Jahr folgen würde. Die Aktienkurse erklommen immer neue Höchststände, die Eurokrise schien überwunden, das Wirtschaftswachstum stimmte, die Arbeitslosigkeit sank, die Steuereinnahmen stiegen und die Verschuldung nahm ab. Alles würde gut werden, so schien es.

Doch irgendwie erinnerte mich dies alles an das Jahr 2000, als der Deutsche Börsenindex DAX ebenfalls zu immer neuen Höhenflügen ansetzte. Das Wirtschaftswachstum war mit 3,1 Prozent so gut wie seit vielen Jahren nicht mehr. Es war die Zeit der spektakulären Börsengänge. Erinnern werden sich nur die, die in der Folge viel Geld verloren haben. Es war die Hochzeit des »Neuen Marktes« mit Lieblingen wie Intershop oder EM-TV. Danach ging es bergab. Wirtschaftswachstum blieb aus, die Arbeitslosigkeit stieg und der DAX verlor in den nächsten Jahren bis zu 70 Prozent seines Wertes.

2008 war es nicht wesentlich anders. Die Börsen boomten, der DAX war wieder bei 8000 Punkten und bezüglich der wirtschaftlichen Entwicklung waren alle optimistisch. So schrieb der Sachverständigenrat der Bundesregierung in seinem Jahresgutachten zur gesamtwirtschaftlichen Entwicklung damals optimistisch: »Die Gefahr eines Abrutschens in eine Rezession im Jahr 2008 erscheint als äußerst gering.« Danach brach die Konjunktur ein. Nach Wachstumsraten von 3,7 Prozent 2006 und 3,3 Prozent 2007 leitete das Jahr 2008 die Rezession ein, die 2009 ihren Höhepunkt mit einem Einbruch der Wirtschaftsleistung von 5,1 Prozent erreichte.

Zurzeit, im Sommer 2014, gibt es wieder so eine Hochstimmung. Alle meinen, es könne nur nach oben gehen. Für viele ist es nur eine Frage der Zeit, bis der DAX wieder die 10 000er-Marke knackt, vielleicht bald auch 11 000 und sogar 12 000 Punkte erreicht. Das wird, wenn dieses Buch erscheint, möglicherweise bereits passiert sein. Doch jeder durchzechten

Silvesternacht folgt unweigerlich am Morgen danach der Kater. Um diesen zu lindern, gibt es zwei Möglichkeiten. Entweder man macht die Nacht zum Tag und feiert munter weiter, so als gäbe es kein Morgen – oder man denkt an morgen.

Alle drei Wachstumsphasen haben eine wesentliche Gemeinsamkeit. Jede ging mit niedrigen Leitzinsen der Notenbanken einher. Und jede erneute Wachstumsphase musste mit noch niedrigeren Leitzinsen der Notenbanken erkauft werden. Alle drei Phasen haben auch die Gemeinsamkeit, dass das billige Geld investiert wurde – in Immobilien und Aktien. Die beiden Rezessions-Phasen in den 2000er-Jahren haben ebenfalls eine Gemeinsamkeit. Immer dann, wenn Investoren den Glauben an immer weiter steigende Immobilien- und Aktien-Preise verlieren und sich zurückziehen, folgt die Rezession.

Jetzt sind die Notenbanken bei faktischen »Null-Zinsen« angekommen. Das Pulver ist verschossen. Auch jetzt gibt es wieder zwei Möglichkeiten. Die erste Möglichkeit ist, die Notenbanken feiern weiter Silvester und machen die Nacht zum Tag. Sie kratzen alles Pulver zusammen, das sie in irgendeiner Ecke noch finden können und verschießen es. So geschieht es derzeit. Die amerikanischen Notenbank Fed druckt Geld und kauft damit private und staatliche Schulden auf, ähnlich machen es alle anderen Notenbanken auf dieser Welt. Doch immer weniger »Pulver« ist da.

Deshalb ist die zweite Möglichkeit die wahrscheinlichere. Es ist die Anpassungsrezession. Denn die Politik des billigen Geldes ist in vielen Fällen nicht Segen, sondern Fluch. Wenn Kredit und Schulden billig, gleichzeitig Sparen und Eigenkapital teuer sind, dann machen alle Schulden: Staat, Banken, Unternehmen und private Haushalte. Doch Schulden machen, ohne dass jemand anderes vorher gespart hat, kann auf Dauer nicht funktionieren. Das ist der Wesenskern der Überschuldungskrise von Staaten, Banken und allen anderen. Diese Schulden hat niemand vorher gespart. Sie sind aus dem »Nichts« entstanden. Wer die nächste Rezession überstehen will, muss sich daher anders verhalten. Am besten so wie unsere Großeltern uns das gelehrt haben: Spare in der Zeit, dann hast du in der Not.

6.2 Billiges Geld führt in die Schuldenwirtschaft

Welche Folgen dieser sogenannte Cantillon-Effekt für die Struktur einer Wirtschaft hat, wies jüngst der Ökonom Jörg Guido Hülsmann in seinem Buch *Krise der Inflationskultur* empirisch nach. Er verglich dazu die Bilanzsummen der deutschen Banken mit dem Bruttoinlandsprodukt des Landes im Zeitverlauf. 1962 betrug das Bilanzvolumen der Banken noch bescheidene 44 Prozent des BIP. Als die Goldbindung des Dollars Anfang der 1970er-Jahre endgültig gekappt wurde, waren es bereits 127 Prozent. 1992 war das Verhältnis auf 191 Prozent und 2011 auf 329 Prozent angestiegen. Mit der stetigen Geldmengenerhöhung wuchsen die Bilanzen der Banken überproportional an – ganz so, wie es Cantillon prognostizierte.

Dieser Umstand ist die Ursache für das Erpressungspotenzial des Bankensektors gegenüber den Regierungen. Der Bankensektor wird immer größer und damit bedrohlicher. Im Falle einer Anpassungsrezession kommt es zu Kreditausfällen, die in den Bilanzen der Banken wertberichtigt, also abgeschrieben werden müssen.

Geschieht dies, dann stürzt die Verschuldungspyramide ein. Mit diesem Argument wird letztendlich jede staatliche Intervention gerechtfertigt. So wurde die Griechenland-Hilfe 2010 begründet, die Hilfen für Irland, für Portugal und selbst die Hilfe für das kleine Zypern folgten dieser Logik. Die Folge ist eine schleichende Vergemeinschaftung der Schulden. Erst über die Schuldenschirme EFSF und ESM und bald auch über die Bankenunion. Denn Letzteres ist der drohende Zugriff nicht nur auf die Steuergelder der anderen, sondern die Bankenunion sorgt für eine Vergemeinschaftung der Sparvermögen in Europa. Die bisher nationalen Einlagensicherungssysteme, die die Sparguthaben vor der Insolvenz einer Bank schützen sollen, werden sich künftig gegenseitig in Europa helfen müssen.

Das muss natürlich alles geplant, durchdacht und überwacht werden. Deshalb werden immer neue Runden von Gesetzen und Richtlinien erlassen und weiteres Personal in den Finanzaufsichtsbehörden eingestellt. Die Katastrophe muss ja verhindert werden, dafür ist im Staatsbudget immer noch Platz. Und was für die Finanzindustrie gut und richtig ist, muss doch auch für die Wirtschaft insgesamt vernünftig sein! Sie muss besser geplant werden. Und dies geschieht bereits. Sie sehen, wir sind bereits auf dem Weg in die Planwirtschaft.

6.3 Billiges Geld führt zu Zentralismus

Die Überschuldungskrise durch das billige Geld der EZB hilft den Zentralismus in Europa voranzubringen. Denn diese immer neue »Hilfspakete« schnürenden »Rettungseuropäer« haben aus den Erfahrungen des gescheiterten Verfassungsvertrages 2004 gelernt. Damals ist das ehrgeizige Projekt durch Referenden in Frankreich und den Niederlanden gestoppt worden und war damit gescheitert. Dieses Mal wollen sie es geschickter machen. Es sollen Fakten geschaffen werden, hinter die niemand mehr zurückkann. Da kommt ihnen die Krise gerade recht, die sie nun für ihre Zwecke instrumentalisieren. Sie drohen, ohne die politische Union werde Europa zerbrechen – mit schweren wirtschaftlichen und sozialen Folgen für die Bevölkerung. Im Grunde ist das glatte Erpressung. Die Rettungseuropäer wollen diese politische Union erzwingen, und dafür nehmen sie den Zentralismus gern in Kauf. An dieser Entwicklung haben viele aus unterschiedlichen Gründen ein Interesse.

Das Europäische Parlament und die Kommission wollen endlich ein richtiges Parlament und eine richtige Regierung sein. Zwei Dinge fehlen beiden bislang dazu: Sie können keine Steuern erheben und sie können sich nicht verschulden. Beides ist ihnen nach den Europäischen Verträgen verwehrt. Das ist der eigentliche Grund, wieso Kommission und Parlament in Brüssel für eine Finanztransaktionssteuer sind. Nicht weil sie glauben, dass durch eine Besteuerung von Finanztransaktionen künftige Finanzkrisen verhindert werden können. Nein, sie wollen endlich einen Fuß in die Tür bekommen, um eine eigene Steuer zu erheben, deren Höhe sie selbst beeinflussen können. Und beide sind für die Schuldenschirme deshalb, weil sie endlich eine eigene Verschuldungsmöglichkeit für sich schaffen wollen. Diese ist ihnen bisher weitgehend versagt. Die Kommission kann nur das Geld ausgeben, das ihr vom Europäischen Rat zugewiesen wird und das vom Europäischen Parlament gebilligt wurde. Die Handelnden im Parlament und in der Kommission verfolgen dieses Ziel mit Akribie. Ihr Einfluss und ihre Bedeutung steigen mit jedem Schritt in den europäischen Superstaat.

Dies habe ich auch in einem offenen Brief an die Bundeskanzlerin, der am 26. November 2012 in der Zeitung *Die Welt* veröffentlicht wurde, zum Ausdruck gebracht:

Sehr geehrte Frau Bundeskanzlerin,

erneut kommen wir als Abgeordnete des Bundestages zusammen, um über Finanzhilfen für Griechenland zu entscheiden. Viel hat sich seit der ersten Rettungsnacht im Mai 2010 getan. Inzwischen ist die Beteiligung des Bundestages nicht nur Tradition, sondern verfassungsrechtlich abgesichert. Griechenland hat unter Anleitung der Troika auch einige Fortschritte bei der Haushaltssanierung erzielt, das ist unbestreitbar. Noch 2009 hatte Griechenland Ausgaben von fast 125 Milliarden Euro. Für dieses Jahr sind mit 98,5 Milliarden Euro deutlich weniger geplant. Unbestreitbar ist allerdings auch, dass das Hilfsprogramm gescheitert ist. Denn bei der Sanierung des griechischen Haushalts gab es keinen Erfolg. Das Haushaltsdefizit lag 2009 bei 15,6 Prozent und soll 2012 auf knapp 7 Prozent sinken. Nicht annähernd ist Griechenland in die Nähe der Maastricht-Kriterien gerückt. Privatisiert wurde fast gar nichts. Die Wirtschaft bricht ein, die griechische Arbeitslosenrate steigt pro Monat um einen Prozentpunkt. Trotz des Schuldenschnitts im März reichen die Griechenland zugesagten Gelder nicht. Viel, viel mehr wird gebraucht. Mit der Entscheidung über weitere Auszahlungen an Griechenland fällen wir daher auch ein Urteil über Wohl und Wehe der Rettungspolitik selbst.

Die Rettungspolitik soll Staatsfinanzierungskrisen mit Hilfskrediten überbrücken, um die Zeit für von außen vorgegebene Reformen zu nutzen. Dieser Ansatz leidet an dem fundamentalen Fehler, den unbestechlichen Konsolidierungsanreiz hoher Zinsen durch politische Vereinbarungen ersetzen zu wollen. Die Durchsetzung dieser politischen Vereinbarungen gibt der einen Partei die Rolle des Aufsehers und der anderen die des unwilligen Zöglings. Die Kreditvergabe macht so aus guten Nachbarn Gläubiger und Schuldner. Das führt zu gegenseitigem Misstrauen. Noch nie ist nach dem Zweiten Weltkrieg in Europa so schlecht übereinander gesprochen worden wie seit dem Beginn der Troika-Missionen. Besonders uns Deutsche sollte das besorgt stimmen. Wir werden nicht wahrgenommen als freundlicher Helfer in der Not, sondern als die treibende Kraft, die den Schuldenstaaten zum eigenen Vorteil schaden will.

Wir belügen uns also selbst, wenn wir meinen durch Kreditvergabe zu Wohltätern zu werden. Das Gegenteil ist der Fall, denn zum Zuckerbrot verbilligter Kredite knallt die Troika-Peitsche, mit der wir zur Umsetzung der Anpassungsprogramme drängen. Diese Politik ist eine Politik der Demütigung. Wie würden wir Deutsche uns fühlen, wenn wir so lange eine Regierung wählen müssten, bis diese in der Lage ist, bestimmte Vorgaben umzusetzen? Wie würden wir uns als Parlamentarier fühlen, wenn wir den Inhalt der von uns zu beschließenden Gesetze nicht bestimmen dürften? Die Parlamente in den Schuldenstaaten werden entmündigt. Es ist kein Irrtum, hierbei an eine Gefährdung der demokratischen Institutionen zu denken. In Griechenland sind die Rechtsextremen zur drittstärksten, die Linksextremen zur zweitstärksten Partei geworden.

Aufrichtigkeit wäre auch hinsichtlich der ungeschriebenen Prämisse der Rettungspolitik angebracht: Wenn der Euro irreversibel ist, dann ist es mit der angeblichen Konditionalität der Hilfen nicht weit her. Griechenland würde aus der Eurozone austreten, sobald es kein Geld mehr erhielte. Wer den Euro als irreversibel sieht, der muss Griechenland – und jeden anderen Schuldenstaat – daher stets finanzieren wollen. Unter der Prämisse, dass der Euro irreversibel sei, wird es kein Ende der Transfers nach Griechenland und nach anderswo geben können – egal, ob Auflagen erfüllt werden oder nicht. Ehrlichkeit in dieser Hinsicht bedeutet auch die klare Aussage, dass dies der Weg in eine unbeschränkte Transferunion ist.

Man muss den Wählern erklären, dass die vermeintliche Rettungspolitik in letzter Konsequenz zu einer europäischen Transfer- und Schuldenunion führen muss. Sie liegt daher sehr viel näher bei sozialdemokratischen Wunschvorstellungen als an unseren ordnungspolitischen Idealen. Öffentlich brandmarken müssen wir auch die Instrumentalisierung der Geldpolitik für fiskalische Zwecke. Das Volumen der Rettungsschirme reicht nicht einmal aus, um die Schulden der derzeitigen Programmländer und Spaniens zu übernehmen. Es ist nur eine Frage der Zeit, bis der Bundestag danach gefragt wird, den Aufkauf von Anleihen auf dem Primärmarkt zu beschließen, damit die Europäische Zentralbank am Sekundärmarkt tätig werden kann. Wir müssen den Wählern sagen, dass jeder rechtschaffene Ökonom in dem Aufkauf von Staatsanleihen durch die Zentralbank große Gefahren für die Geldwertstabilität erblickt. Unsere Sparvermögen sind deshalb heute bereits massiv gefährdet! Die Renten sind nicht länger sicher!

Und machen wir uns nicht vor, dass der Wähler um diese Gefahren nicht bereits wüsste. Als Politiker sollten wir unsere Wähler nicht unterschätzen oder für naiv halten. Viele spüren genau, in welcher großen Gefahr sich die demokratischen Institutionen, unser Ansehen und unser Geld befinden. Wahlerfolg muss nicht darauf beruhen, diese Sorgen in paternalistischer Art zu beschwichtigen und Informationen zurückzuhalten. Wähler vertragen klare Worte. Sie dürsten geradezu nach offenen Worten. Offenheit wird belohnt, nicht bestraft. Zugeben müssen wir daher: Es gibt keine einfache Lösung mehr für die Krise. Wir haben nur noch die Wahl zwischen einer schmerzvoll teuren und einer katastrophalen Lösung.

Katastrophal enden wird der Versuch, die systemische Überschuldungskrise von Staaten und Banken durch neue Schulden überwinden zu wollen. Das ist der Schritt in den Schuldensozialismus. Eine gesunde Wirtschaft kann nicht auf Verschuldung beruhen, sondern braucht ein gesundes Verhältnis von Schulden zu Eigenkapital. Wir können aus Schulden nicht herauswachsen, denn das Wachstum der Vergangenheit beruhte auf Verschuldung und nunmehr erdrosseln die vorhandenen Schulden jegliches Wachstum. Daher müssen Insolvenzen folgen dürfen – von Staaten und Banken. Wir müssen Griechenland den Austritt erlauben, damit wir eine atmende Eurozone bekommen, in der die Nichtbeistandsklausel gilt. Wir brauchen für Europa eine Rückkehr zu haushalterischer Selbstverantwortung. Das ist zwar schmerzvoll, aber wenigstens nicht katastrophal. Wenn dies nicht gelingt, droht nicht nur Frankreich die Herabstufung seines Spitzenratings, sondern bald auch Deutschland.

Sehr geehrte Frau Bundeskanzlerin, wenn diese Krise eine Verschuldungskrise ist, dann muss unsere Antwort darauf die Förderung einer Sparkultur sein. Sparen ist die Voraussetzung für Investitionen. Investitionen sind die Voraussetzung für Fortschritt. Dieser Zusammenhang kann durch die Notenpresse der EZB oder durch immer größere Schuldenschirme nicht außer Kraft gesetzt werden. Wird dieser Prozess durch Kredit und damit Geld aus dem Nichts durchbrochen, entsteht lediglich Scheinwohlstand, der auf Sand gebaut ist. Das Kartenhaus bricht – wie aktuell – unweigerlich zusammen.

Ihren Vorgänger Ludwig Erhard, der Vater unserer marktwirtschaftlichen Ordnung, sollten Sie sich daher zum Vorbild nehmen. 1963 sagte er in Stockholm:

»Wehe dem, der glaubt, man könne Europa etwa zentralstaatlich zusammenfassen, oder man könne es unter eine mehr oder minder ausgeprägte zentrale Gewalt stellen. Nein – dieses Europa hat seinen Wert auch für die übrige Welt gerade in seiner Buntheit, in der Mannigfaltigkeit und Differenziertheit des Lebens.«

Aber nicht nur Kommission und EU-Parlament sind für diesen Zentralismus. Auch die Banken haben daran ein Interesse – zumindest die großen Institute. Alle großen Banken sind faktisch überschuldet. Sie wollen ihre Schuldenlast auf den Steuerzahler und Sparer abwälzen. Dies ist umso einfacher, je größer die Bank ist. Deshalb haben auch sie ein Interesse an der Konzentration. Denn mit zunehmender Größe kann sich eine Bank immer systemrelevanter geben, um anschließend, wenn es schiefgeht, den Steuerzahler zu erpressen.

Gleichzeitig entledigen sich die großen Banken der unliebsamen Wettbewerber vor Ort. Die Volksbank Schlangen in meiner ostwestfälisch-lippischen Heimat mit ihrer Bilanzsumme von 170 Millionen Euro muss heute schon der Bundesbank und der Bundesanstalt für Finanzdienstleistungsaufsicht (BaFin) unentgeltlich berichten. Mit der europäischen Bankenaufsicht muss diese kleine Regionalbank – heute noch nicht, aber vielleicht bald – auch dieser Ebene Rechenschaft leisten – unentgeltlich. Am Ende bleiben diesen Banken nur zwei Möglichkeiten. Entweder sie beenden ihre Geschäftstätigkeit freiwillig oder unfreiwillig, weil sie nicht mehr die notwendigen Erträge erwirtschaften können. Oder sie fusionieren zu einem größeren Institut. Letztendlich ist die Konsequenz dieser Bürokratie, die ja eigentlich die Sparer schützen soll, das glatte Gegenteil. Es führt zu noch weniger Banken, die gleichzeitig immer größer werden.

Ebenso wie die Banken haben viele Politiker in Europa ein Interesse am europäischen Superstaat. Nicht so sehr deshalb, weil sie Kompetenzen nach Brüssel abgeben wollen. Vielmehr wollen sie ihre Probleme auf die nächst höhere Ebene abschieben. Sie wollen nicht selbst die Verantwortung für ihr Handeln tragen, sondern die unangenehmen Wahrheiten verschleiern. Sie wollen den Eindruck erwecken, nicht sie hätten die hohe Arbeitslosigkeit und das hohe Staatsdefizit verursacht, nicht sie hätten den Staatsapparat ausgebaut, der jetzt zurückgefahren werden muss, sondern andere. Werden dann Maßnahmen mit der Troika aus Internationalem Währungsfonds (IWF), Europäischer Zentralbank (EZB) und EU-Kommission vereinbart, stellen die Politiker dies so dar, als seien dem Land diese Maßnahmen aufgezwungen worden. Kurz und gut, die anderen sollen schuld sein.

Es gibt also mächtige Interessen, die diesen Zentralismus wollen.

Die steigende gegenseitige Abhängigkeit von Gläubigerländern und Schuldnerländern in Europa hat seinen Preis. Dieser Preis heißt Zentralismus. Je größer die Hilfen der Gläubiger- gegenüber den Schuldnerländer sind, desto lauter wird der Ruf nach stärkerer Überwachung, Kontrolle und Aufsicht von Staaten und Banken. Dies wird im Hauruckverfahren parlamentarisch durchgeboxt, sehr häufig fehlt dazu die Rechtsgrundlage in den Europäischen Verträgen. Die Nehmerstaaten lassen diesen Souveränitätsverlust zu, da ihre Überschuldungsproblematik ihnen über den Kopf wächst. Ihr Ziel ist es, endlich die Kapitalausstattung ihrer Banken zu erhöhen. Durch die Immobilienkrise in Spanien, aber auch in Griechenland, Zypern, Portugal und Irland sind die Banken notorisch klamm an Eigenkapital mit der Folge, dass die Kreditvergabe an die heimische Wirtschaft schwächelt und damit der wirtschaftliche Aufschwung weiter auf sich warten lässt. Der Glaube herrscht, dass diese Problematik durch frisches Eigenkapital für ihre Banken beseitigt werden könne. Da es keine privaten Kapitalgeber gibt, die in ein marodes Banksystem frisches Geld geben wollen, bleibt nur der Staat oder die Insolvenz der Institute.

Letzteres verhindert man seit Ausbruch der Krise 2007. Die staatliche Hilfe hat bisher zum massiven Anstieg der Staatsverschuldung in Spanien (93 Prozent, 2013) und Irland (124 Prozent, 2013) geführt. So hat die gewährte Bankenhilfe aus dem Europäischen Stabilitätsmechanismus ESM an Spanien von 41 Milliarden Euro die Staatsverschuldung Spaniens entsprechend erhöht, da sie vom ESM an den spanischen Staat und von dort an die notleidenden Banken weitergereicht wurde. Aus diesem Grund haben die Nehmerstaaten bereits im Frühjahr 2012 darauf gedrängt, dass der ESM direkt, ohne die Zwischenschaltung der nationalen Haushalte, an die notleidenden Banken ausschütten darf.

Das Versagen der bisherigen zentralistischen Strukturen soll durch noch mehr Zentralismus ersetzt werden, auch wenn alle wissen, dass es mit einer zentralen Bankenaufsicht nicht besser wird. Dabei ist die Bankenaufsicht bei der EZB nur der erste von drei Schritten für eine sogenannte Bankenunion. Des Weiteren sollen ein einheitliches Abwicklungsregime für Banken sowie eine einheitliche Einlagensicherung die Stabilität des Bankensektors sichern.

Alle drei Maßnahmen gehen einher mit dem Glauben, dass zentrale Entscheidungsstrukturen, dezentralen Strukturen überlegen seien. Dabei ist das Gegenteil der Fall. Zentrale Strukturen führen zu Wasserköpfen, zu mangelnder sozialer Kontrolle und damit zur Ausschaltung des Haftungsprinzips. Da es auf europäischer Ebene keine rechtsstaatlichen und demokratischen Verhältnisse gibt, keine kritische Presse Verfehlungen aufdeckt, ist künftigem Missbrauch Tür und Tor geöffnet.

Die Annahme, dass durch zentralistische Vereinbarungen der Troika aus EZB, IWF und Kommission mit den jeweiligen Nehmerländern eine Besserung eintritt, ist bereits widerlegt. Alle Programme sind inzwischen angepasst worden, teilweise sogar mehrfach. Entweder hat die EZB Staatsanleihen gekauft – etwa in Griechenland, Portugal, Spanien und Italien – oder die jeweilige Notenbank hat die Banken am Leben gehalten. So geschah es in Zypern, Griechenland oder Irland. Außerdem gab es in Griechenland einen Schuldenschnitt zulasten der Steuerzahler, und in Griechenland, Portugal und Irland wurden die jeweiligen Programme angepasst, also die Zinsen gesenkt, die Laufzeiten verlängert und Maßnahmen gestreckt. Dabei wurde doch gesagt, dass die Regeln verschärft wurden. Die Rede war vom Six-Pack, vom Two-Pack, vom Europäischen Semester, vom Fiskalpakt und automatischen Sanktionen. Mit diesem Orwellschen »Neusprech« sollten die anfänglichen Konstruktionsfehler des Euro beseitigt werden. Diese munteren Begriffe sollten helfen, dass dieses Mal die Regeln besser funktionieren. Doch die Ergebnisse sind ernüchternd. Um die Maastricht-Kriterien schert sich keiner. Frankreich wird 2014 erneut das Neuverschuldungskriterium von 3 Prozent brechen, die Konsequenzen sind gleich null. So auch in Italien. Im April 2014 musste die italienische Regierung zugeben, dass ein strukturell ausgeglichener Haushalt wohl erst im Jahr 2016 zu erreichen ist. Die vorherigen

Ministerpräsidenten Berlusconi und Monti hatten dies bereits für 2013 zugesichert. Es ist klar: Diese Vorgehensweise mit Sanktionen ist gnadenlos gescheitert. Sie sollte auch scheitern. Es war nie wirklich geplant, dass Sanktionen greifen. Der Preis der lateineuropäischen Staaten für die Zustimmung Deutschlands zum ESM war, dass sie eine Schuldenbremse nach deutschem Vorbild in ihre Verfassung schreiben. Wer gegen den Fiskalpakt verstößt, kann vor dem Europäischen Gerichtshof verklagt werden. Doch wer kann klagen? Sie, ich, Deutschland, die Kommission? Nein. Klagen kann nur ein Triumvirat aus alter, aktueller und künftiger EU-Präsidentschaft. Alle drei Staaten müssen sich einigen, gegen sich selbst oder ein anderes Land zu klagen.

Wie realistisch ist ein solches Szenario? Werfen wir einen Blick auf das Frühjahr 2013 und es wird schnell deutlich, dass dieses Klageprinzip nicht funktioniert. Damals lag die Ratspräsidentschaft bei Irland, zuvor hatte sie Zypern, und ab Juli 2013 ging die Präsidentschaft an Litauen. Die Wahrscheinlichkeit, dass Zypern und Irland, beides Länder unter einem Schuldenschirm, ein anderes Land vor dem Europäischen Gerichtshof verklagen würden, war und ist nahezu ausgeschlossen. Die eine Krähe hackt der anderen kein Auge aus. Daher ist es irrelevant, dass mit Litauen ein Land die Präsidentschaft führt, das unter keinem Schuldenschirm steht. Jetzt kann man einwenden, dass dies ein Zufall war. Deshalb lassen Sie uns weiterschauen. Nach Litauen folgte Griechenland, und auf Griechenland folgte Italien. Es ist gewollt, dass gegen kein Land vor dem EuGH geklagt wird. Die Klagemöglichkeit war nichts als eine Beschönigung, um in Deutschland die Zustimmung zum ESM zu erreichen und so den Weg in den Superstaat weiter zu ebnen.

Doch die Tendenz zum Zentralismus insbesondere im Finanzsektor begann viel früher. Wer die Interventionsspirale von Ludwig von Mises besser verstehen will, sollte das Buch von Bernd Lüthje *Basel Vier – Das Ende des Basel-Regimes* lesen. Denn hier schreibt nicht irgendein Theoretiker über die immer engmaschigere und verantwortungslose Regulierung von Banken, sondern einer der wenigen unabhängigen Praktiker der Branche in Deutschland. Der »Unruheständler« hat seine fast 45-jährige Bankerfahrung, die er in vielen Vorstands- und Aufsichtsratsstationen im deutschen Kreditwesen sammelte, in dieses Buch eingebracht. Es ist eine

Generalabrechnung mit all dem, was jeden Tag in den Wirtschafts- und Finanzseiten der Tageszeitungen steht. Den Irrsinn der Nullgewichtung von Staatsanleihen, was Kernkapital ist und wie viel davon eine Bank braucht oder welches und wie viel Risiko (Leverage-Ratio) eine Bank eingehen darf – all dies, der Zentralismus, der Größenwahn und die vermeintliche Allwissenheit hat eine Geschichte, eine undemokratische Geschichte.

Alles begann mit der Schließung der Herstatt-Bank in Köln am 26. Juni 1974. Die anschließende Staatshaftung für Fehlentscheidungen der Bankenaufsicht gegenüber Sparern dieser Bank veranlasste den Gesetzgeber, zwei grundsätzliche Entscheidungen zu treffen. Erstens schloss man per Gesetz künftig die Haftung der Bankenaufsicht für deren Aufsichtsversagen aus. Zweitens richteten die G10-Staaten bei der Bank für Internationalen Zahlungsausgleich (BIZ) in Basel den »Baseler Ausschuss für Bankenaufsicht« ein, um gemeinsame Prinzipien der Finanzaufsicht zu entwickeln. Aus diesen »gemeinsamen Prinzipen« ist inzwischen ein weltweiter Standardsetzer geworden, der entscheidende Mitverantwortung für die steigende Staatsverschuldung trägt. Hätten die Regulierungsstandards Basel I, Basel II und jetzt auch Basel III nicht die Nullgewichtung der Bank beim Kauf von Staatsanleihen festgelegt, die Finanzierung der staatlichen Ausgabenpolitik über Schulden wäre nicht so einfach gewesen. Keinem Parlament, Gericht oder Volk ist der Baseler Ausschuss zur Rechenschaft verpflichtet. Europäisch und national werden die Standards unkritisch umgesetzt, seit vielen Jahrzehnten.

Lüthje schätzt, dass inzwischen für den Baseler Regulierungsprozess weltweit 110 000 Menschen plus die sechsfache Anzahl von Zuarbeitern in anderen Wirtschaftszweigen (IT, Wirtschafsprüfer etc.) tätig sind und einen Gesamtaufwand von 3,8 Milliarden Euro produzieren. Und dennoch gab es weltweite Bankenschieflagen, deren Nettoverlust er auf insgesamt 11 860 Milliarden Euro (!) schätzt.

Schon jetzt stellen sich die Banken darauf ein. Im Mai 2014 berichtete die *Frankfurter Börsen-Zeitung* über die Fürstlich Castell'sche Bank in Würzburg, die aufgrund des erhöhten Regulierungsaufwands Kooperationen mit anderen kleineren Privatbanken plane. »Es wäre schade, wenn solche Typen wie wir am Markt verloren gingen«, sagte der Vorstandsvorsitzende der seit 1774 eigenständischen Privatbank, Klaus Vikuk, auf der Bilanz-pressekonferenz (*Börsen-Zeitung*, 15. Mai 2014). Von der Politik fühlten sich die Privatbankiers mit ihren Sorgen – nicht zuletzt hinsichtlich der für kleinere Häuser besonders belastenden Regulierungen und obendrein »nicht konsistenter Anforderungen« verschiedener Aufsichtsbehörden – im Stich gelassen. Mittelständische Häuser in der Größenordnung der Castell-Bank »kennen die gar nicht«, obwohl gerade diese Institute für Wettbewerb sorgten, eine ordentliche Beratung böten und den Mittel-stand förderten, so Vikuk weiter in der *Börsen-Zeitung*.

Diese Entwicklung wird auch dadurch unterstrichen, dass die EU-Kom-mission sich damit rühmt, seit 2009 insgesamt 41 Gesetzgebungsverfah-ren für den Finanzsektor initiiert zu haben. Kurz vor der Europawahl 2014 stellte Kommissar Michel Barnier eine 345-seitige Bilanz dieser Maßnah-men vor. Er stellte darin die steile These auf, diese Maßnahmen hätten ei-nen volkswirtschaftlichen Nutzen von 0,6 bis 1,1 Prozent der Wirtschafts-leistung, dem langfristige Kosten von 0,3 Prozent entgegenstünden. Unter diesen Umständen wäre es dann wohl besser gewesen, die EU-Bü-rokraten hätten statt 41 Gesetzen (Richtlinien und Verordnungen) besser das Doppelte gemacht, dann wäre der volkswirtschaftliche Nutzen in der Spitze sogar bei 2,2 Prozent gewesen.

Wozu führt dieser Zentralismus? In erster Linie zu Bürokratie und Un-freiheit. Die Komplexität des Regelwerkes können nur noch Experten ver-stehen. Experten sind teuer und können daher nur von großen Unterneh-men eingekauft werden. Die kleinen Unternehmen bleiben bei diesem Wettbewerb auf der Strecke. Das führt zu Konzentration und weniger Wettbewerb. In solchen Situationen regiert der Staat anschließend mit noch mehr Kontrolle und Bürokratie.

Ludwig von Mises hat dies in seinem Buch *Die Bürokratie* treffend analysiert:

>»Kein gewinnorientiertes Unternehmen – egal wie groß es ist – neigt dazu, bürokratisch zu werden, vorausgesetzt, dass seiner Leitung nicht durch staat-liche Eingriffe die Hände gebunden sind. Der Trend zu bürokratischer Star-re entspringt nicht der Entwicklung der Privatwirtschaft. Er ist ein Ergebnis

staatlicher Einmischung in die Wirtschaft. Er ist eine Folge von politischen Maßnahmen zur Beseitigung der Rolle, die das Gewinnmotiv im Rahmen der wirtschaftlichen Organisation der Gesellschaft innehat.«[59]

6.4 Billiges Geld führt zur Kungelwirtschaft

Die Stärkung der Politik zulasten individueller Entscheidungen und Verantwortung führt zu einem korporatistischen Wirtschaftsmodell oder besser zur »Kungelwirtschaft«. Es profitiert derjenige, der mit der Politik verbunden ist. Wer die Möglichkeiten nicht hat, muss die Folgen tragen. Doch macht man nicht die Politik und den Staat für diese Entwicklung verantwortlich, sondern die Marktwirtschaft. Sie müsse endlich gezähmt werden! Es ist der Wunsch nach einem »dritten Weg« zwischen Marktwirtschaft und Sozialismus. Denn zum klassischen Sozialismus will die Mehrheit nicht zurück. Denn diese Mehrheit weiß noch, dass vor mehr als 20 Jahren der klassische Sozialismus in Osteuropa kläglich gescheitert ist. Mit der Lehman-Pleite 2008 sehen viele aber auch das kapitalistische Gesellschaftsmodell am Ende.

Ein breites Spektrum von Linken bis zu Konservativen und Partei-Liberalen sieht die Lösung der Verschuldungskrise in Europa in einer stärkeren Rolle des Staates. Dieser »dritte Weg« wurde bereits nach dem Börsencrash 1929 versucht. Wie damals stehen heute die gleichen Themen auf der Agenda: Mindestlohn, Arbeitsbeschaffungsmaßnahmen, Steuererhöhungen und die stärkere Regulierung der Banken. Selbst das von Roosevelt eingeführte Trennbankensystem wird wieder aus der Mottenkiste gezogen.

Entscheidend für diese interventionistischen Maßnahmen ist jedoch ihre Kurzlebigkeit. Ein Eingriff zieht weitere Eingriffe notwendigerweise nach sich. Der Drei-Jahres-Plan für die »Griechenland-Rettung« wird nach zwei Jahren zum Zehn-Jahres-Plan und nach drei Jahren zum Zwölf-Jahres-Plan. Erst kaufte die Europäische Zentralbank (EZB) Anleihen von Griechenland auf, wenig später dann von Irland und Portugal, wieder später von Spanien und Italien. Nachdem die Wirkung verpufft war, berieselte die EZB das Bankensystem mit 1000 Milliarden Euro, damit dieses die

Staatsschulden aufkaufen konnte. Und als das nicht reichte, kündigte sie für überschuldete Länder den unbegrenzten Anleihenkauf an. Die Eingriffe fressen sich wie ein Wurm ins Wirtschaftssystem.

Wem hilft das? Denen, die nahe an der Politik sind. Es fördert eine Kungelwirtschaft, die nicht auf Befehl der Verbraucher wirtschaftet, sondern auf Befehl der Bürokraten. Wer weit weg ist von den Mächtigen, bleibt auf der Strecke oder schließt sich zu größeren Einheiten zusammen, um ebenfalls den Mächtigen nahe zu sein.

Auch solche unheilvollen Verflechtungen hat Ludwig von Mises in der Tendenz frühzeitig erkannt. Er hat sich wie kein anderer mit dem Phänomen der Kungelwirtschaft beschäftigt. In seinem 1929 erschienenen Buch *Kritik des Interventionismus* sagte er: »Die große Krise, unter der die Weltwirtschaft seit der Beendigung des Krieges leidet, wird von Etatisten und Sozialisten als Krise des Kapitalismus bezeichnet. In Wahrheit aber ist es die Krise des Interventionismus.«

6.5 Billiges Geld führt zu ständigen Steuererhöhungen

Die freiheitseinschränkende Wirkung des Interventionismus lässt sich auch an der Steuer- und Abgabenpolitik ablesen. Einmal im Jahr veröffentlicht die *Wirtschaftswoche* eine interessante Übersicht. Sie untersucht anhand dreier Beispiele, »was vom Lohn übrig bleibt«. Das Besondere daran ist, dass nicht nur die üblichen Einkommensteuern und die Sozialversicherungsbeiträge berücksichtigt werden, sondern alle direkten und indirekten Steuern sowie Arbeitnehmer- und Arbeitgeberanteile. Darüber hinaus werden GEZ-Gebühren, EEG-Umlage usw. berücksichtigt, also alles, worauf der Arbeitnehmer keinen Einfluss hat, sondern was vom Staat direkt oder indirekt abgezogen wird. Darüber hinaus werden Personen zugrunde gelegt, die ein mittleres sowie ein höheres Einkommen haben. Das Ergebnis lässt einem die Tränen in die Augen steigen. Ein Single, der als Arbeitnehmer 5750 Euro verdient, hat dabei unter Aufschlag der Arbeitgeberanteile zur Sozialversicherung eine Gesamtbelastung von 4171,51 Euro. Von seinem Bruttogehalt hat er oder sie Abzüge von 61,9 Prozent (!). Lediglich über 38,1 Prozent kann sie oder er eigenverantwortlich verfügen. Eine Alleinverdienerfamilie mit zwei Kindern und einem Bruttogehalt von 4190 Euro kommt auf eine Belastung von 47 Prozent. Eine Doppelverdienerfamilie mit Eigenheim und zwei Kindern und einem Gesamteinkommen von 13 630 Euro muss eine Belastung von 55,4 Prozent ertragen.

Die FDP muss sich vorwerfen lassen, dass sie hier keine Trendumkehr geschafft hat. Wir sind am Ende weit hinter unserem eigenen Anspruch von 2009 zurückgeblieben. Ein einfacheres, niedrigeres und damit gerechteres Steuersystem zu schaffen, ist uns nicht gelungen. Dafür sind wir am 22. September 2013 heftig vom Wähler abgestraft worden.

Jetzt sind die anderen dran, es besser zu machen. Die große Koalition aus Union und SPD hat sich in ihrem Koalitionsvertrag mit dieser Problematik nicht befasst. Das 185 Seiten umfassende Papier beschäftigt sich auf vier Seiten (!) mit dem Thema Steuern. Von einer Steuerreform ist keine Rede mehr. Es weht der eisige Wind der Fiskalisten. Wie kommt Vater Staat an noch mehr Geld der Bürger? Steuerhinterzieher, Umsatzsteuerbetrüger, Gewinnverlagerer und Steuervermeider sind die freundlichen Umschreibungen der typischen Steuerzahler in diesem Lande, zumindest wenn man drei der vier Steuer-Seiten liest. Daher ist es nur konsequent, wenn die Koalitionäre feststellen: »Deutschland hat derzeit insgesamt ein zeitgemäßes und wettbewerbsfähiges Steuerrecht.«

Für den Fiskus stimmt das! Denn dieser rechnet bis 2017 mit Steuermehreinnahmen von 111 Milliarden Euro. Diese fallen nicht vom Himmel, sondern werden erarbeitet – von IHNEN!

Jetzt soll bitte niemand sagen, dass der Staat zu viel Geld habe. Nein, es wird auch ausgegeben. Für mehr Entwicklungshilfe, eine Mütterrente, Arbeitslose, für die Rente mit 63. Wer wollte etwas dagegen haben? Deshalb bekommt jeder etwas, immerhin ist bald Weihnachten.

Der Single (30) von oben, mit seinem Einkommen von 5750 Euro und seinen Abzügen von 61,9 Prozent, macht sich dagegen Gedanken, wie er seinen Lebensstandard auch im Alter sichern kann. Immerhin arbeitet er jeden Tag acht Stunden und mehr. Er glaubt nicht, dass er seinen derzeitigen Lebensstandard im Alter durch die gesetzliche Rente sichern kann. Deshalb plant er, dass er 1000 Euro mit heutiger Kaufkraft im Alter von 67 Jahren monatlich zusätzlich zur Verfügung haben will. Bei einer Inflationsrate von 3 Prozent benötigt er in 37 Jahren deshalb fast 3000 Euro. Und da das Leben nicht mit 67 enden soll, benötigt er bereits mit 77 über 4000 Euro usw. Die Frage ist aber, welchen Kapitalstock er bilden muss, wenn er 2050 mit 67 in Rente gehen will und sich nach heutiger Kaufkraft bis zum 90. Lebensjahr monatlich 1000 Euro aus diesem Kapitalstock herausnehmen will. Die Antwort: rund 600 000 Euro. Um diesen Kapitalstock zu bilden, muss er bei 0 Prozent Realverzinsung über 1300 Euro monatlich sparen, bei 2 Prozent über 900 Euro und bei 4 Prozent Verzinsung über 580 Euro. Spätestens jetzt hört unser Single zum ersten Mal von Mario Draghi, dem Präsidenten der Europäischen Zentralbank. Dieser sorgt durch seine Null-Zins-Geldpolitik dafür, dass unser Single nicht 580 Euro oder vielleicht 900 Euro im Monat sparen muss, um sein Ziel der finanziellen Unabhängigkeit im Alter zu erreichen, sondern mindestens 1300 Euro. Spätestens jetzt wird unserem Single klar, dass sein frei verfügbares Einkommen von 2190 Euro (5750 Euro abzgl. 61,9 Prozent Steuern, Abgaben und Gebühren) nicht ausreichen wird, um sein Lebensziel zu erreichen.

6.6 Billiges Geld fördert den Überwachungsstaat

Aber nicht nur die hohe Steuer- und Abgabenlast schränkt die individuelle Freiheit ein und ist Ergebnis der Interventionsspirale. Staaten haben verschiedene Möglichkeiten, ihren Haushalt zu finanzieren. Neben der klassischen Finanzierung über die Einnahme von Steuern und die Ausgabe von Staatsanleihen können sie sich über Inflation kurieren, da diese den realen Wert der Staatsschulden senkt. Doch in der Staatsschuldenkrise, bei Steuerquoten über 50 Prozent und zunehmender Inflationsgefahr, scheinen diese altbewährten Methoden nicht mehr auszureichen, um die Last des Wohlfahrts- und Subventionsstaates zu tragen. Vermehrt greifen die Staaten der Eurozone daher zu kreativeren Formen der indirekten Finanzierung ihrer aufgeblähten Staatsapparate: Die finanzielle Repression nimmt in der Eurozone an Fahrt auf. Mittels Kapitalverkehrskontrollen, Zinsobergrenzen und anderer Zwangsmaßnahmen greifen die Staaten in den Anleihenmarkt ein und versuchen, ihre Staatsanleihen attraktiver zu machen. Eine besonders subtile Form der finanziellen Repression ist die Einschränkung des Bargeldverkehrs.

Verschiedene Staaten in der Europäischen Union haben in den vergangenen Jahren bereits weitgreifende Maßnahmen ergriffen:

> In Griechenland gilt seit Januar 2011 ein Verbot von Bargeldzahlungen über 1500 Euro für Privatpersonen und 3000 Euro für Geschäftsleute. Geschäfte und Unternehmen sind deshalb gezwungen, elektronische Kartenlesegeräte für den bargeldlosen Zahlungsverkehr bereitzustellen.

> Eine der ersten Amtshandlungen Mario Montis in Italien war im Dezember 2011 die Einführung einer Obergrenze für Bargeldtransaktionen von 1000 Euro.

> In Spanien sind seit November 2012 Bargeldgeschäfte über 2500 Euro verboten und Privatpersonen sind dazu gezwungen, Quittungen aller ihrer Transaktionen fünf Jahre lang aufzubewahren.

> Auch Frankreich plant ein Verbot von Barzahlungen über 1000 Euro ab 2014. Schon heute gilt dort im Regelfall ein Maximum von 3000 Euro.

> In Schweden fordern Gewerkschaften, Unternehmen und Behörden ein komplettes Bargeldverbot. Zwar spielt Bargeld in der schwedischen Wirtschaft ohnehin nur noch eine geringe Rolle, doch viele Menschen wollen weiterhin gerne an dieser Option festhalten.

Gerechtfertigt werden diese Einschränkungen der Freiheit von Konsumenten und Unternehmen offiziell mit der Geldwäscheprävention und dem Kampf gegen Steuerhinterziehung. Und tatsächlich: Bargeldzahlungen sind diskreter als der rein elektronische Verkehr mittels Chipkarte und spielen daher auf dem Schwarzmarkt eine wichtige Rolle. Elektronische Zahlungen dagegen können leicht nachverfolgt und langfristig dokumentiert werden. Doch es geht um sehr viel mehr als um Steuerhinterzieher und Geldwäscher. Die Staaten greifen zu Zwangsmaßnahmen um Kapitalflucht zu verhindern, Transaktionen ihrer Bürger überwachen zu können und ihre Steuerbasis zu erweitern. Bargeld ist ihnen dabei ein Dorn im Auge, da es dem Bürger Unabhängigkeit verspricht: Unabhängigkeit vom maroden Bankensystem und Unabhängigkeit von der Überwachungswut der Politik.

Und nicht nur die Finanzpolitiker der klammen Schuldenstaaten befürworten die Einschränkung des Bargeldverkehrs. Auch datenhungrige Unternehmen, die detaillierte Profile des Konsumverhaltens ihrer Kunden wünschen, stimmen in den Chor ein. Den Banken ist das elektronische Geld ebenfalls lieber, denn auf dessen Basis lässt sich die Kreditschöpfung leichter vollziehen und die Gefahr des massenhaften Abzugs von Geldreserven aus dem Bankensystem insgesamt sinkt beträchtlich.

In Deutschland sind derzeit noch keine dieser Einschränkungen des Bargeldverkehrs geplant, doch es ist nur eine Frage der Zeit, bis der europäische Trend auch hierzulande Fuß fassen wird oder die Europäische Union verbindliche Richtlinien für alle Mitgliedstaaten ausgibt. Das bereitet mir große Sorgen, denn Bargeld ist ein Stück gedruckter Freiheit. Transparenz ist ein wichtiges Anliegen, doch es ist nicht die Transparenz des Bürgers für den Staat, sondern die Transparenz des Staates für den Bürger, die ich meine. Nicht der gläserne Bürger – oder Geldhalter – ist mein Leitbild, sondern der gläserne Staat. Und ein solcher generiert seine Einnahmen transparent und klar ersichtlich über Steuern und Abgaben, statt die Bürger über finanzielle Repressionsmaßnahmen und Inflation versteckt zu enteignen. Die bargeldlose Gesellschaft mag auf so manchen technokratischen Staatenlenker wie eine Utopie wirken, doch ich halte sie für eine Schreckensvision. Wem die Freiheit am Herzen liegt, der muss das Bargeld verteidigen!

Wer die Freiheit liebt, muss auch die neue Internetwährung Bitcoin verteidigen. Denn sie ist ein Großangriff auf das Geldmonopol des Staates und seiner Überwachung durch und über die Banken. Wenn jeder Zahlungsverkehr über ein Bankkonto abgewickelt werden muss, der Bargeldverkehr immer weiter zurückgefahren wird, dann ist die Kontrolle des täglichen Handelns des Einzelnen viel leichter möglich. Bitcoins, die eine anonyme Zahlung über das Internet, aber auch außerhalb des Internets ermöglicht, sind bezeichnenderweise gerade in China Ende 2013 eingeschränkt worden. Dort hat die Notenbank Finanzinstituten den Handel mit Bicoins untersagt. Auch in Deutschland warnt die Bundesbank davor, dass Bitcoins zur Geldwäsche benutzt werden könnten. Das ist die gleiche Argumentation, die auch für die Einschränkung des Bargeldverkehrs angeführt wird.

6.7 Billiges Geld enteignet den Sparer

Die finanzielle Repression trifft derzeit vor allem die Sparer in Lebensversicherungen. Denn was für Schuldner ein Segen ist, wird für Sparer zunehmend zum Fluch. Die Niedrigzinspolitik der Europäischen Zentralbank schützt nicht nur Banken in Südeuropa vor der Insolvenz, sie hilft auch Wolfgang Schäuble aus der Patsche. Man hat den Eindruck, er schafft das Unmögliche: mehr Schulden machen und dennoch weniger bezahlen. Der Bundeshaushalt 2014 sieht einen um 3 Milliarden Euro geringeren Schuldendienst für die Bedienung der um 6,5 Milliarden Euro steigenden Schulden vor. Noch nie waren Schulden für den Bund so billig. Die Finanzagentur Schäubles gibt derzeit eine Tagesanleihe heraus, die den Anlegern einen Zins von 0,022 Prozent anbietet. Da kann man nur mit Sarkasmus reagieren. Die Tagesanleihe des Bundes ist das aktuell beste Steuersparmodell. Denn sie bezahlen nur 0,002 Prozentpunkte Steuern darauf. Wo gibt es das noch? Soweit die blühenden Landschaften der Fiskalisten in den Amtsstuben.

Die trockene und verdorrte Wüste spüren dagegen die Sparer – insbesondere die Sparer in Lebensversicherungen. Sie werden zwangsläufig zur Kasse gebeten. Diese versprechen ihren Kunden, die rund 90 Millionen Verträge abgeschlossen und fast 700 Milliarden Euro in ihre Altersvorsorge investiert haben, im Schnitt eine Garantieverzinsung von 3,4 Prozent. Das ist mit festverzinslichen Wertpapieren nur noch schwer zu erwirtschaften. Eine 10-jährige Anleihe des Bundes rentiert im März 2014 mit 1,6 Prozent, eine 30-jährige Bundesanleihe mit 2,51 Prozent. Da Lebensversicherungen überwiegend in Anleihen bester Bonität investieren müssen, ist es nur eine Frage der Zeit, bis sie Probleme bekommen. Für

Neuverträge reagieren die Lebensversicherungsunternehmen bereits. Die Deutsche Aktuarvereinigung, der Zusammenschluss der Versicherungsmathematiker, hat jetzt dem Bundesfinanzministerium vorgeschlagen, ab 2015 den Garantiezins für neue Lebensversicherungsverträge auf 1,25 Prozent zu reduzieren. In der Hochzeit der Lebensversicherung, in den Jahren von 1994 bis 2000, lag dieser noch bei 4 Prozent. Diese Ansprüche, die den größten Anteil aller Lebensversicherungsverträge in Deutschland ausmachen, müssen die Gesellschaften bis zum Ende erfüllen.

Die Bundesanstalt für Finanzdienstleistungsaufsicht (BaFin) als Finanzaufsicht geht in einem langanhaltenden Niedringszinsszenario von einer ernsten Gefahr für die Lebensversicherungen in Deutschland aus. Deshalb hat sie von den Lebensversicherungen verlangt, Modellrechnungen vorzulegen, die von einer Niedrigzinsphase bis 2018 ausgehen und den Zinsbedarf bis 2027 modellieren sollen. Die Konsequenz dieser Berechnung war, dass sie seit 2011 auf Druck der BaFin eine sogenannte Zinszusatzreserve bilden müssen. Diese Rückstellung für die Erfüllung der garantierten Leistung hat sich inzwischen auf 6 Milliarden Euro angehäuft. Vor diesem Hintergrund sind auch alle parlamentarischen Aktivitäten zu sehen.

Als eines der letzten Gesetzgebungsverfahren in der zurückliegenden Legislaturperiode durfte ich als Berichterstatter das SEPA-Begleitgesetz parlamentarisch umsetzen. Eigentlich ging es dabei lediglich um die Umsetzung einer EU-Verordnung für den einheitlichen Zahlungsverkehr. Ein Bürokratiemonster sondergleichen, das Sie durch Ihre neue Kontonummer inzwischen sehr gut kennen. Da es eine Verordnung der EU war, gab es jedoch nur wenig Handlungsspielraum. Während des parlamentarischen Verfahrens legte das Bundesfinanzministerium im Finanzausschuss plötzlich sogenannte Umdrucke zur Änderung des Versicherungsaufsichtsgesetzes vor. Es seien marginale Änderungen, die an das SEPA-Gesetz angefügt werden könnten, argumentierte der Beamte des Finanzministeriums. So banal der Umdruck daherkam, so tiefgreifend war das Ganze. Es ging um die Frage, wem die Überschüsse der Lebensversicherungen zustehen. Gemeint ist damit weniger das Verhältnis Aktionär und Versicherungskunde. Es geht dabei um die Frage, welche Versicherungsnehmer welche Überschüsse erhalten sollten. Lebensversicherer sind vorsichtige Gesellen. Große Ausschüttungsunterschiede mögen sie gar nicht. Im Prinzip sollen alle gleich viele bzw. wenig Ausschüttungen erhalten. Dieses Glättungsprinzip funktioniert über längere Zeiträume natürlich nicht, doch es soll keine Sprünge in der Ausschüttung geben. Doch zwischen Verbraucherschützern und der Versicherungsbranche gibt es seit Längerem einen intensiven Streit über die Frage, wem die Bewertungsreserven zustehen. Das Bundesverfassungsgericht entschied bereits 2005, dass 50 Prozent dieser Reserven den Versicherungsnehmern zustehen, die ihren Vertrag beenden oder deren Vertrag gerade ausläuft. Erst 2008 setzte der Gesetzgeber dieses Urteil um. Diese Bewertungsreserven bilden sich dann, wenn zum Beispiel deutsche Staatsanleihen vom Versicherer in einer Zeit gekauft wurden, als das Zinsniveau höher lag als heute. Der Kurs der Anleihen stieg seitdem entsprechend zum Ausgabekurs. Die Differenz dazu ist die Bewertungsreserve, eine Art stille Reserve. Hält der Versicherer die Anleihe bis zum Schluss, dann erhält er den Ausgabekurs zurück und die Bewertungsreserve verschwindet ins Nirwana. Die Bewertungsreserve ist je nach Zinssituation mal höher und mal niedriger. Kündigt ein Kunde oder sein Vertrag läuft regulär aus, dann muss ihm der Versicherer unabhängig von seiner Gesamtsituation 50 Prozent dieser stillen Reserve auszahlen. Er muss notfalls sogar gutrentierliche Anleihen verkaufen, um dem Kunden seinen Anteil gutzuschreiben. Was individuell von Vorteil ist, wird für viele Lebensversicherer zur Existenzfrage. Denn diese Bewertungsreserven kommen nicht nur bei Anleihen vor, sondern auch bei Immobilien und Aktien. Solange Lebensversicherer noch hohe stille Reserven vorhalten, gibt es einen ökonomischen Anreiz, die eigene Lebensversicherung zulasten des Versicherungskollektivs zu kündigen oder aufzulösen. Das war der Grund, weshalb sich der Gesamtverband der Versicherungswirtschaft (GdV) auf dem kleinen Dienstweg an das Finanzministerium gewandt und um eine kleine gesetzliche Änderung gebeten hatte. Unter bestimmten Voraussetzungen sollte die Lebensversicherungsgesellschaft von der bisherigen Regel abweichen können. Die Opposition entfachte sofort einen Sturm der Entrüstung, der die Koalitionsfraktionen veranlasste, alles abzublasen. Doch das Thema brennt weiterhin. Nach einem Stresstest der Bundesbank sei bei 32 Lebensversicherern aus heutiger Sicht nicht sichergestellt, dass sie die Zusagen erfüllen könnten.[60] Dies sei ein Drittel der Unternehmen, die ungefähr für 42 Prozent der Beitragseinnahmen stünden. Jetzt hat sich die große Koalition dieses Projekt erneut vorgenommen. Bundestag und Bundesrat haben das entsprechende Gesetz vor der Sommerpause 2014 beschlossen.

Das alles zeigt eines: Den heimischen Lebensversicherern drohen japanische Verhältnisse. Dort hat die Niedrigzinspolitik der japanischen Zentralbank nicht nur die Staatsverschuldung auf über 200 Prozent zur Wirtschaftsleistung hochgetrieben, sondern auch in den 1990er-Jahren zum Zusammenbruch von sieben Lebensversicherern geführt. Hohe garantierte Verzinsungen für Lebensversicherungsverträge konnten am Markt für festverzinsliche Wertpapiere nicht mehr erwirtschaftet werden. Die Folge war, dass der Gesetzgeber den Lebensversicherungen gestattete, ihre Garantieverzinsung für bestehende Lebensversicherungsverträge nachträglich zu reduzieren. Damit ist die Frage beantwortet, wer am Ende die Politik des billigen Geldes bezahlt.

Friedrich August von Hayek kennt die Schuldigen. In seinem bemerkenswerten Buch *Die Entnationalisierung des Geldes* sagt er dazu: »Nicht der Kapitalismus, sondern Regierungseingriffe waren für die wiederkehrenden Krisen der Vergangenheit verantwortlich.« Wohl auch für die der Zukunft.[61]

6.8 Billiges Geld gefährdet Demokratie und Freiheit

Kurz vor Weihnachten 2010 sagte mir ein Vorstandsvorsitzender einer großen Bank: »Herr Schäffler, es gibt drei Möglichkeiten, die Krise zu lösen. Erstens Steuererhöhungen, zweitens Sparen und drittens einen Schuldenschnitt. Die ersten beiden Möglichkeiten sind die unwahrscheinlichsten!« Damals wurde mir schlagartig klar, dass das Verständnis für die Ursache der Krise in der Bankenwelt viel weiter fortgeschritten ist, als es öffentlich deutlich wird.

Dem wahrscheinlichsten Szenario haben wir uns seitdem ein ganzes Stück angenähert. Die Schulden explodieren, die Notenbanken intervenieren immer stärker und Demokratie und Rechtsstaat werden immer mehr geschleift. Die Freiheit stirbt jeden Tag ein Stückchen mehr. Was mich verzweifeln lässt, ist die Frage, warum sich eine Gesellschaft nicht dagegen wehrt. Was ist es: Lethargie oder Ignoranz? Vielleicht beides. Doch das wäre fatal. Denn wir leben in einer Zeitenwende, die große gesellschaftliche Umbrüche und Veränderungen erwarten lässt. In der jüngeren deutschen und europäischen Geschichte gab es wahrscheinlich keine vergleichbare Situation. Wäre sie nur auf Europa beschränkt, könnten Kritiker dem europäischen Modell des Wohlfahrtsstaates die Schuld geben. Aber dies wäre zu kurz gesprungen. In Wirklichkeit sehen wir eine weltweite Krise des Papiergeldsystems.

Das ist keine erfreuliche Botschaft, doch die kollektive Verdrängung ist schlimmer. Ich weiß nicht, ob der Banker, mit dem ich vor fast vier Jahren sprach, schon von Ludwig von Mises gehört hatte. Jedenfalls kam Mises zur gleichen Erkenntnis:

> »Was für eine nachhaltige Produktionsausweitung gebraucht wird, sind zusätzliche Kapitalgüter, nicht Geld oder Umlaufsmittel. Der Kreditboom ist auf dem Sand von Banknoten und -einlagen gebaut. Er muss kollabieren.«[62]

Wenn dies passiert, hat dies zwangsläufig Folgen für unser tägliches Zusammenleben. Natürlich ist dies auch ein fundamentales Risiko für unsere Demokratie. Zu befürchten ist, dass dann kein Stein mehr auf dem anderen bleibt. Das Geldsystem, so wie es derzeit aufgebaut wird, zerstört sich nicht nur selbst, sondern zerstört auch die Demokratie und die Freiheit.

Wer die individuelle Freiheit beschränkt, Bürger in ihren Lebensentscheidungen steuern will, erntet irgendwann Wut und Verdrossenheit. Deshalb ist diese Entwicklung viel mehr als eine rein ökonomische Frage. Sie ist letztlich ein Angriff auf unsere Demokratie, denn diese soll die Rechte des Einzelnen schützen und dafür ist Marktwirtschaft notwendig. Doch viele haben daran Zweifel. Wenn der wirtschaftliche Erfolg Chinas beschrieben wird, schaut man bei uns mit Verwunderung nach Fernost. Ist das chinesische Gesellschaftsmodell, die Gewährung von wirtschaftlicher Freiheit unter Einschränkung der politischen Freiheit, dem westlichen Modell, also dem Gleichlaufen von wirtschaftlicher und politischer Freiheit, überlegen? Man könnte sehr schnell zu diesem Schluss kommen, denn

Chinas unaufhörlichen Aufstieg zur wirtschaftlichen Supermacht belegen die nackten Zahlen. Das jährliche Wachstum der Volksrepublik betrug in den vergangenen Jahren 9,3 Prozent. Mit 12,4 Billionen Dollar hat China inzwischen eine fast viermal so große Wirtschaftsleistung wie Deutschland. China hat inzwischen Dreiviertel der Wirtschaftsleistung der USA erreicht, und es ist bei diesen Wachstumsraten nur eine Frage der Zeit, bis es die USA überholen wird. In China leben 16-mal mehr Menschen als in Deutschland und viermal so viele wie in den USA.

Gleichzeitig werden politische Häftlinge willkürlich eingesperrt. Ende 2013 wurde in einem spektakulären Fall Anklage gegen den Bürgerrechtler Xu Zhiyong erhoben. Diesem wird die »Organisation einer Menschenmenge mit dem Ziel der Störung der öffentlichen Ordnung« vorgeworfen. Xu Zhiyong steht an der Spitze der »Bewegung der neuen Bürger«, die gegen Ungerechtigkeit, Korruption und Machtmissbrauch kämpft. Dem 40-Jährigen drohen bis zu fünf Jahre Haft. Inzwischen sollen über 65 Mitglieder seiner Bewegung festgenommen worden sein.

Die amerikanische Heritage Foundation untersucht seit nunmehr 20 Jahren die Entwicklung der ökonomischen Freiheit auf dieser Welt. In einem Index listet sie anhand von zehn Kriterien (offene Märkte, Grad der Korruption, Eigentumsschutz etc.) eine Reihenfolge der Staaten mit der größten wirtschaftlichen Freiheit auf.

Deutschland spielt im wirtschaftlichen Freiheitsindex 2014 nicht in der Champions League. Dort befinden sich HongKong, Singapur, Australien, Schweiz, Neuseeland und Kanada. Erst danach folgt »Good old Germany« auf Platz 18 in der Gruppe mit Mauritius (8), Botswana (27), Kolumbien (34), die als »größtenteils frei« gelten. Schlusslicht ist auf Platz 178 Nordkorea, wen wundert's? Auf Europa bezogen belegt Deutschland Platz 8, hinter der Schweiz, Irland, Dänemark, Estland, Großbritannien, Niederlande und Luxemburg. Schlusslicht ist die Ukraine, wen wundert's?

Deutschland fällt ab, weil es eine zu große Staatsquote und eine zu hohe Steuerbelastung im Vergleich zum Durchschnitt der 178 Länder hat. Auch die Vertragsfreiheit zwischen Arbeitnehmern und Arbeitgebern ist im Vergleich unterdurchschnittlich. Beides sind bekannte Baustellen in Deutschland.

Das prosperierende China dagegen bekommt auf Platz 137 das Prädikat »größtenteils unfrei«. Es ist als Rechtsstaat weit unterdurchschnittlich, fällt in der Korruptionsbekämpfung zurück, hat einen überdurchschnittlichen Staatsanteil und auch die Steuerbelastung ist hoch. Das hat sich, seitdem der Heritage-Freiheitsindex erstellt wird, nicht verändert.

Die Kernaussage der Analyse der Heritage Foundation ist, es bestehe ein Zusammenhang zwischen freier Marktwirtschaft und politischer Freiheit. Je weniger frei eine Marktwirtschaft ist, desto größer ist die Korruption, desto geringer ist der Schutz des Eigentums, desto schärfer sind Handelsbeschränkungen, desto höher sind die Steuern, desto größer ist der Staatsanteil und desto geringer die individuelle Freiheit, das Recht und die Demokratie. Wer politische Freiheit will, muss wirtschaftliche Freiheit schaffen.

7. AM VORABEND DER NÄCHSTEN KRISE

7.1 Die nächsten Einschläge kommen aus der Peripherie

Die entscheidende Frage ist, wo die nächste Blase platzen wird. Es spricht viel dafür, dass es dieses Mal die Emerging Markets in Lateinamerika, Indien, Russland oder China sowie die Anleihenmärkte und erneut die Vermögensgütermärkte sein werden. Wer die Entwicklung im Frühjahr 2014 in Lateinamerika, Indien und der Türkei verfolgt hat, konnte zunehmende Nervosität der dortigen Notenbanken und Regierungen feststellen. Immer dann, wenn Geld im Überfluss da ist, wird es überall investiert. Wenn die Risikoaversion abnimmt, fließt Geld in die aufstrebenden Volkswirtschaften, die positiven ökonomischen Nachrichten über diese Länder überschlagen sich. Es wird dort investiert, Wachstum entsteht, Arbeitsplätze werden geschaffen und Steuereinnahmen vereinnahmt. Wenn Steuereinnahmen steigen, ist der Ausgabenwunsch häufig ebenfalls vorhanden. Die Verschuldung der Staaten steigt und die Notenpresse wird angeworfen. Wenn in einer solchen Situation – wie jetzt im Sommer 2014 – der internationale Geldhahn zugedreht wird und sei es nur »ein kleiner Tropfen«, dann ziehen internationale Investoren ihre Gelder ab und die Blase platzt. So sieht die Situation derzeit in den Emerging Markets aus.

Allein die Ankündigung der amerikanischen Notenbank Fed, die monatlichen Ankäufe amerikanischer Schulden von ursprünglich 85 Milliarden Dollar in 10 Milliarden Dollar-Schritten zurückzufahren, führt zur Verunsicherung der Märkte. Wie prekär die Lage ist, zeigt die Relation.

In 2013 haben die Bank of Japan und die Fed allein 1,7 Billionen Dollar durch Aufkäufe von Hypothekenpapieren und Staatsanleihen in den Markt gepumpt. Die Reduzierung von monatlich 10 Milliarden sind auf das Jahr bezogen gerade einmal 7 Prozent dieser Summe. Und schon herrscht Nervosität, denn die Währungen dieser Länder stehen unter massivem Abwertungsdruck. Wird die Luft aus der Blase gelassen, entweicht sie zuerst in der Peripherie, da Investoren ihre Gelder aus den für sie unsicheren Emerging Markets abziehen, um sie in den vermeintlich sicheren Hafen zu bringen. So entsteht ein Abwertungsdruck auf die eigene Landeswährung gegenüber dem Dollar und anderen Währungen. Die Folge ist, dass die Länder mit einer massiven Erhöhung ihres Notenbank-Leitzinses reagieren. So hat die Türkei im Januar mit einer Erhöhung ihres Leitzinses von 4,5 auf 10 Prozent reagiert. Zum Vergleich: Die USA haben ihren Leitzins seit Ende 2008 faktisch bei 0 Prozent eingefroren.

In der Folge erhöhen sich mittelbar die Finanzierungskosten im eigenen Land, und damit können Investitionen schwerer mit neuen Schulden finanziert werden. Kann der Abwertungsdruck dennoch nicht gestoppt werden, erhöhen sich die Importpreise insbesondere für Rohstoffe wie Öl, die die Inflation der Konsumgüterpreise anheizen. Dann ist die Kombination aus schwacher wirtschaftlicher Entwicklung und Inflation da, die mit zu hohen Staatsausgaben verheerende Folgen haben kann, bis hin zur Zahlungsunfähigkeit des Landes.

Auf diesem Weg befinden wir uns gerade. Ich rechne damit, dass die nächste Korrektur sehr schnell über die Schwellenländer und anschließend über uns hereinbrechen wird. Der indische Notenbankpräsident Raghuram Rajan erklärte dazu am 31. Januar 2014 in der *FAZ*: »Die Schwellenländer haben mit großen fiskalischen und geldpolitischen Stimuli versucht, die Weltwirtschaft zu stützen.« Würden die Industrieländer dabei nicht mithelfen, »könnten wir zu Anpassungen gezwungen sein, die sie nicht mögen«, so Rajan weiter. Er droht also ganz offen mit Rückschlägen der Schwellenländer, was auch zu konjunkturellen Rückschlägen für die Weltwirtschaft führen würde.

7.2 Die nächsten Einschläge kommen von den Anleihenmärkten

Die nächste Blase an den Anleihenmärkten wird platzen, und wir stehen kurz davor. Dieses Platzen wird in einer Weise stattfinden, wie wir es bislang noch nicht erlebt haben. Die Beruhigungspillen, die die Notenbanken derzeit verteilen, sind Vorboten dieser Entwicklung. Nicht ohne Grund setzen die Notenbanken weltweit ihre Niedrigzinspolitik unvermindert oder sogar mit noch niedrigeren Zinsen fort. Und nicht ohne Grund kündigte die EZB im April 2014 neue unkonventionelle Maßnahmen der Geldpolitik an, die sie im Juni umgesetzt hat. Ebenfalls nicht ohne Grund bereitet sich die europäische Bankenwelt auf einen Bankenstresstest vor, der nur ein Ergebnis haben wird. Viele Banken sind unterkapitalisiert und müssen sich frisches Geld besorgen. Dies werden der Europäische Abwicklungsfonds, die Europäische Zentralbank und der Europäische Stabilitätsmechanismus in einer großen konzertierten Aktion tun. Dies wird zu einer Verstaatlichungswelle neueren Ausmaßes im Finanzsektor führen, da die Kapitalmärkte selbst kein Geld bereitstellen werden. Die Steuerzahler und Sparer werden dadurch noch stärker in Haftung und Verantwortung genommen.

Denn die Manipulation des Zinses durch die Notenbanken dient dazu, die Finanzierung des Staates und der Wirtschaft mit neuen Krediten erträglich zu machen. Für die Unternehmensanleihen ist das von besonderer Bedeutung. Diese sind durch die Zinsmanipulationen nicht richtig bewertet, und ihr Volumen hat in den letzten Jahren massiv zugenommen. Claus Vogt, einer der besten Analysten in Deutschland, hat die Entwicklung der sogenannten Covenant-Lite-Kredite in den USA zwischen 1997 und 2013 verglichen. Darunter versteht man ein Kreditsegment, bei dem Gläubiger weitgehend auf Absicherungsklauseln für ihre Kredite verzichten. Es handelt sich also um ein hochriskantes Kreditsegment. Dieses hatte 2007 beim Platzen der letzten Blase in den USA ein Volumen von 100 Milliarden Dollar. Ende 2013 ging Vogt von einer Erhöhung des Volumens um 100 Prozent aus. Dies ist nur ein kleiner Ausschnitt der Entwicklung an den Anleihenmärkten.

Steigen die Zinsen in den Schwellenländern und geraten diese dadurch mehr und mehr in Schwierigkeiten, erhöht dies den Druck auf die Staatsanleihen in den großen Volkswirtschaften. Dies ist seit über einem Jahr bereits der Fall. Einen Anstieg der langfristigen Zinsen können die Notenbanken über ihre klassischen Instrumente der Leitzinspolitik nicht steuern. Deshalb sind alle großen Notenbanken mehr oder weniger zu »unorthodoxen« Maßnahmen übergegangen. Gemeint ist der direkte Aufkauf von Staats- und Unternehmensanleihen oder von Hypothekenpapieren. Sie glauben, dies würde die Nachfrage erhöhen, die Anleihenpreise steigen lassen und damit die langfristigen Zinsen senken. Dies mag zu Beginn auch gelungen sein. Doch sowohl Emittenten als auch private Nachfrager rechnen diese staatliche Intervention in ihre Entscheidungen ein. Die Folge: Die Notenbanken befinden sich wie der Hamster im Laufrad: Sie müssen immer schneller rennen, um das vermeintliche Ziel zu erreichen, das man jedoch nicht erreichen kann.

Gleichzeitig steigt die Abhängigkeit der Schuldenstaaten von ihren heimischen Banken und umgekehrt. So stieg der Anteil der Staatsanleihen in den Portfolien der jeweils heimischen Banken in Italien von 2010 bis Mitte 2013 von 155 auf 208 Milliarden Euro an[63] und in Spanien von 138 auf 177 Milliarden Euro. Der Anteil der ausländischen Banken sank dagegen massiv. Insbesondere in Spanien ist dies ein drohendes Zeichen für die Zunahme der Risiken für den dortigen Bankensektor. Grund dafür ist auch die sogenannte Nullgewichtung von Staatsanleihen im Euroraum. Nach dem Regulierungsstandard Basel II können Banken mit null Eigenkapital Staatsanleihen erwerben. Banken können also ohne eigenes Geld Staatsanleihen des eigenen Landes kaufen, diese als Sicherheiten bei ihrer Notenbank oder der EZB einreichen und dafür frisches Zentralbankgeld bereitgestellt bekommen. Damit können sie erneut Staatsanleihen des eigenen Landes kaufen und das wiederum ohne eine Anrechnung von Eigenkapital. Das Zentralbankgeld stellt die EZB den Banken faktisch umsonst zur Verfügung. Dieses unschlagbare Geschäftsmodell ist pervers. Diese Regelung macht innerhalb des Euroraums keinen Unterschied, ob die Anleihe vom griechischen, zyprischen, finnischen oder deutschen Staat herausgegeben wurde. Der 2013 auch im deutschen Recht umgesetzte Basel-III-Standard, der die Eigenkapitalquote der Banken etwas erhöht hat, schießt am eigentlichen Problem vorbei. Die Nullgewichtung der Staatsanleihen bleibt bestehen. Die Blase kann also weiter wachsen. Wie so häufig in den letzten Jahren ist die Regulierung des Bankensektors nur Kosmetik, um Handlungswillen zu demonstrieren.

Das Platzen der Anleihenblase bedarf keines konkreten Anlasses, sondern wir sind bereits mittendrin. Auch als die zurückliegenden Blasen platzten, gab es keinen konkreten Anlass. Die Terroranschläge am 11. September 2001 verstärkten zwar den Abwärtstrend der Börsen weltweit, aber der Höhepunkt der Börsenhausse war bereits Ende 1999 mit fast 7000 Punkten beim Deutschen Aktienindex DAX. Auch der Zusammenbruch von Lehman Brothers am 15. September 2008 war nicht der Beginn der Börsenkorrektur, sondern diese begann in Deutschland am 21. Januar, als der DAX allein an einem Tag 524 Punkte bzw. 7,16 Prozent verlor.

7.3 Die nächsten Einschläge kommen erneut von den Immobilienmärkten

Ein weiteres Indiz für eine erneute weltwirtschaftliche Korrektur ist bei den Immobilienpreisen zu erwarten. Bekanntlich hat die letzte Krise ihren Ausgang in der Korrektur der Immobilienpreise in den USA genommen. Mitte 2006 war das »All-Time-High«. Damals wurden pro Jahr 2,3 Millionen Wohnungen gebaut. Zwar haben sich die Immobilienpreise erheblich reduziert und die USA liegen immer noch 20 Prozent unter dem Höchststand. Aber die Immobilienpreise steigen derzeit stark an. Allein in 2013 um 13,6 Prozent und seit März 2012 um 24 Prozent.[64] Ein weiteres Indiz sind auch die wieder stark steigenden Zahlen der Neubauten. So haben seit dem Tiefpunkt 2009 sowohl in den USA als auch in England, Japan und Deutschland die Wohnungsneubauten wieder angezogen. Allein die Auftragseingänge in Deutschland und den USA stiegen von 2009 bis Ende 2013 um rund 50 Prozent, in England sogar um 60 Prozent.[65] Gerade London erlebt seit dem Beginn der Finanzkrise einen beispiellosen Ansturm ausländischer Immobilieninvestoren. 2012 und 2013 entfielen 69 Prozent der Neubaukäufe in der Londoner Innenstadt auf ausländische Investoren.[66] Im ersten Quartal 2014 stiegen die Immobilienpreise gegenüber dem Vorjahr allein um 20 Prozent.[67] Das war der höchste

Preisanstieg seit 2003. Dies verwundert nicht. Denn seit Mitte 2006 hat die Bank of England ihre Notenbankbilanz um 360 Prozent gesteigert und damit frisches Geld in den Markt gepumpt.

Welche Folgen diese Politik hat, kann man sehr gut in Spanien beobachten. Dort sind die Immobilienpreise seit 2007 um 40 Prozent eingebrochen. Die Ratingagentur Standard & Poor's rechnet mit einem Sinken der Hauspreise um weitere 2 Prozent gegenüber dem Vorjahr. Dadurch sinken die Beleihungswerte der Immobilien. Der Wohnungsbau und das Baunebengewerbe sind anschließend völlig zum Erliegen gekommen. In 2013 ist das Hypothekengeschäft der spanischen Banken nochmals um 28 Prozent gesunken[68] – trotz des Umstandes, dass die Banken wieder mit 100 Prozent-Finanzierungen und Finanzierungskonditionen von 1,5 Prozent für eine fünfjährigen Darlehensfestschreibung werben. Die Banken wollen damit die Immobilienbestände in ihrer Bilanz wieder loswerden. Diese haben sie durch die Insolvenz zahlreicher Bauträger erhalten, die von ihnen finanziert wurden. Jetzt wollen sie diesen Schrott vor dem Bankenstresstest der EZB und der EBA in 2014 abstoßen. Der Test prüft unter anderem bei den großen Banken in Europa, ob eine Bank den Rückgang der Häuserpreise um durchschnittlich 19 Prozent verkraften kann. Da wird das Eigenkapital in einer Bank sehr schnell knapp.

Ein Bankenstresstest ist ohnehin eine unsinnige Veranstaltung. Was soll er bringen? Kommt heraus, dass die Banken kein zusätzliches Kapital benötigen, wird in der aktuellen Situation jeder sagen, er sei zu lasch gewesen. Kommt ein erhöhter Kapitalbedarf für Banken heraus, bricht schnell Panik aus. Der Bankenstresstest 2007, den der IWF durchgeführt hatte, verschonte Bear Stearns und Lehman Brothers, die anschließend pleite waren. Der Bankenstresstest der Vereinigung der europäischen Bankenaufseher (CEBS) im Mai 2010 wurde von den Märkten als »Gefälligkeitstest« wahrgenommen und auch so behandelt. In Deutschland fiel nur die HRE durch, was eh jeder wusste. Ich saß damals im Vorfeld dieses Stresstests mit einem leitenden Mitarbeiter im Finanzministerium zusammen, der sich wegen der Stresstestkriterien die Haare raufte. Es ging bei der Festlegung der Kriterien lediglich darum, wie die »eigenen« Banken möglichst gut abschneiden könnten. Die spanische Regierung war anscheinend besonders aktiv. Auch der von der EBA 2011 durchgeführte Stresstest gilt heute als weitgehend fehlgeschlagen. Beim nächsten Test soll alles noch strenger werden. Aber auch bis zum Juni 2014 lagen die Anforderungen unterhalb der Kriterien, die der Markt fordert.

Die Bankenstresstests sind ein gefundenes Fressen für alle Einflussnehmer, Einflüsterer, Lobbyisten und Verbandsfunktionäre, um für ihre Auftraggeber das Schlimmste zu verhindern. Sie sind die Grundlage für eine neue Stufe der Interventionsspirale. Allein der neue Stresstest 2014 wird von 6000 Fachleuten durchgeführt – ohnehin keine leichte Aufgabe in normalen Zeiten. Inmitten der schwersten Finanzkrise in der Eurozone ist diese Maßnahme jedoch Harakiri. Schon jetzt kommt heraus, dass die Spezialisten es nicht rechtzeitig vor der offiziellen Übernahme der Bankenaufsicht durch die Europäische Zentralbank im November 2014 schaffen. Daher geht man inzwischen von einem individuellen Ansatz zu einem pauschalen Ansatz über. Soll heißen, jetzt greift die Daumenregel. Das Ziel war ursprünglich, die Glaubwürdigkeit des europäischen Bankensektors wiederherzustellen, indem man die Bücher von der staatlichen Aufsicht durchforsten lässt. Jetzt gerät die Sache zum reinen Willkürakt. Das wird kein Vertrauen schaffen, sondern im besten Falle, wie die zwei vorangegangenen Stresstests, nicht ernst genommen. Bereits im Frühjahr des Jahres gab es Schätzungen, die einen Kapitalbedarf der Banken in Europa von über 100 Milliarden Euro erwarteten. Da lohnte es sich doch für jede Bank, in bessere Verbandsstrukturen, Berater und Lobbyisten zu investieren.

Zurück zu Spanien. Der Immobilienbereich war bis zum Zusammenbruch die Boombranche der spanischen Wirtschaft. Globale Unternehmen der Baubranche entstanden. So konnte der spanische Baukonzern Actividades de Construccion y Servicios (ACS) im Frühjahr 2007 mit Erfolg eine feindliche Übernahme des deutschen Traditionsunternehmens Hochtief in Essen einleiten. Das spanische Unternehmen ergriff die Flucht nach vorn und suchte weltweit Übernahme- und Expansionsmöglichkeiten, weil der Heimatmarkt zusammenbrach. Das war aus Unternehmenssicht schlau, denn inzwischen liegt die spanische Wirtschaft am Boden.

Immobilienblasen erleben wir in Griechenland, Zypern, Portugal, Irland, Italien, Frankreich, England, Dänemark und den Niederlanden. Der

Bauboom in Europa bis zum Crash hat Auswirkungen bis in meine ost-westfälisch-lippische Heimat. Hier werden viele Möbel für den deutschen Markt und den Export gebaut. In den letzten Jahren profitierte die regionale Branche stark von den Entwicklungen auf den Immobilienmärkten im benachbarten Ausland. Mit dem Platzen der Immobilienblasen in Frankreich und den Niederlanden ging der Wohnungsneubau zurück. Die wichtigsten Exportmärkte Frankreich und die Niederlande brachen ein, da ohne Wohnungsneubau in der Regel auch weniger Möbel gekauft werden. Der Absatz deutscher Möbel auf dem französischen Markt schrumpfte im ersten Halbjahr 2013 um über 13 Prozent, in den Niederlanden um fast 20 Prozent und in Italien um über 9 Prozent.

Das Beispiel der Möbelindustrie zeigt, wie Blasen die Wirtschaftsstrukturen auch in angrenzenden Wirtschaftszweigen verzerren. Die künstliche Nachfrage nach Wohnungen hat vorgespiegelt, es sei eine dauerhafte Nachfrage nach Möbeln zu erwarten. Die Peripherie-Blasen haben somit zu Investitionen in Deutschland geführt, die sich jetzt als Fehlinvestitionen erweisen können. Eine Blase im Immobiliensektor verzerrt somit nicht nur die Struktur der Investitionen dort, sondern in ihrem Gefolge auch den Aufbau anderer Industrien.

Dabei bleibt es nicht. Aus dem Markt höre ich, die Kreditbranche finanziere derzeit bevorzugt deutsche Möbelhäuser. Man rechnet wegen des deutschen Immobilienbooms – die Immobilienblasen wandern durch Europa und sind nun in Deutschland angekommen – mit einem Anziehen der Nachfrage, die bedient werden müsse. Man braucht Schauräume und neue, repräsentative Verkaufsflächen. Dafür brauchen die Möbelhändler Kredite, die ihnen von den Banken derzeit mit Kusshand zufliegen. Die Bonität der Möbelhändler wird in Erwartung besten Geschäfts kaum geprüft. Problematisch wird dies, wenn die Kredite nicht schnell genug vor dem Platzen der deutschen Immobilienblase rückgeführt werden. Dann werden die Möbelhändler in Schwierigkeiten geraten und mit ihnen die Banken. Blasen führen nur zu einer Scheinnachfrage. Investitionen, mit denen diese Scheinnachfrage bedient werden soll, müssen sich als schlecht erweisen. Das bedeutet: Immenser Wohlstand wird vernichtet. Wir könnten alle viel reicher sein, wenn es keine Blasen gäbe. Jede Blase bedeutet die Vernichtung von Kapital, von Zeit und Arbeitskraft.

Für dieses Zerstörungswerk der Blasen ist die Geldpolitik verantwortlich. Das muss man sich bewusst machen. Die von den Zentralbanken befohlenen Niedrigzinsen bedeuten, dass Investitionen nur scheinbar gute Renditen abwerfen. In Wirklichkeit wird etwas produziert, für das wir keine Verwendung haben. Millionen von Arbeitsstunden werden verschwendet – Millionen von Arbeitsstunden, die abgeleistet werden, ohne dass am Ende ein bleibendes Werk entsteht. Stattdessen wird für die Müllhalde produziert – und ich übertreibe nicht. Diese Verschwendung von Arbeits- und Lebenszeit ist im Grunde ein Verbrechen.

Man führe sich vor Augen: Was wäre denn, wenn wir nicht dafür arbeiten würden, damit Blasenprojekte erbaut werden, sondern einfach in der Hängematte die Sonne genießen würden? Ich sage es Ihnen: Wir wären genauso vermögend. Es macht keinen Unterschied, ob Sie für Blasen arbeiten oder in der Sonne liegen. Doch die falsche Geldpolitik sorgt dafür, dass Sie Überstunden machen, statt sich zu bräunen.

8. Was jetzt zu tun ist

8.1 Mehr Mut zur Freiheit

Wie schaffen wir die Trendwende? Wie gelingt es uns, für mehr Freiheit, Eigenverantwortung und die Marktwirtschaft einzutreten? Ich bin fest davon überzeugt, es erfordert im Wesentlichen eines: Mut! Man muss es tun! Ich will Ihnen im Folgenden aufzeigen, an welcher Stelle dieser Mut notwendig und Erfolg versprechend ist, um mehr Freiheit zu schaffen.

Ich erinnere mich noch sehr genau an eine Veranstaltung der FDP-Fraktion im Frühjahr 2006 zum Kammerzwang. Damals diskutierte die FDP leidenschaftlich über die Abschaffung der Zwangsmitgliedschaften, insbesondere von Gewerbetreibenden bei der Industrie- und Handelskammer. Schon vorher, im Jahr 2000, war ich bei einer Veranstaltung von sogenannten Kammerjägern im lippischen Lemgo. Dort saßen etwa 300 Kleinstgewerbetreibende vom Honigverkäufer über Trödelhändler Handelsvertreter und andere zusammen und diskutierten über die Zwangsmitgliedschaft in der IHK. Unabhängig von ihrem Umsatz mussten sie Mitglied in der IHK sein, obwohl sie davon keine Vorteile hatten. Als Liberaler fühlte ich mich angesprochen und seitdem habe ich mich für diese Anliegen eingesetzt.

Die Veranstaltung der FDP-Fraktion fand wie viele Veranstaltungen im politischen Berlin statt. Wenn man sich eine Meinung bilden will, lädt man die Verbände ein. So auch damals. Ein Vertreter des Handwerkskammertages, ein Vertreter des Deutschen Industrie- und Handelskammertages, ein Vertreter des Bundes der Deutschen Industrie und ein Vertreter der Arbeitsgemeinschaft selbstständiger Unternehmer (ASU), heute mit dem

Zusatz »die Familienunternehmer«. Während die großen Verbände, die sonst immer auf Wettbewerb und Vertragsfreiheit setzen, interessengeleitet die Wichtigkeit der Zwangsmitgliedschaft für den Gesamtvertretungsanspruch der Wirtschaft gegenüber der Politik deutlich machten und die FDP vor diesem Schritt warnten, vertrat der Vertreter der Familienunternehmer, die entgegengesetzte Position. Dieser Vertreter war der damalige Leiter des Unternehmerinstituts der ASU, Professor Gerd Habermann. Er war nicht nur dagegen, sondern vertrat dies mit einer Konsequenz, die mich bis heute sehr beeindruckt und die ich bei ihm immer wieder erleben durfte. Ein Liberaler, wie ich ihn mir vorstelle. Er hat auf die individuelle Freiheit jedes einzelnen Gewerbetreibenden gepocht. Zwang führe zu Trägheit, zur Verkastung und zu Unfreiheit. Gerd Habermann erklärte, Kammern seien »gut und nützlich, soweit ihre Leistungen frei abgerufen und finanziert werden wie in der Schweiz oder den USA. Kammerzwang, die Nötigung für alle Gewerbetreibende, sich einer Kammer anzuschließen, ist dagegen nicht mit freiheitlichen Grundsätzen vereinbar und einfach ein starkes Stück wie die öffentliche Rundfunksteuer«.[69]

Inzwischen ist daraus eine enge Verbindung geworden. Habermann hat es geschafft, die Familienunternehmer als ordnungspolitisches Gewissen im politischen Berlin zu positionieren. Während sich fast alle anderen Verbände »pragmatisch« mit der Politik auseinandersetzen, um an einem Gesetzentwurf ein Komma oder einen Halbsatz zu verändern, versucht Habermann, die Grundlinien zu beeinflussen und die Freiheit über alles zu stellen. Und das ohne jegliche Eigeninteressen. Das ist viel wert in der heutigen Zeit. Dies wirkt auch nach seinem Ausscheiden bei den Familienunternehmern nach.

Aus diesen und anderen Kontakten hat sich inzwischen ein umfangreiches Netzwerk von Liberalen in und außerhalb der FDP entwickelt, die innerhalb der FDP auch die Basis der »Graswurzelbewegung« Liberaler Aufbruch bilden. Im Sommer 2010 war Kollegen aus der Bundestagsfraktion und weiteren Funktionsträgern der FDP klar, dass die Krise der FDP fundamentaler Natur ist. Um dem politischen Liberalismus in Deutschland auch künftig eine parteipolitische Heimat zu geben, darf sich die FDP nicht zu einer Partei des »Säuselliberalismus« entwickeln. Was uns eint, ist die Sorge, dass die FDP dadurch nicht nur ihre historischen

Wurzeln zerstört und damit beliebig würde, sondern dass der Sozialde-mokratisierung in der Gesellschaft keine politische Kraft mehr entgegen-steht, die für die individuelle Freiheit kämpft. Die FDP muss eine klas-sisch-liberale Partei werden. Der Staat bevormundet seine Bürger in allen Lebenslagen. Egal, ob bei der Mülltrennung, beim E10-Kraftstoff oder bei den »Vätermonaten« im Erziehungsurlaub: Die Liste der Bevormundun-gen durch den Staat ist lang und allgegenwärtig. In der Finanzkrise sind und waren der Staat und seine Regierung überfordert. Sie konnten nicht halten, was sie versprochen hatten. Deshalb muss man auf die Kraft des Individuums setzen.

Was anfangs von der Parteiführung belächelt wurde, ist inzwischen zu einer bundesweit vernetzten Gruppe geworden, die, am üblichen Partei-apparat vorbei, auf Parteitagen mit Antragsinitiativen punktet. Außerhalb der FDP gibt es inzwischen bundesweit über 50 Hayek-Clubs, in denen sich Liberale zusammenfinden. Aus den Erkenntnissen vieler konstruk-tiver und prägender Gesprächsrunden hat sich dabei meine Vorstellung eines wirklich freien Deutschlands und eines tatsächlich freien Europas verfestigt. Der Gründungsaufruf des Liberalen Aufbruchs, den wir am 11. September 2010 mit dem Titel »Habe Mut zum Liberalismus« veröf-fentlicht haben, gibt dies in seinen wesentlichen Teilen wieder:[70]

[...] Das Ziel des Liberalen Aufbruchs besteht [...] darin, FDP-Mitglieder, die sich als klassische Liberale verstehen, zu versammeln und durch inhaltliche Stellungnahmen sowie aktive politische Koordination dazu beizutragen, dass sich die FDP zu einer klassisch-liberalen Partei entwickelt.

Obwohl der Liberalismus geschichtlich die erste politische Richtung war, die dem Wohle aller, nicht dem besonderer Schichten dienen wollte, ist es der FDP bislang nicht gelungen, diesen Grundsatz glaubwürdig in Tagespolitik umzusetzen. Unser Problem besteht darin, dass wir mehr Menschen und Amtsträger benötigen, die sich an diesen liberalen Grundsatz halten. Unse-re derzeitige Misere hat auch nichts mit Grundsatzstreitigkeiten innerhalb der FDP zu tun; denn solche gibt es nur, wenn nach Grundsätzen gehandelt wird. Wir unterfordern Mitglieder, Anhänger, Wähler und nicht zuletzt auch unseren Koalitionspartner. Zudem fällt auf, dass wir in Bündnissen, in die wir deutlich weniger als 14,6 Prozent der Wählerstimmen eingebracht haben, deutlich mehr liberale Grundsätze durchsetzen konnten.

Wäre die heutige FDP glaubwürdig als klassisch-liberale Partei aufgestellt, als Partei, die das Wohl aller will und nicht das besonderer Schichten und einzelner Personen und die sich deshalb strikt an rechtsstaatliche Grundsätze hält, dann würde auch das FDP-Bashing von Merkel und Seehofer ins Leere laufen.

Die FDP muss als Rechtsstaatspartei erkennbar sein, deren höchster Grundsatz die individuelle Freiheit ist. Wir machen hingegen seit den 70er-Jahren enorme Zugeständnisse an den Kollektivismus und das materielle Gleichheitsdenken. Diese Zugeständnisse sind auch die Ursache dafür, dass wir uns nicht trauen, ein Europa der individuellen Freiheit zu fordern und als Amtsträger entsprechend zu handeln.

Der Liberale Aufbruch sieht es als seine oberste Aufgabe an, die Einhaltung rechtsstaatlicher Grundsätze und den Schutz der individuellen Freiheit in allen Politikbereichen anzumahnen und einzuklagen und insbesondere jene FDP-Amts- und Mandatsträger in Bund, Ländern und Gemeinden aktiv öffentlich zu unterstützen, die in ihrer Amtsführung und ihrem Abstimmungsverhalten konsequent den Schutz der individuellen Freiheit erkennen lassen.

Individuelle Freiheit heißt, dass Menschen unabhängig von der nötigenden Willkür anderer Menschen leben können. Die individuelle Freiheit für alle Bürger eines Gemeinwesens kann nur durch die Herrschaft des Gesetzes (rule of law) geschützt werden. Durch allgemeine und abstrakte Regeln soll sichergestellt werden, dass jeder Mensch – sei er Arbeiter oder Unternehmer, adliger, bürgerlicher oder proletarischer Herkunft, reich oder arm – frei leben kann. Der Staat ist deshalb eine Vereinigung von Bürgern unter Rechtsgesetze, durch die die gleiche Freiheit für alle hergestellt und gesichert wird. Das Recht ist mit der Befugnis zur Anwendung von Zwang verbunden, und nur der Staat hat das Recht zur Ausübung von Zwang. Aber er hat es auch nur, um eine Verfassung von der größten Freiheit zwischen Menschen zu errichten und zu sichern, nicht von der größten Glückseligkeit und Wohlfahrt. Der Staat darf keine Glücks- und Wohlfahrtsvorstellungen per Gesetz – und das heißt per Zwang – durchsetzen oder fördern. Der Staat hat lediglich dafür zu sorgen, dass die Glücks- und Wohlfahrtsvorstellungen der Menschen nebeneinander bestehen können. Glücks- und Wohlfahrtsvorstellungen sind ausschließlich individuelle Lebensführungsprogramme. Kein Mensch, keine Gruppe, keine noch so demokratisch gewählte Mehrheit und auch kein Staat haben deshalb das Recht, Menschen zu zwingen, auf eine bestimmte Art und Weise glücklich zu sein.

Wenn sich die FDP dauerhaft ihr Wählerpotenzial von 20 bis 25 Prozent erschließen will, dann muss sich die FDP der herrschenden freiheitsfeindlichen Politik entgegenstellen. Denn die herrschende Politik und die meisten staatlichen Institutionen auf nationaler wie auf europäischer Ebene folgen nicht der Herrschaft des Gesetzes im Sinne allgemeiner und abstrakter Regeln, sondern der Herrschaft der opportunistischen Einzelfälle und der Glücks- und Wohlfahrtsförderung, die lediglich in rechtswidrige legalistische Gesetzesformen gegossen werden. Die individuelle Freiheit für alle Bürger eines Gemeinwesens, die gleiche Freiheit für alle, bleibt dabei auf der Strecke.

Sollte sich die FDP zu einer Partei von Menschen entwickeln, die konsequent liberale Grundsätze im tagespolitischen Geschäft anwenden und umsetzen, dann hätte die FDP dauerhaft ein glaubwürdiges Alleinstellungsmerkmal und eine Attraktivität, an der sich alle anderen Parteien die Zähne ausbeißen würden. Dann wäre die FDP eine Rechtsstaatspartei im umfassenden Sinne und in allen Politikbereichen.

Deshalb will der Liberale Aufbruch aktiv dazu beitragen, dass sich die FDP zu einer klassisch-liberalen Partei entwickelt. Unser Imperativ lautet: Habe Mut zum Liberalismus!

Bevor wir uns der Frage nähern, wie eine freie Gesellschaft aussehen und wie jeder einzelne mehr Freiheit wagen kann, ist es wichtig vorab zu klären, was Freiheit eigentlich in dem von mir verstandenen Sinne ist. Die beste Abgrenzung stammt von Friedrich August von Hayek. In seinem Buch *Die Verfassung der Freiheit* führt der Nobelpreisträger zum Freiheitsbegriff aus:

»Gegen unseren Begriff der Freiheit wird oft eingewendet, dass er bloß negativ sei. Das ist in demselben Sinn richtig, als auch ›Friede‹ oder ›Sicherheit‹, ›Ruhe‹ oder die Abwesenheit bestimmter Behinderungen oder Übel negative Begriffe sind. ›Freiheit‹ gehört zu derselben Klasse von Begriffen: Er bezeichnet die Abwesenheit eines bestimmten Hindernisses für unser Handeln, nämlich die Abwesenheit des Zwanges von Seiten anderer Menschen. Die Freiheit wird etwas Positives nur durch den Gebrauch, den wir von ihr machen. Sie sichert uns keinerlei bestimmte Möglichkeiten, sondern überlässt es uns, zu entscheiden, was wir aus den Umständen machen, in denen wir uns befinden.«

Gerade die Möglichkeit, selbst zu entscheiden, welchen Weg jeder Einzelne geht, welche Chancen, welche Risiken er eingehen will, ist vielen ein Dorn im Auge. Sie sagen, dass der Einzelne dazu gar nicht, nicht ausreichend oder nicht immer in der Lage sei. Ihm oder ihr fehle die nötige Bildung, das Einkommen oder die soziale Herkunft. Er oder sie würden wegen ihres Geschlechts, ihrer sexuellen Neigung oder ihres Migrationshindergrundes diskriminiert. Deshalb müsse die Politik eingreifen und »soziale Gerechtigkeit« schaffen.

Wer das will, gibt sein Schicksal in die Hand von Politikern. Und dies mit allen Konsequenzen. Denn »soziale Gerechtigkeit« ist das, was sich Politiker ausdenken, und das ist jeden Tag etwas anderes. Es ist Ziel und Zweck zugleich. Der Begriff der Gerechtigkeit, der im klassischen Sinne die Gleichheit vor dem Gesetz bedeutet, soll so umgedeutet werden, dass Politiker freie Hand haben, jeden Tag in die individuelle Freiheit eines jeden von uns eingreifen zu können.

Genau dies zu verhindern ist die eigentliche Zukunftsaufgabe: den Einzelnen vor der Willkür der Politik zu schützen. Das erfordert mehr Vielfalt, mehr Wettbewerb, weniger Politik und eine Abkehr von der Umverteilung. Um dies zu erläutern, lassen Sie uns nochmals in unser südliches Nachbarland gehen, die Schweiz.

Im Februar 2014 haben sich die Schweizer Bürger im Rahmen einer Volksinitiative für eine Zuwanderungsbeschränkung bzw. -steuerung ausgesprochen. Dies hat viel Wirbel in der EU und auch in Deutschland ausgelöst. Doch was haben die Zuwanderungsbeschränkung der Schweiz und die Abhöraffäre des US-Geheimdienstes NSA gemeinsam? Beides sind einseitige Einschränkungen der individuellen Freiheit. Und bei beiden Maßnahmen reagiert die Europäische Union ebenfalls mit der

Beschränkung der Freiheit. Nicht nur bei den Grünen erheben sich wegen des Abhörskandals Stimmen, die die Verhandlungen über ein Freihandelsabkommen der EU mit den USA aussetzen wollen.[71] Sogar bis weit in die bürgerlichen Parteien sind »Vergeltungsaktionen« der EU gegenüber den USA populär. Die Freiheitsfeinde kommen nicht nur von links.

Ähnliche Reaktionen gegenüber der Schweizer Eidgenossenschaft gibt es auch aus der Union. Der Vorsitzende des Auswärtigen Ausschusses im Europaparlament, Elmar Brok (CDU), will das Votum »nicht widerspruchslos hinnehmen«. Zum EU-Binnenmarkt gehöre auch die Arbeitnehmerfreizügigkeit, sagte Brok dem *Kölner Stadt-Anzeiger*. »Es darf nicht sein, dass sich hier Rosinenpickerei durchsetzt.«[72] Es macht wenig Sinn, die Gegner einer freien Gesellschaft, seien sie nun Grüne, Schwarze, Rote oder Gelbe, in politisch »links« oder »rechts« einzuteilen. Die Auseinandersetzung verläuft vielmehr entlang der Frage, ob Politiker uns ihre persönliche Vorstellung einer idealen Welt aufzwingen wollen oder ob jeder Einzelne seine Lebensziele nach seinen individuellen Vorstellungen verwirklichen kann.

Die EU-Kommission scheint diese Frage für sich beantwortet zu haben. Sie hat direkt nach der Abstimmung die Verhandlungen mit der Schweiz über einen gemeinsamen Energiebinnenmarkt ausgesetzt.[73]

Viele Länder dieser Welt beschränken die Zuwanderung. Kanada und Australien sind auch in unserem Land Vorbild wegen ihrer Zuwanderungssteuerung. Auch dies ist eine Beschränkung der individuellen Freiheit. Sie unterscheidet sich nicht wesentlich von der Entscheidung der Schweizer Bürger bei ihrer Volksinitiative Anfang des Jahres 2014. Letztlich geht es also nicht um die Verteidigung der Freiheit des Einzelnen, sondern um die Zementierung des Wohlfahrtsstaates, dessen Umfang Dritte – die Politiker – bestimmen und den Sie bezahlen müssen. Die Gefahr all dieser Maßnahmen ist, dass die Freiheitsbeschränkung mit einer ähnlichen oder reziproken Freiheitsbeschränkung »zurückgeschlagen« wird. Dem Protektionismus folgt noch mehr Protektionismus. Am Ende stirbt die Freiheit.

Doch seit David Ricardo und Adam Smith wissen wir, dass Freihandeln beiden Seiten nutzt, selbst wenn die eine Seite einen größeren Nutzen hat als die andere. Dennoch reduzieren sowohl die US-Regierung als auch die EU-Kommission die Diskussion auf die einzelnen volkswirtschaftlichen Effekte im jeweiligen Dunstkreis. Entscheidend sind aber die individuellen Chancen jedes Einzelnen und nicht die makroökonomischen Größen.

Was hat der südbadische Klempnermeister, der im schweizerischen Schaffhausen einen Auftrag erhält, oder das Schweizer Energieunternehmen, das Überschussstrom aus der Windkraft eines württembergischen Stadtwerkes in seinem Pumpspeicherwerk speichert, mit der Zuwanderungsbeschränkung zu tun? Warum sollen diese freien Bürger und Unternehmen in ihren individuellen Entscheidungen durch Handelsbeschränkungen oder andere protektionistische Maßnahmen beeinträchtigt werden, nur weil an einer ganz anderen Stelle Freiheit eingeschränkt wird? Denn nicht nur der deutsche Handwerker profitiert davon, sondern auch sein Auftraggeber in der Schweiz. Und nicht nur das Schweizer Energieunternehmen gewinnt durch den Auftrag, sondern auch das deutsche Unternehmen.

Nicht anders sieht es bei den Verhandlungen um das europäisch-amerikanische Freihandelsabkommen aus. Dass heimische und amerikanische Unternehmen und Bürger durch Zölle oder Marktabschottung darunter leiden müssen, weil an anderer Stelle Geheimdienste Gesetze verletzen, ist nicht besonders einleuchtend. Unter dieser Prämisse müsste der Welthandel gänzlich zum Erliegen kommen. Besser wären eine ordentliche Strafverfolgung und eine einseitige Beseitigung von Handelsschranken. Lasst die anderen doch ihre Märkte abschotten, wir sollten sie öffnen.

8.2 Vielfalt statt Einfalt

Wenn man sich umschaut, um zu prüfen, welche Länder nach diesen Kriterien besser sind als wir, kommt man sehr schnell erneut auf unseren südlichen Nachbarn, die Schweiz.

Denn die Schweizer Bilanz ist sehr beeindruckend. So kennt unser südlicher Nachbar keine Arbeitslosigkeit, die öffentliche Verschuldung ist auf einem beneidenswerten Niveau von unter 28 Prozent zur Wirtschaftsleistung. Die Schweizer gehören mit einem durchschnittlichen Netto-Geldvermögen von über 141 000 Euro zu den wohlhabendsten Bürgern auf dieser Welt. Sie bringen pro Kopf nach Japan die meisten Patente hervor. Gleichzeitig sind sie nicht Mitglied der Europäischen Union, verfügen mit dem Schweizer Franken über eine der werthaltigsten Währungen der Welt und haben neben dem Bankensektor einen starken industriellen Kern mit zahlreichen Weltmarktführern.

Doch was ist das Geheimnis des Schweizer Erfolges?

Die Voraussetzungen für diesen Erfolg sind der Schweiz nicht in die Wiege gelegt, denn die Schweiz ist weder reich an Bodenschätzen (lediglich Salz!) noch ist es klimatisch besonders bevorzugt (allenfalls das Tessin), geschweige denn können die Eidgenossen auf einfache topografische Verhältnisse bauen. Aber vielleicht ist es genau das, was die Schweiz so erfolgreich macht. Die Schweizer hatten es einfach schwerer als andere. Sie mussten sich einfach mehr anstrengen als andere. Die vermeintlichen Nachteile der Natur machten die Schweizer zu einer Tugend. Sie organisierten sich in der Familie, im Dorf, in der Stadt, im Kanton und riefen nicht bei jedem Problem nach dem Zentralstaat in Bern. Daraus entwickelte sich über viele Jahrzehnte und über Jahrhunderte eine Kultur der Machtteilung durch dezentrale Entscheidungsstrukturen, durch Wettbewerbsföderalismus und direkte Demokratie.

In der Schweiz werden rund 20 Prozent des Steueraufkommens vom Bundesstaat vereinnahmt und ausgegeben. In Deutschland sind es rund 50 Prozent. Die Schweiz kennt lediglich ein Milizparlament von Teilzeitabgeordneten im Nationalrat in Bern. Viermal im Jahr kommt dieses Parlament zusammen und entscheidet innerhalb von drei Wochen alle Gesetzgebungsvorhaben. Viermal im Jahr können die Bürger im Rahmen von Volksbefragungen und Volksinitiativen Parlamentsentscheidungen korrigieren oder die Verfassung ändern. Die Schweiz kennt auch eine harte Nichtbeistandsklausel. Anders als im Euroraum steht diese nicht nur auf dem Papier, sondern wird in der Praxis auch durchgesetzt. Als 1998 die Gemeinde Leukerbad im Kanton Wallis zahlungsunfähig wurde, richtete sie einen Hilferuf an die Kantonalregierung im Wallis und an die Zentralregierung im fernen Bern – vergeblich. Auch das oberste Schweizer Gericht entschied gegen Leukerbad. Die Gläubiger mussten sich mit der Gemeinde auf einen Schuldenschnitt verständigen. Der Forderungsverzicht betrug am Ende 78 Prozent. Seitdem differenzieren die Finanzierungskonditionen der Schweizer Gemeinden und Kantone je nach Finanzkraft. Auch die Steuersätze spreizten sich von Kommune zu Kommune, von Kanton zu Kanton. Einige Bürger verlagerten ihren Wohnsitz, trotzdem existiert die Schweiz immer noch und der Schweizer Franken gehört nach wie vor zu den beliebten Reservewährungen auf dieser Welt. Er existiert seit Gründung der Eidgenossenschaft 1848 und sichert die Kaufkraft weitaus besser als die Währung anderer Länder. So hat sich der Wert des Schweizer Franken gegenüber dem US-Dollar zwischen 1914 und heute von 5,18 Franken je US-Dollar auf 0,91 Franken je US-Dollar mehr als verfünffacht.

Wer jetzt meint, das Schweizer Modell sei dennoch gescheitert, weil die Schweizer Nationalbank den Kurs des Franken bei 1,20 zum Euro fixiert hat, um die Exportindustrie zu stützen, verkennt, dass die Schweizer Nationalbank diese Politik jederzeit wieder ändern kann. Im Gegensatz zu uns. Wir sind im Währungsraum gefangen. Die Schweiz hat früh gelernt, das wirtschaftlich heterogene Währungsverbünde nicht funktionieren, insbesondere wenn sich keiner an die vereinbarten Regeln hält. Die Lateinische Münzunion (Schweiz, Griechenland, Frankreich, Belgien, Italien), die von 1865 bis zu ihrem wirtschaftlichen Ende 1914 bestand, zerbrach an der Unzuverlässigkeit ihrer Teilnehmer, die dazu führte, das Griechenland bereits 1908 ausgeschlossen wurde, weil es zu viel Papiergeld in Umlauf brachte.

Das Gegenmodell des Schweizer Wettbewerbsföderalismus ist das deutsche Förderalismusmodell. Immer wieder gibt es dazu Vorschläge, Bundesländer in Deutschland zusammenzulegen, damit sie effizienter verwaltet werden können. Das unterstellt, dass größere Einheiten grundsätzlich effizienter sind als kleine Einheiten. Wenn das so wäre, gäbe es in Deutschland keinen Mittelstand, sondern nur Großunternehmen. Stattdessen sind viele mittelständische Unternehmen Marktführer in ihrem jeweiligen Segment.

Die Konzentration der Bundesländer sollte nicht das Ziel sein, sondern das Gegenteil – die Vielfalt. Wenn die Größe eines Bundeslandes zu Effizienz und Erfolg führen würde, wäre Nordrhein-Westfalen an der Spitze aller Bundesländer und Hamburg als kleiner Stadtstaat am Ende des Länderrankings. Das Gegenteil ist aber der Fall. Hamburg hat mit über 52 000 Euro das höchste Bruttoinlandsprodukt pro Einwohner in ganz Deutschland, NRW hat mit fast 32 000 Euro 38 Prozent weniger. Dieser Erfolg drückt sich auch in der Steuerkraft der Bundesländer aus, Hamburger Bürger zahlen pro Kopf 4500 Euro an Steuern und Bürger in NRW pro Kopf lediglich 2500 Euro. In der Logik der Zentralisten müsste Hamburg mit Schleswig-Holstein und Mecklenburg-Vorpommern fusionieren. Schleswig-Holstein hat eine Steuerkraft pro Kopf von knapp 2000 Euro und McPom von nicht einmal 1000 Euro. Wenn man will, dass es allen gleich schlecht geht, dann sollte man die Bundesländern möglichst ganz abschaffen. Denn wenn die Zentralisierung der Bundesländern effizient ist, wieso dann bei acht Ländern bleiben? Wieso nicht nur ein Bundesland? Wenn »acht« besser als »sechzehn« sind, dann müsste in dieser Logik doch »eins« besser als »acht« sein.

Das Problem des deutschen Föderalismus ist nicht die Anzahl der Bundesländer und ihre unterschiedliche Größe, sondern der mangelnde Wettbewerb. Leistung lohnt sich nicht. Ein sparsames Bundesland wird über den Länderfinanzausgleich bestraft. Aktuell zahlen nur noch 3 Bundesländer (Bayern, Baden-Württemberg und Hessen) für 13 Nehmerstaaten ein. Wer spart, die Ausgaben reduziert, wird nicht nur vom Wähler bestraft, sondern auch noch von den anderen Bundesländern ausgelacht. Also spart niemand.

Was ist zu tun, um mehr Wettbewerb zuzulassen?

1.   Die Bundesländer benötigen nicht nur Autonomie über ihre Ausgaben, sondern auch über ihre Einnahmen. Dies kann durch ein eigenes Zuschlagsrecht zum Beispiel auf die Einkommensteuer erreicht werden.

2.   Der Länderfinanzausgleich muss ersatzlos abgeschafft werden.

3.   Die Ausgleichsfunktion kann über den Bund ausreichend erfolgen. Kommunen und Länder sollten eine eigene Insolvenzfähigkeit erhalten. Berlin, Bremen und das Saarland werden ihre

Überschuldungssituation nie in den Griff bekommen. Deshalb haben sie keine Anreize, ihre Ausgaben zu reduzieren, da sie und ihre Gläubiger im Zweifel immer auf den Bund oder die anderen Bundesländer hoffen können.

4. Warum können sich Franken, das Sauerland oder Holstein nicht nach einem vorgegebenen Verfahren einem anderen Bundesland anschließen oder ein eigenes Bundesland gründen? Das geht nicht, meinen Sie? Genau das sieht die Verfassung im winzigen Fürstentum Liechtenstein vor. Die elf Gemeinden in Liechtenstein haben das verfassungsmäßige Recht (Artikel 4, Abs. 1) sich neu zu gliedern oder aus dem Staatenverband auszutreten (Artikel 4, Abs. 2) und sich einem anderen Staat anzuschließen, zum Beispiel der Schweiz oder Österreich.

Nicht größere Städte und Gemeinden oder die Zusammenlegung von Bundesländern ist die Lösung, sondern die Haftung für eigenes Handeln. Wenn der Erfolg und Misserfolg politischen Handelns verschleiert werden kann, verflüchtigt sich die Verantwortung im Nirwana. Wenn politische Entscheidungen vor Ort überprüft werden können, weil sie täglich wahrgenommen werden, findet soziale Kontrolle statt. Also: »klein, aber fein« ist besser als »groß und träge«.

8.3   Marktwirtschaft statt Planwirtschaft

Das ist auch die Erkenntnis aus dem Scheitern der sozialistischen Planwirtschaft. Sie ist auch an ihrer Größe gescheitert. Sie ist gescheitert an dem Glauben, man könne menschliches Handeln planen, nicht nur im Dorf, in der Stadt, im Bezirk, im Land, sondern in ganzen Wirtschaftsräumen, so wie der »Rat für gegenseitige Wirtschaftsbeziehungen« (RGW, Comecon), der die Wirtschaft in den von der Sowjetunion beeinflussten Gebieten des Ostblocks bis zum Fall der Mauer 1989 »koordinierte«.[74]

Diese für uns meist nachvollziehbaren Gründe des Scheiterns sind aber nicht auf den ehemaligen Ostblock beschränkt. Die Europäische Union folgt ebenfalls dem Glauben an staatliche Lenkung und Planung.

Als sich die Staats- und Regierungschefs der Europäischen Union am 17. Juni 2010 in Brüssel trafen, sollten die richtigen Konsequenzen aus der Finanzkrise gezogen werden. Ergebnis war eine neue »Strategie für Beschäftigung und intelligentes, nachhaltiges und integratives Wachstum«, kurz: »Europa 2020«. Dieser 10-Jahres-Plan sollte endlich die Daumenschrauben für die Schuldenländer anziehen. Die Sicherstellung der Qualität der statistischen Daten war eines der großen Themen. Denn das gerade kollektiv gerettete Griechenland zeigte in dieser Frage offensichtliche Mängel. Die Folge waren eine Stärkung des Europäischen Statistikamtes Eurostat sowie die Zusage aller, die Unabhängigkeit der nationalen Statistikämter zu sichern.

Die wohl weitreichendste Maßnahme des 10-Jahres-Plans war aber das »Europäische Semester«. Wer »Semester« hört, denkt vielleicht an eine Hochschule und wer »Europäisches Semester« liest, meint, es könnte sich auch um eine Sommerakademie am Bodensee handeln, die aus dem EU-Haushalt finanziert wird – doch weit gefehlt. Es ist eine frühzeitige Koordinierung und Überwachung der nationalen Haushaltsverfahren und der Stabilitäts- und Konvergenzprogramme für die nachfolgenden Jahre durch die 10-Jahres-Planer in der Kommission. Das Ziel ist, »makroökonomische Ungleichgewichte«, die die EU-Volkswirtschaften in ihrer Entwicklung beeinträchtigen und das reibungslose Funktionieren der Wirtschafts- und Währungsunion gefährden können, zu erkennen und zu beheben.

Da das offensichtlich nicht so einfach ist, machte sich der 10-Jahres-Planer in der EU-Kommission an die Arbeit und entwickelte einen Unterplan: Erst erstellt er einen »Warnmechanismus-Bericht«, in dem festgestellt wird, welche Länder vertieft auf ihre ökonomischen und politischen Defizite untersucht werden müssen. Der zweite Schritt ist eine vertiefte Prüfung des »Sünderlandes« im Rahmen eines »In-depth Review«, anschließend unterbreitet der 10-Jahres-Planer »Politikempfehlungen«. Werden diese nicht umgesetzt, können Mitgliedstaaten auch mit finanziellen Sanktionen (bis zu 0,1 Prozent des BIP) belegt werden.

Das schlichte Gemüt könnte denken, Deutschland beträfe das alles nicht. Aber vielleicht doch! Denn wie so oft auf europäischer Ebene kommt es auf das Kleingedruckte an. Was ein »makroökonomisches Ungleichgewicht« ist, wird klar definiert. »Externe Ungleichgewichte« können Leistungsbilanzsalden im Dreijahresdurchschnitt zum Bruttoinlandsprodukt von mehr als +6 Prozent und mehr als −4 Prozent sein. Der Überschuss der deutschen Volkswirtschaft liegt im Dreijahresdurchschnitt inzwischen bei +6,5 Prozent und ist deshalb im Fokus des »Warnmechanismusberichts 2014«. Grob gesprochen, verkaufen deutsche Unternehmen mehr Autos (und andere Güter und Dienstleistungen) an Verbraucher im Ausland, als heimische Kunden Autos von ausländischen Unternehmen erwerben. Als Problem erachten die 10-Jahres-Planer, dass der Abbau der privaten Verschuldung in Deutschland »einer lebhafteren privaten Nachfrage im Wege steht« und daher die Binnenkonjunktur in Deutschland schwächelt. Die Botschaft der 10-Jahres-Planer ist klar: Mehr Verschuldung ist besser als Sparen.

Für die 10-Jahres-Planer ist das Optimum die Gleichheit. Alle Länder sollen genauso viele Autos, Möbel und Rotwein exportieren wie sie gleichzeitig Fahrräder, Schweinehälften und Kopfschmerztabletten importieren. Dann gibt es keine Wachstumsschwächen, keine Arbeitslosen und keine Schuldenberge mehr. Doch das Ganze kommt nicht von allein, sondern muss geplant werden, mindestens in einem 10-Jahres-Plan. Dieser konstruktivistische Ansatz ist schon im Kern falsch, denn er geht von der Annahme aus, der Staat könne das Verhalten von Millionen von Menschen planen. Dabei exportiert nicht der Staat Autos, Küchen und Werkzeugmaschinen nach Italien, China und in die USA, sondern es sind Unternehmen, die individuell handeln, ein Risiko eingehen und hoffen, dass der Käufer im Ausland die Ware bezahlt. Und es sind die Eigentümer dieser Unternehmen, die entweder die Gewinne dieser Geschäfte konsumieren oder investieren. Sehr wahrscheinlich fragen sich diese Eigentümer und ihre Mitarbeiter bei ihren Konsumentscheidungen nicht, ob das Produkt im Ausland oder im Inland hergestellt wurde. Die Investitionsentscheidungen dieser Eigentümer folgen hoffentlich den Interessen der Unternehmen, damit sie wachsen können. Der 10-Jahres-Plan der EU ist untauglich und sogar schädlich für den Wohlstand in Europa, weil er die Freiheit beschränkt und die Verantwortung kollektiviert.

8.4 Weniger Politik ist bessere Politik

Die Antwort darauf kann daher nicht eine Politik mit noch besserer Planung, noch detaillierten Regeln, noch mehr Gremien, noch mehr Beamten sein, sondern das Gegenteil: weniger Staat und weniger Politik. Nur wenn der Staat, die Regierung und das Parlament weniger regeln, planen und beschließen, ist mehr Freiraum für jeden Einzelnen möglich.

Ich selbst war acht Jahre lang Teil dieses Systems und dieser Prozesse. Der Deutsche Bundestag tagt in der Regel 23 Sitzungswochen im Jahr. 23-mal die Gelegenheit, kleine und große Anfragen an die Regierung zu stellen, Anträge und Gesetzentwürfe einzubringen, die alle besprochen, behandelt, beantwortet und verhandelt werden. Oppositionsabgeordnete haben die Aufgabe, die Regierung zu kritisieren, zu kontrollieren und mit Alternativen zu konfrontieren. Dies geschieht mit Fragen und Initiativen im Parlament. Je häufiger das Parlament tagt, desto mehr ist dies möglich. Als Abgeordneter einer Regierungsfraktion will man Erfolge vorweisen, die man im Wahlkreis präsentieren kann. Das geschieht durch Anträge und Gesetzesinitiativen. Je mehr, desto besser. Als Regierungsmitglied gelten die gleichen Regeln im Großen. Ein Minister will Erfolge vorweisen können. Er will gestalten und nicht nur sein Ministerium verwalten. So entstehen Energiewenden, Mütterrenten, PKW-Maut, Erziehungsgeld und so weiter und so fort.

Da ist mir das Schweizer System mit seinem Milizparlament, das sich viermal im Jahr trifft und dann drei Wochen lang alle wesentlichen Fragen berät und entscheidet, sympathischer. Es sorgt für mehr Durchlässigkeit zwischen Beruf und Abgeordnetenmandat, und die Politik ist nicht so wichtig wie in unserem Land.

Das Europäische Parlament tagt in 42 Plenar-, Fraktions- und Ausschusswochen im Jahr. Also besteht die Gelegenheit, 42-mal im Jahr parlamentarisch aktiv zu werden. 42-mal im Jahr werden Anfragen bearbeitet, 42-mal im Jahr Anträge geschrieben, Gegenanträge gestellt und so weiter und so fort. Das ist keine Kritik an der parlamentarischen Demokratie an sich. Es ist die Kritik an den bürokratischen Ritualen, deren Alternative weniger und nicht mehr ist. Doch diese Auswüchse kritisieren auch Konservative.

Sie kritisieren aber nicht die Prinzipien, die dazu führen. Sondern ihre Kritik wendet sich gegen die Ergebnisse, die ihnen zu grün, zu sozialdemokratisch oder zu liberal sind. Das unterscheidet sie daher mitnichten von den Linken. Sie wollen lediglich andere Ergebnisse. Deshalb sind die Gegner einer Veränderung sowohl bei den Linken als auch bei den Konservativen zu suchen. Es sind im Kern drei Punkte, die mich das Konservative ablehnen lassen.

1. *Die Furcht vor Veränderung gegenüber der Zuversicht des Neuen und Unbekannten.* Liberale sehen in erster Linie die Chance im Neuen und nicht zuerst die Gefahr. Wer beim Freihandelsabkommen zuerst an »Chlorhühner« aus Amerika denkt, unterschätzt den Bürger als Souverän und kritischen Konsumenten.

2. *Der Vorrang der »richtigen« Autoritäten gegenüber klaren Ordnungsprinzipien.* Die konservative Vorstellung unterscheidet sich von der der Linken nur insofern, als die Konservativen eine andere Art der Bevormundung des Einzelnen anstreben. Sie glauben, dass nur die »richtige« konservative Person gewählt oder bestimmt werden muss, damit anschließend auch die »richtige« konservative Politik gemacht werden kann. Der Liberale ist skeptisch gegenüber Autoritäten. Er will allgemeine, abstrakte Regeln, die für alle gleich sind.

3. *Der Konservatismus will den starken und mächtigen Staat, auch um den Preis, dass der Zweck die Mittel heiligt.* Doch Liberale sind für Machtteilung. Sie misstrauen der Machtfülle. Im Sinne von Lord Acton sind sie der Meinung: »Macht hat die Tendenz zu korrumpieren und absolute Macht korrumpiert absolut.« Die Konservativen unterscheiden sich auch hier nicht von den Linken. Sie wollen das Gleiche – den paternalistischen Staat. Nur die Handelnden sind andere.

Friedrich August von Hayek hat im Nachwort seiner *Verfassung der Freiheit* dargelegt, warum er kein Konservativer ist:

»Was ich meine ist, daß der Konservative keine politischen Prinzipien hat, die es ihm ermöglichen, mit Leuten, die andere moralische Ansichten haben als er, an einer politischen Ordnung zu arbeiten, in der beide ihre Überzeugungen folgen können [...] Es gibt viele Wertsetzungen der Konservativen, die mich mehr ansprechen als die der Sozialisten; aber für einen Liberalen bildet die Bedeutung, die er persönlich bestimmten Zielen beimißt, keine hinreichende Rechtfertigung, andere zu zwingen, ihnen zu dienen.«

8.5 Umverteilung ist ungerecht

Wenn in Deutschland über Gerechtigkeit diskutiert wird, fallen sehr schnell Begriffe wie Mindestlohn, Vermögenssteuer und Umverteilung. Es wird offensichtlich als gerecht empfunden, wenn ein Dritter-, der Staat-, in die Vertragsbeziehung Einzelner eingreift und dies mit einem Mehrheitsbeschluss im Parlament rechtfertigt. So verbietet er erst Kneipenbesitzern und ihren Gästen das Rauchen und beschließt anschließend mit dem gesetzlichen Mindestlohn eine Gehaltserhöhung für deren Angestellte. Und das alles, ohne beide vorher zu fragen, ob sie dies überhaupt wollen. Es interessiert die staatlichen Oberlehrer auch nicht, ob der Kneipenbesitzer durch das Wegbleiben der Gäste die Gehaltserhöhung überhaupt finanzieren kann.

Es wird auch als gerecht empfunden, wenn man jemandem etwas durch Zwang wegnimmt, was er selbst erwirtschaftet hat. Zumindest darf er nicht wesentlich mehr haben als alle anderen. Diese Einstellung ist zutiefst »deutsch«. Es kann ja nicht mit rechten Dingen zugehen, dass der Nachbar mehr hat als man selbst. Es kann auch nicht gut sein, dass einer sich selbstständig macht, ein Risiko eingeht und anschließend einen Gewinn erzielt. Zumindest ist dies nur bis zu einer gewissen Höhe gerecht. Und natürlich ist es nicht gerecht, wenn jemand ein Vermögen erbt. Er hat es ja nicht selbst und durch eigene Leistung erreicht. Jeder soll doch die gleichen Startbedingungen haben. Wer es mit der »Gerechtigkeit« wirklich ernst meint, stellt aus diesem Grund das Adjektiv »sozial« voran. Bis weit in bürgerliche Kreise hinein ist »soziale Gerechtigkeit« ein sehr erstrebenswertes Ziel, das selbst in den Programmen und den Sonntagsreden von Union und FDP nicht fehlen darf. Es ist die sprachliche und politische Kapitulation vor dem linken Zeitgeist.

Der Wirtschaftsnobelpreisträger Friedrich August von Hayek ging mit dem »Wiesel-Wort« »soziale Gerechtigkeit« hart ins Gericht:

»So wie das kleine Raubtier angeblich aus einem Ei allen Inhalt heraussaugen kann, ohne dass man dies nachher der leeren Schale anmerkt, so sind die Wiesel-Wörter jene, die, wenn man sie einem Wort hinzufügt, dieses Wort jedes Inhalts und jeder Bedeutung berauben.«[75]

So ist es. Was soll daran ungerecht sein, dass jemand investiert und Arbeitsplätze schafft. Was soll daran schlimm sein, dass jemand zu Lebzeiten Vermögen bildet und es bei seinem Ableben an seine Kinder weiterreicht. Dafür macht man es doch!

Deshalb halte ich dagegen. Gerechtigkeit ist das Gegenteil: Wenn der Staat sich in Vertragsbeziehungen Einzelner möglichst wenig einmischt, wenn er die Vermögensbildung, -erhaltung und -übertragung möglichst wenig oder gar nicht besteuert und wenn er allgemeine und für alle gleiche Regeln schafft – dann geht es gerecht zu. Gerecht ist, wenn der Einzelne vor der Willkür der Mehrheit geschützt ist. Wer schützt uns denn vor den immer stärker steigenden Steuereinnahmen des Staates? Gerecht wäre es, wenn er uns endlich einen größeren Teil des eigenen Geldes beließe.

Die kalte Progression ist die Gelddruckmaschine für den Finanzminister. Mit jeder Gehaltserhöhung steigen die Einnahmen des Fiskus und immer mehr Normalverdiener rutschen in den Spitzensteuersatz, der ursprünglich den höheren Einkommen vorbehalten war.

Denn das, was im Einkommensteuerrecht in Deutschland gemacht wird, ist nichts anderes als heimlicher Diebstahl. Sie werden vielleicht sagen: »Ooooh«, das ist ein sehr hartes Urteil. Aber mit allem Ernst: Es ist doch eine Unverfrorenheit sondergleichen, dass der Staat in Steuereinnahmen schwimmt, dabei immer neue Rekordwerte erreicht und die Regierung so tut, als wäre es ihr Verdienst. Nein, es ist *Ihr* Verdienst – und zwar im doppelten Sinn. Sie haben dafür gearbeitet und es ist Ihre persönliche Leistung, nicht die von Frau Merkel oder von Herrn Schäuble.

Der Finanzwissenschaftler Manfred Rose von der Universität Heidelberg hat die Wirkung der kalten Progression berechnet. Die Zahlen lassen einem die Zornesröte ins Gesicht treiben. Jemand mit 20 000 Euro zu versteuerndem Einkommen zahlt 294 Euro (+10,9 Prozent) mehr

Steuern als 2004. Jemand mit 50 000 Euro zu versteuerndem Einkommen zahlt 1013 Euro (+7,5 Prozent) mehr Steuern und bei 70 000 Euro zu versteuerndem Einkommen sogar 1285 Euro (+5,6 Prozent) mehr als vor zehn Jahren. Es geht auch anders. Die Schweiz und Kanada kennen einen Einkommensteuertarif, der sich automatisch der Inflationsentwicklung anpasst. Selbst das staatsgläubige Frankreich passt den Tarif regelmäßig an.

Doch es ist unser Geld, das der Staat umverteilt und auch veruntreut. Die »soziale Gerechtigkeit« manifestiert sich deshalb auch beim Bau des neuen Berliner Flughafens, beim Nürburgring oder bei der Hamburger Elbphilharmonie. Soziale Gerechtigkeit ist das Wiesel-Wort, das Orwellsche »Neusprech« des 21. Jahrhunderts. Definieren wir Gerechtigkeit neu!

8.6 Allgemeine und gleiche Regeln für alle

Doch wie schafft man mehr Gerechtigkeit? Eigentlich ganz einfach. Der Staat muss abstrakte, allgemeine und für alle gleiche Regel schaffen. Dies gilt im Sozialrecht genauso wie im Steuerrecht. Die Interventionsspirale kommt nur deshalb fortlaufend in Gang, weil mit immer neuen Ausnahmen Einzelfallgerechtigkeit hergestellt werden soll. Stattdessen erreicht man das Gegenteil.

Mit einem anderen Beispiel aus der Steuerwelt möchte ich dies verdeutlichen. Die Prinzipien für eine gerechte Politik werden im Steuerrecht am schlimmsten vernachlässigt. Bereits der Liberale John Stuart Mill kritisierte im 19. Jahrhundert das bis heute etablierte Steuersystem:

> »Denn was gespart und fest angelegt wird, zahlt künftig Einkommensteuer von den Zinsen oder Gewinnen, die es bringt, trotzdem dass es bereits als Kapital besteuert worden ist. Wenn daher Ersparnisse von der Einkommensteuer nicht ausgenommen werden, werden die Steuerzahler von dem, was sie sparen, doppelt, und dagegen nur einmal von dem was sie ausgeben, besteuert. Der so zum Nachteile der Vorsorglichkeit und der Wirtschaftlichkeit geschaffene Unterschied ist nicht nur unpolitisch, sondern auch ungerecht.«[76]

Was Mill hier kritisiert, ist das Jährlichkeitsprinzip des Steuerrechts. Der Steuerbürger lebt immer nur vom 1. Januar bis zum 31. Dezember eines Jahres. Danach beginnt sein Leben neu, unabhängig davon, ob er sein Einkommen ausgibt, also konsumiert, oder ob er den Konsum in die Zukunft verschiebt, also spart. Das kennen wir zeitlebens nicht anders. Aber es ist dennoch falsch, weil es ungerecht ist. Es behandelt einen gleichen Sachverhalt, das Einkommen, ungleich und verzerrt damit Konsum- und Sparentscheidungen der Bürger. Es darf doch keinen Unterschied machen, ob Einkommen am 31. Dezember eines Jahres erzielt wird oder erst am 1. Januar des Folgejahres. Entscheidend sollte sein, was damit gemacht wird. Es am Konsum festzumachen, wäre daher konsequent.

Besonders deutlich wird dieser Sachverhalt bei langfristigen Sparvorgängen. Ein Beispiel (ohne Berücksichtigung des Sparerfreibetrages von 801 Euro p. a.): Wer heute ein zu versteuerndes Einkommen von 40 000 Euro im Jahr hat und einmalig 1000 Euro zur Seite legt, hat diesen Betrag bereits mit seiner Lohnsteuer versteuert. Angenommen, dieser Steuersatz betrug insgesamt 25 Prozent. Hätte er es nicht versteuern müssen, weil er es nicht heute, sondern erst zu Beginn seines Ruhestandes in 40 Jahren konsumieren will, hätte er 1333 Euro anlegen können. Wir unterstellen, er legt diese 1333 Euro in langlaufende Staatsanleihen an, dann kann er aktuell eine Verzinsung von 3 Prozent pro Jahr erwarten.

In einer Welt ohne Steuern könnte er zu Beginn seines Lebensabends 4349 Euro erwarten. Investiert er aus versteuertem Einkommen 1000 Euro (1333 Euro – 25 Prozent) und seine jährlichen Zinserträge von 3 Prozent werden mit der Kapitalertragsteuer von 25 Prozent pro Jahr (3 – 25 Prozent = 2,25 Prozent) besteuert, dann hat er in 40 Jahren lediglich 2435 Euro angespart. Die Differenz von 1914 Euro sind seine gezahlten Steuern über 40 Jahre. Das entspricht einer steuerlichen Belastung von 44 Prozent. Hätte er heute konsumiert und nicht erst in 40 Jahren, so wäre seine steuerliche Belastung 25 Prozent gewesen. Die Gerechtigkeitsdebatte in Deutschland fängt beim Steuerrecht an. Wer das bezweifelt, leistet Beihilfe zum heimlichen Diebstahl.

Das derzeitige Steuersystem schafft auch keine Finanzierungsneutralität. Wer heute seine Investitionen im Unternehmen mit Fremdkapital finanziert, kann die Zinsen als Betriebsausgaben geltend machen. Finanziert er dagegen seine Investitionen mit Eigenkapital, hat er keine Möglichkeit, dies steuerlich berücksichtigen zu lassen. Nicht vorhandene Finanzierungsneutralität ist eine der Hauptursachen für die schlechte Eigenkapitalausstattung vieler Unternehmen. Diese Finanzierungsneutralität könnte zum Beispiel durch den Abzug einer marktüblichen Verzinsung des eingesetzten Eigenkapitals als Betriebsausgabe erreicht werden. Es führt zu einer lebenszeitlich einmaligen Steuerbelastung marktüblicher Investitionserträge. Belgien geht diesen Weg seit 2007 und hat sich damit an die Spitze der Unternehmenssteuersysteme in Europa gestellt. Anstatt eine Eigenkapitalverzinsung steuerlich abzugsfähig zu machen, gehen wir in Deutschland den fatalen umgekehrten Weg. Wir beschränken mit der sogenannten »Zinsschranke« den Abzug von Fremdkapitalzinsen und rechnen Fremdkapitalzinsen, Mieten und Pachten gewinnerhöhend der Gewerbesteuer zu. So will man Entscheidungsneutralität erzwingen, erreicht sie aber dennoch nicht! Die Folge ist eine Substanzbesteuerung, die besonders den Mittelstand hart trifft.

Das Einkommensteuerrecht muss deshalb finanzierungs- und periodenneutral ausgestaltet werden. Die theoretischen Grundlagen dafür hat der Heidelberger Steuerkreis um den Finanzwissenschaftler Prof. Manfred Rose mit seinem Konzept der »Einfachsteuer«[77] konzipiert. Dabei werden die jährlichen Erwerbseinkommen des Bürgers sparbereinigt (nachgelagerte Besteuerung) oder zinsbereinigt (vorgelagerte Besteuerung) ermittelt und nach Abzug eines Lebensgrundbedarfs im Rahmen der persönlichen Einkommensteuer besteuert.

Das derzeitige Steuersystem gewährleistet keine Finanzierungsneutralität. Dies kann, so der Heidelberger Steuerkreis, durch den Abzug einer marktüblichen Verzinsung (Schutzzins) als Betriebsausgabe vermieden werden. Er führt zu einer lebenszeitlich einmaligen Steuerbelastung von Investitionserträgen. Belgien hat diesen Weg 2007 eingeschlagen und damit ein Zeichen gesetzt.

Ein linearer Steuertarif wie bei einer Flat-Tax von beispielsweise 25 Prozent greift ebenfalls zu kurz. Zwar könnten viele Verwerfungen zwischen Körperschaft- und Einkommensteuer durch einen einheitlichen

Steuersatz beseitigt werden. Doch das Beispiel des Arbeitnehmers zeigt, dass bei langfristigen Sparprozessen eine Flat-Tax nach dem Jährlichkeitsprinzip ebenfalls zu keiner lebenszeitlich gerechten Besteuerung führt und deshalb Spar- bzw. Investitionsentscheidungen heute gegenüber morgen privilegiert.

Friedrich August von Hayek hat den eigentlichen Sinn des Steuerrechts so beschrieben:

> »Die Theorie und Praxis der öffentlichen Finanzen ist beinahe vollkommen von dem Bestreben geformt worden, die auferlegte Last so weit wie möglich zu verschleiern und diejenigen, die sie letztlich zu tragen haben, so wenig wie möglich darauf aufmerksam zu machen. Es ist wahrscheinlich, dass die gesamte Komplexität der Steuerstruktur, die wir errichtet haben, weitgehend das Resultat der Bemühungen ist, die Bürger dazu zu überreden, der Regierung mehr zu geben, als wozu sie bei voller Faktenkenntnis bereit wären.«[78]

Alle Personen, ob natürlich oder juristisch, sollten ihr Einkommen immer genau mit dem gleichen tariflichen Steuersatz versteuern, egal wann sie ihre Konsum- oder Investitionsentscheidung treffen. Sind Einkommensbestandteile bereits durch Einkommen- oder Körperschaftsteuer »vorbelastet«, müssen diese entsprechend bereinigt werden. Dies kann durch den steuerlichen Abzug einer marktüblichen Verzinsung (Schutzzins) bei Spar- und Investitionsentscheidungen oder durch den Übergang zu einer nachgelagerten Besteuerung erreicht werden. Beide Methoden der Bereinigung führen zum gleichen Ergebnis.

Wer allgemeine, abstrakte und für alle gleiche Regeln will, kommt um eine Vereinfachung des Steuerrechts nicht herum. Am einfachsten kann dies durch einen einheitlichen, proportionalen Steuersatz für alle, mit einem Grundfreibetrag für jeden gewährleistet werden. Wenn es keinen Unterschied macht, ob jemand Einkommensteuer, Körperschaftsteuer oder Mehrwertsteuer bezahlt, weil diese Steuersätze gleich hoch sind und es dann noch egal ist, wann jemand investiert oder konsumiert, dann – und nur dann – ist ein Steuersystem gerecht.

Für mich gibt es auch kein Primat der Politik; denn Politik und Staat haben Recht und Freiheit zu schützen und sind Recht und Freiheit untergeordnet. Für mich gibt es ein Primat von Recht und Freiheit. Recht und Freiheit müssen in allen gesellschaftlichen Teilbereichen gelten. Das heißt, der Staat muss Rechtsstaat sein. Die Wirtschaft muss Marktwirtschaft sein. Für die Religion gilt die Religions- und Gewissensfreiheit. Deshalb muss auch Europa ein Ort des Rechts und der Freiheit sein und kein Ort des Primats der Politik. Die Macht der Politik in Europa muss zum Schutze der individuellen Freiheit und des Rechts begrenzt werden.

Individuelle Freiheit heißt, dass Menschen unabhängig von der nötigenden Willkür anderer Menschen leben können. Die individuelle Freiheit für uns alle kann nur durch die Herrschaft des Gesetzes (rule of law) geschützt werden. Durch allgemeine und abstrakte Regeln soll sichergestellt werden, dass jeder Mensch frei leben kann.

Der Staat ist eine Vereinigung von Bürgern unter Rechtsgesetzen, durch die die gleiche Freiheit für alle hergestellt und gesichert wird. Das Recht ist mit der Befugnis zur Anwendung von Zwang verbunden, und nur der Staat hat das Recht zur Ausübung von Zwang. Aber er hat es auch nur, um eine Verfassung der größten Freiheit zwischen Menschen zu errichten und zu sichern, nicht der größten Glückseligkeit und Wohlfahrt.

Der Staat darf keine Glücks- und Wohlfahrtsvorstellungen per Gesetz – und das heißt per Zwang – durchsetzen oder fördern. Der Staat hat lediglich dafür zu sorgen, dass die Glücks- und Wohlfahrtsvorstellungen der Menschen nebeneinander bestehen können. Glücks- und Wohlfahrtsvorstellungen sind ausschließlich individuelle Lebensführungsprogramme. Kein Mensch, keine Gruppe, keine noch so demokratisch gewählte Mehrheit und auch kein Staat haben deshalb das Recht, Menschen zu zwingen, auf eine bestimmte Art und Weise glücklich zu sein. Jeder Mensch hat das Recht, auf seine Art nach Glück zu streben.

8.7 Sparkultur schafft neue Freiheit

Wenn es um wirtschaftlichen Erfolg in Deutschland geht, schmücken sich Politiker mit Initiativen und Programmen, die sie möglichst selbst initiiert haben. Erfolgt aber irgendwann im Rahmen des »Schweinezyklus« zufällig das Wachstum, war es selbstverständlich das eigene Programm. Wenn nicht, war das staatliche Programm zu schwach und muss ausgebaut werden. So läuft Wirtschaftspolitik in Deutschland sehr häufig ab. Kurz: Die Befürworter von Wachstumsprogrammen verstehen darunter öffentlich finanzierte Investitionen. Für sie braucht der Staat unser Geld. Nimmt er es uns per Steuer, dann sinken unsere Einkommen und wir haben weniger Geld zum Sparen und zum Investieren. Was bedeutet das? Wirtschaftswachstum braucht Investitionen, Investitionen brauchen Kapital. Doch Kapital ist knapp. Insbesondere entsteht kein Kapital, wenn nicht vorher jemand gespart hat. Wir alle sind Sparer – manche von uns mehr, manche weniger. Wenn wir wegen höherer Steuern weniger sparen, ist das Ergebnis weniger Wachstum. Es sei denn, der Staat verschuldet sich, die Notenbanken drucken Geld und entfachen ein kurzes Strohfeuer. Doch wir müssen feststellen: Wenn einer schlecht investiert, dann der Staat. Er hat die meisten Schulden und kommt seit Jahrzehnten nicht mit dem aus, was er uns jährlich nimmt. Selbst Finanzminister Schäuble gelingt dies derzeit nur aufgrund der historisch niedrigen Zinsen an den Kapitalmärkten und diese wurden und werden von den Notenbanken manipuliert. Grundsätzlich ist der Staat ein ganz schlechter Geschäftsmann! Die Folge jedes schulden- oder steuerfinanzierten Wachstumsprogramms ist, dass derjenige unser Geld zum Investieren bekommt, der der schlechteste Geschäftsmann ist. Das kann nicht richtig sein.

Statt schulden- oder steuerfinanzierter Ausgabenprogramme sollte der Staat seine Ausgaben reduzieren und geringere Abgaben verlangen. Ein echtes Wachstumsprogramm wäre, die Bildung von Sparvermögen und Eigenkapital nicht länger zu benachteiligen. Der Staat treibt Bürger und Unternehmen so in die Verschuldung. Doch wie hängt Sparen und Investieren in einer Wirtschaft grundsätzlich zusammen?

Stellen Sie sich Robinson Crusoe nach seiner Strandung auf der einsamen Insel ohne Hab und Gut vor. Er stand vor dem Problem, dass er seinen täglichen Konsum – hier sei vereinfacht von Fischen ausgegangen – bestreiten muss. Um aber mit seinen bloßen Händen Fische fangen zu können, dauert es bis zu einem Erfolg sehr lange. Das könnte sich ändern, wenn er statt mit den Händen mit einer Angel fischt. Dann könnte er statt beispielsweise einem Fisch pro Tag drei Fische konsumieren. Um diese Angel aber bauen zu können, muss er einen Tag »investieren« und dabei seine Anstrengungen, Fische zu fangen, aussetzen. Mit anderen Worten müsste Robinson auf seinen Fischkonsum verzichten und sparen, um einen Kapitalstock in Form der Angel herzustellen. Am nächsten Tag wäre es dann möglich, durch diese Investition mehr Fische zu konsumieren. Seine kleine Volkswirtschaft mit dem Bruttoinlandsprodukt aus Fischen wäre nun von einem Fisch auf drei Fische angewachsen. Heute würde man von einem Wirtschaftswachstum sprechen. Weiteres Wirtschaftswachstum könnte Robinson nun wieder durch einen Verzicht auf Fische (Sparen) initiieren, wenn er z. B. zwei Tage zum Knüpfen eines weiteren Kapitalstockes, eines Fischernetzes (Investition) aufwendet. Nach einer Weile könnte er so mehrere Fischreusen, ein Schiff oder sogar ein Haus mit Gemüsegarten, Getreideacker und Stallungen erwirtschaftet haben.

Das Prinzip ist heute beim Wirtschaftswachstum dasselbe. Denn damit eine Volkswirtschaft durch eine Investition wachsen kann, ist in einer normalen ökonomischen Welt immer ein Konsumverzicht in Form von Sparen nötig. Nur wer auf heutigen Konsum verzichtet, spart und kann morgen mehr konsumieren. Heute setzt die Politik die falschen Anreize, indem sie Sparen und Investitionen bestraft und den heutigen Konsum belohnt. Es gibt also keine Investitionen ohne einen Sparprozess. Entweder man spart selbst oder ein anderer spart und er leiht uns dieses Geld. Gerade das billige Geld der Notenbanken und das Produzieren von Geld aus dem Nichts pervertiert diesen Zusammenhang. Die Notenbanken suggerieren uns allen Wohlstand und die Illusion, Fortschritt könne es auf Dauer auch ohne Sparen geben. Es geht nur noch darum, dass die Kreditmenge (= Schuldenmenge) in einer Volkswirtschaft steigt. Unter diesen Voraussetzungen muss die Aussage von Ben Bernanke, dem Chef der US-Notenbank Fed, verstanden werden:

»Die US-Regierung verfügt über eine Technologie, genannt Druckerpresse (oder heute ihr elektronisches Äquivalent), die ihr die Produktion so vieler

US-Dollars erlaubt, wie sie wünscht – und das ohne Kosten. [...] Im Zweifel kann die Fed die Dollarpresse beliebig rotieren lassen und notfalls Geld mit dem Helikopter abwerfen, um die Wirtschaft anzukurbeln.«[79]

8.8 Privatwährungen im täglichen Leben

Was aber bedeutet eine solche »Entnationalisierung des Geldes« eigentlich für Ihr tägliches Leben? Für die Urlaubsreise, den Einkauf und das Sparkonto? Prognosen sind hier nur bedingt möglich, denn der evolutionäre Marktprozess ist im Ergebnis offen. Wir können nicht exakt vorhersehen, wie viele konkurrierende Geldarten es geben und wer sie nutzen wird. Doch einige wohlbegründete Vermutungen lassen sich aufstellen, denn wir wissen, wie der Markt, wie Wettbewerb, Angebot, Nachfrage und das Preissystem im Allgemeinen funktionieren. Aus diesem Grund trete ich für eine Entnationalisierung des Geldes oder besser eine marktwirtschafliche Geldordnung ein.

Führt ein freier Währungswettbewerb zu unübersichtlichem Chaos und einem Nebeneinander von zahllosen Kleinstwährungen? Das ist nicht zu erwarten! Denn Geld ist ein sogenanntes Netzwerk-Gut: Die Verwendung einer Währung ist nur dann sinnvoll, wenn auch andere Menschen diese Währung im Tausch akzeptieren. Der Zersplitterung des Marktes in viele kleine Geldanbieter ist hier also ein natürlicher Riegel vorgeschoben. Niemand würde freiwillig eine Währung nutzen, die sonst niemand verwendet. Entsprechend können auf dem Markt auch nur solche Geldanbieter bestehen, die weitgehend akzeptierte Währungen anbieten. Im Marktprozess wird so eine gute Balance aus den Vorteilen weitverbreiteter Akzeptanz und aus den Vorteilen der wettbewerbsinduzierten Dynamik gefunden.

Doch genauso unwahrscheinlich wie ein unübersichtliches Nebeneinander Tausender Währungen ist die erneute Herausbildung eines Monopols. Denn für unterschiedliche Zwecke kann es durchaus sinnvoll sein, unterschiedliche Währungen zu nutzen: für das Sparen, für den Bargeldverkehr, für den elektronischen Zahlungsverkehr, für Auslandsüberweisungen usw. Mit einem wachsenden Angebot verschiedener Währungen wächst auch die Wahrscheinlichkeit, dass jeder Geldnutzer die für ihn persönlich optimale Währung findet. Doch werden Sie nicht viel Zeit und

Mühe investieren müssen, um sich über das breite Angebot zu informieren? Über Wechselkurse, Inflationsraten und Akzeptanz einer Währung? Wie heute schon auf vielen anderen Märkten werden auch hier Unternehmen entstehen, die es sich zur Aufgabe machen, die Geldnutzer und Sparer zu beraten und den Markt zu analysieren. Es werden sich Standards herausbilden, anhand derer verschiedene Währungen verglichen und bewertet werden können. Ein solcher Standard bildet auch eine einheitliche Recheneinheit: Kein Supermarkt wird zwanzig verschiedene Preisschilder aushängen müssen.

Erste Trends zeichnen sich dabei bereits ab. So ist die weltweit höchste Akzeptanz an Boutiquen, Kneipen und Gaststätten, die Bitcoins als Zahlungsmittel akzeptieren, in Berlin zu finden. Genau genommen im Graefekiez, der auch deshalb als Bitcoin-Kiez bezeichnet wird.[80] Wer dort beispielsweise im »Room 77« in der Graefestraße einen erstklassigen Hamburger essen will, kann diesen mit Bitcoins bezahlen. Dabei berechnet »Room 77« den Durchschnitt der aktuellen Bitcoin-Kurse mehrerer Handelsplattformen der virtuellen Währung (z. B. www.bitcoin.de). Der Kunde bezahlt mit einer virtuellen Geldbörse (sogenanntes »wallet«), die als App auf seinem Smartphone hinterlegt ist. Sogar einen Geldautomaten installierte der Bitcoin-Pionier und Besitzer des »Room 77«, Jörg Platzer, vorübergehend in seinem Lokal. Dort konnten Kunden beispielsweise 20 Euro in Bitcoin tauschen.

Doch was ist mit den vielen Annehmlichkeiten, die das moderne Finanzsystem mit sich bringt, mit bargeldlosem Geldverkehr, den Zinsen auf dem Girokonto und Online-Banking? Diese Innovationen kann ein wettbewerbliches Geldwesen sogar weitaus besser anbieten! Der Wettbewerbsdruck zwingt private Unternehmen ständig zu kundenfreundlichen Innovationen. Es war nicht die EZB, die uns diese Annehmlichkeiten beschert hat. Private Banken im Wettbewerb um Kunden waren es. Und wenn der Wettbewerb nicht nur um Spareinlagen, sondern auch um Währungen geführt wird, sind noch viele weitere Innovationen zu erwarten. Das kommt den Sparern und Geldnutzern zugute. Wettbewerb ist der Motor kundenfreundlicher Innovationen, das gilt auch für das Geldwesen.

Die Entnationalisierung des Geldes bedeutet auch eine Entpolitisierung. Von einzelnen Währungen wird nicht mehr das Wohl und Wehe ganzer

Volkswirtschaften abhängen. »Scheitert der Euro, scheitert Europa«, erklärte die Kanzlerin. Man stelle sich vor, der Chef von Siemens würde erklären: »Scheitert Siemens, so scheitert die Elektronikindustrie.« Zu recht würde er ausgelacht werden, denn Alternativen und Wettbewerber stünden jederzeit bereit. Im Währungswettbewerb kann kein Staat und keine Bank die Sparer in Geiselhaft nehmen.

Der marktwirtschaftliche Wettbewerbsmechanismus umgibt uns ständig, zum Beispiel im Supermarkt oder beim Online-Shopping. Wir nehmen ihn oft nicht wahr, doch seine Früchte (niedrige Preise, hohe Qualität und breite Auswahl) genießen wir gerne. Gleichzeitig können wir die schädlichen Auswirkungen von Monopolen täglich beobachten. Dort, wo der Wettbewerb fehlt, gibt es lange Warteschlangen, miesen Service und hohe Preise. Es ist absurd, dass wir ausgerechnet beim wichtigsten Gut einer Volkswirtschaft – dem Geld – auf die Vorteile des Wettbewerbs verzichten. Die Kosten dafür tragen Sie als Geldnutzer und Sparer.

Friedrich August von Hayek fand es grotesk, dass man den Regierungen, die nie an wertstabilem Geld interessiert waren, die Produktion von Geld überließ und nicht privaten Unternehmen, deren Erfolg von der Qualität des Produktes Geld, also von den Kundenwünschen, abhängig ist.

Die Jungen Liberalen, die Jugendorganisation der FDP, diskutiert seit einiger Zeit die Vorteile einer marktwirtschaftlichen Geldordnung. War das anfänglich eine kleine Minderheit von klassisch-liberalen JuLis, wird dieser Diskussionskreis langsam zu einer immer stärkeren Gruppe. Auf dem Bundeskongress der JuLis in Düsseldorf 2013 erhielt ein entsprechender Antrag der JuLis Thüringen bei einer schriftlichen Abstimmung 46 Prozent der Stimmen und scheiterte denkbar knapp.

Gleichzeitig findet ein Siegeszug der Cyberwährung Bitcoin statt. Dabei wird es interessant, wenn sich Notenbanker zu Bitcoins äußern. Der Chef der US-Notenbank Fed Ben Bernanke sagte am 18. November 2013 zur virtuellen Währungen: Virtuelle Währungen »können langfristig vielversprechend sein, insbesondere wenn die Innovationen ein schnelleres, sichereres und effizienteres Zahlungssystem fördert«.[81]

Der Kurs des Bitcoins stieg anschließend bis Ende November auf über 800 Euro, eine Verdoppelung des Kurses innerhalb von zwei Wochen. Für die Kritiker sind Bitcoins ein neues Ponzi-Schema, das Spekulanten und Betrüger anziehe wie die Fliegen. Für Befürworter sind Bitcoins die Geldrevolution schlechthin. Fakt ist, der Siegeszug der 2009 von anonymen Programmierern gestarteten privaten Währung ist beeindruckend. Die Idee hinter Bitcoin ist letztlich die Hayeksche Idee der Geldprivatisierung. Denn Hayek übertrug letztlich die Idee des Wettbewerbs und des Freihandels auf das Geld. Für Hayek war der Geldwettbewerb die einzige Möglichkeit, um den Zusammenbruch des Geldsystems insgesamt zu verhindern.

Die Gefahr der Bitcoin-Währung liegt jedoch im Staat selbst. Dieser lebt mit dem derzeitigen Geldsystem seit vielen Jahren komfortabel. Durch die Zinsmanipulation der Notenbanken können immer mehr öffentliche Schuldenberge finanziert werden, ohne dass Ausgaben gekürzt oder Steuern erhöht werden müssen. Daher ist das Interesse des Staates sehr begrenzt, Bitcoins oder andere Währungen gleichrangig mit den staatlichen Währungen zu behandeln.

Ob sie sich am Ende als allgemein akzeptiertes Zahlungsmittel durchsetzen, ist offen und wird die Zeit zeigen. Viele meinen, nach der Insolvenz der Bitcoin-Börse Mt. Gox sei die Messe für Bitcoins gelesen. Inzwischen jedoch hat sich der Kurs bei 451 Euro (27. Juli 2014) eingependelt und ist seit Wochen stabil. Ich glaube dies daher nicht. Letztlich wird es ein Lernprozess sein, den die Branche, die Nutzer und die Anleger durchmachen müssen. Aber die Zeit wird es zeigen. Eines aber ist klar: Sollte der Bitcoin sich nicht durchsetzen, wird etwas Neues entstehen, das aus der Vergangenheit gelernt hat. Dieser Prozess der schöpferischen Zerstörung ist der Vorteil einer Marktwirtschaft.

Hayek hoffte dies. Er schloss sein Buch mit einem Appell: »Was wir nun brauchen, ist eine Freigeld-Bewegung, die der Freihandels-Bewegung des 19. Jahrhunderts vergleichbar ist.«

8.9 Der Weg zu einer marktwirtschaftlichen Geldordnung[82]

Doch wie sieht die vorgeschlagene Problemlösung konkret aus? Neben den genannten Prinzipien des Rechtsstaats ist eine marktwirtschaftliche Geldordnung elementarer Bestandteil der Lösung. Doch was ist eine marktwirtschaftliche Geldordnung? Was ist »free banking«?

Friedrich August von Hayek schrieb am 4. Juni 1932 im *Economist*, dass Devisenhandelsbeschränkungen mehr als jeder andere Faktor die Lage von Deutschland und Österreich in der Weltwirtschaftskrise verschärft hätten.[83] Staatliche Rettungsmaßnahmen für staatliche Währungen haben die Situation nicht verbessert, sondern verschlechtert. Gleiches muss für gesamtwirtschaftliche Rettungsmaßnahmen wie den New Deal von Franklin Delano Roosevelt festgestellt werden.[84] Die weiteren geldpolitischen Entwicklungen des 20. Jahrhunderts führen Hayek dann im September 1975 dazu, in seinem Vortrag »Choice in Currency« die Abschaffung des staatlichen Geldmonopols zu fordern.[85] In seiner Schrift *Entnationalisierung des Geldes* führt Hayek, diese Forderung begründend, aus: »Die bisherige Instabilität der Marktwirtschaft ist eine Folge davon, dass der wichtigste Regulator des Marktmechanismus, das Geld, seinerseits von der Regulierung durch den Marktprozess ausgenommen wurde.«[86] Und wenn »wir wollen, dass freies Unternehmertum und die Marktwirtschaft fortbestehen [...], haben wir keine andere Wahl, als das Geldmonopol der Regierung und nationale Währungssysteme durch freien Wettbewerb zwischen Emissionsbanken zu ersetzen.«[87] Staat und Politik muss die Macht über das Geld entzogen werden. Das führt nicht zur Anarchie, sondern zu einem anderen Ordnungsrahmen.

»Alles spitzt sich damit auf die Frage zu: Welche Ordnungsformen gewähren Freiheit?«, betont Walter Eucken in seinen Grundsätzen der Wirtschaftspolitik.[88] Dabei geht es nicht um mehr Handlungsfreiheiten für Regierungen, sondern um die Freiheit des einzelnen Bürgers. Es geht nicht um ein Primat der Politik, sondern um ein Primat von Recht und Freiheit. In der Eurokrise reihen unsere Regierungen und die EZB indes einen kollektiven Rechtsbruch an den anderen. Entgegen allen Behauptungen wird dadurch nicht der Euro stabilisiert, sondern die Macht der Regierungen und der EZB jenseits allen Rechts erweitert. Die Geldordnung, der wichtigste Teil einer Wirtschaftsordnung, wird von unseren europäischen Staats- und Regierungschefs als Mittel zur Durchsetzung politischer Macht missbraucht. Mit der Setzung eines Ordnungsrahmens im Sinne von Walter Eucken hat das nichts zu tun. Es ist sogar das genaue Gegenteil einer Politik der Wettbewerbsordnung:

»Die Politik der Wettbewerbsordnung löst das Problem in folgender Weise: Sie verringert wirtschaftliche Macht durch Aufspaltung. Und zwar werden die Sphären des alltäglichen Wirtschaftens und des politisch-staatlichen Handels möglichst getrennt. Dies ist eine Methode. Die andere, die zugleich angewandt wird: Innerhalb der wirtschaftlichen Sphäre erfolgt mit Ingangsetzung der Konkurrenz eine Dekonzentration, die es verhindert, dass Machtpositionen bleiben oder sich neu bilden [...] In einer Wirtschaftsordnung des zentralverwaltungswirtschaftlichen Typs kehrt sich das Verhältnis um: Die Wirtschaftsordnung ist ein Werkzeug zur Durchsetzung von Macht.«[89]

Die derzeitige Euro-Rettungspolitik der europäischen Staats- und Regierungschefs und der EZB folgt dem zentralverwaltungswirtschaftlichen Typ. Die heutige Geld- und Währungsordnung dient als Werkzeug zur Durchsetzung eines europäischen Superstaates, mit dem sich die Staats- und Regierungschefs zum Zwecke der eigenen Machterweiterung noch weiter von ihren Parlamenten und Bevölkerungen emanzipieren können. Dass dadurch nicht der Euro gerettet und stabilisiert, sondern weiter zerstört wird, spielt für sie keine Rolle. Die Sicherung und Ausweitung der eigenen Macht – Primat der Politik genannt – ist für diese Menschen alternativlos. Deshalb sind Recht und Freiheit in Europa ernsthaft gefährdet. Aber ohne ein Primat von Recht und Freiheit in Europa wird es keinen stabilen Euro geben. Denn was hilft es, neue, angeblich bessere und striktere Regeln für die Euro-Stabilität aufzustellen, wenn sich unsere europäischen Regierungen und die EZB bereits an die gültigen Regeln nicht halten, sich sogar zum kollektiven Rechtsbruch der Europäischen Verträge verabredet haben? Unsere derzeitigen europäischen Regierungen und die EZB werden jede geschriebene Regel, die Recht und Freiheit sichern könnte, brechen, solange sie dadurch ihre eigene Macht erhalten oder ausweiten können. Ein Primat von Recht und Freiheit lässt sich deshalb nur durch konsequente Machtteilung, durch Macht und Gegenmacht durchsetzen, nicht durch Machtkonzentration. Wer den Euro stabilisieren will, muss deshalb den Weg der konsequenten Machtteilung gehen und das staatliche Geldmonopol abschaffen, sodass dem Euro eine ihn stabilisierende Konkurrenz durch Privatwährungen erwachsen kann. Den Regierungen und der EZB müssen die Möglichkeiten zur Manipulation des Geldes beschränkt werden und zwar durch Wettbewerb von konkurrierenden Privatwährungen.

Staatliche Parallelwährungen sind zwar ein Schritt in die richtige Richtung von mehr Währungs- und damit mehr Systemwettbewerb, verlagern die Probleme von Machtmissbrauch und Geldmanipulation aber lediglich auf die nationale Ebene. Der Wettbewerb zwischen staatlichen Währungen ist erfahrungsgemäß aus unterschiedlichen Gründen nicht ausgeprägt genug, um staatliche Geld- und Zinsmanipulationen wirksam zu verhindern, was allein schon aus der Betrachtung der geldpolitischen Lage von Dollar, Yen und Euro abgelesen werden kann. Zudem müssen wir uns wohl oder übel von der Vorstellung verabschieden, direkt oder über den Umweg einer staatlichen Parallelwährung zur alten Deutschen Bundesbank und ihrer Stabilitätspolitik zurückkehren zu können. Die 25 Jahre zwischen ca. 1973/74 und 1998/99, in denen die Bundesbank eine unabhängige, gegen die Machtinteressen der deutschen Regierungen gerichtete Stabilitätspolitik betrieben hat, sind die größte Ausnahme in der Geschichte der Geldpolitik und der Zentralbanken und gemessen an der gesamten geldpolitischen Geschichte, die eine Geschichte der staatlichen Geldmanipulationen ist, leider ein sehr kleiner Zeitraum.

Der europäische Sonderweg zu einer offenen Gesellschaft beruht auf der Machtteilung, auf Macht und Gegenmacht. Echte dezentrale bürgerliche Gegenmacht, die über nationale Grenzen hinweg Recht und Freiheit und die Marktwirtschaft bewahren hilft und Geld- sowie Zinsmanipulationen weitestgehend verhindert, entsteht nur durch die Zulassung von konkurrierenden Privatwährungen. Denn kein Mensch hält freiwillig schlechtes Geld. Und die dezentrale millionenfache Nachfrage nach gutem Geld ist eine dezentrale bürgerliche Gegenmacht, die keine Regierung und keine EZB aufhalten kann, nachdem das staatliche Geldmonopol erst einmal abgeschafft worden ist.

Die derzeitige Überschuldungskrise von Staaten und Banken ist nur im Rahmen des staatlichen Papiergeldmonopols, in dem Geld und Kredit aus dem Nichts geschaffen werden, möglich. Eine marktwirtschaftliche Geldordnung, die wir leider nicht haben, hätte durch die in ihr wirksamen Schuldenbremsen diese Überschuldungskrise erst gar nicht entstehen lassen.

Bei Gewährung von vollständiger Produzenten- und Konsumentenfreiheit im Finanzsektor kann es jedem einzelnen Bürger ermöglicht werden, zwischen staatlichem und anderem Geld zu wählen. Dazu müsste das staatliche Geldmonopol fallen und zugelassen werden, dass sich in dezentralen Entdeckungsverfahren parallel zum staatlichen Zahlungsmittel alternative Währungen, konkurrierende Privatwährungen, entwickeln können. Da niemand freiwillig schlechtes Geld hält, wird der sich entwickelnde Währungswettbewerb die privaten, aber auch die staatlichen Geldproduzenten dazu anhalten, besseres Geld zu produzieren. Die Produktion von schlechtem Geld und die Verschlechterung von gutem Geld wird von den Menschen aufgrund ihrer freien Wahlmöglichkeit zwischen unterscheidbaren privaten und staatlichen Währungen, also aufgrund ihrer Konsumentenfreiheit, sofort durch Abwanderung zu konkurrierendem Geld bestraft werden.

Der Staat müsste bei gesunkener Kaufkraft seiner Währung – zum Beispiel aufgrund einer zu hohen Staatsverschuldung – zur Deckung seiner Ausgaben entweder die Steuern erhöhen, sparen oder neue Kredite aufnehmen. Sollten diese Darlehen in der eigenen staatlichen Währung aufgenommen werden und aus purer Geldschöpfung bestehen, wird erneut die private Nachfrage nach der Währung und somit ihr Wert sinken. Dieser Entwicklung könnte dann nur durch höhere Zinsen für das staatliche Geld entgegengewirkt werden, weil die Investoren sich das erhöhte Risiko bezahlen lassen oder eben in eine andere Währung wechseln würden. Höhere Zinsen verteuern jedoch gleichzeitig die Rückzahlung der Kredite für den Staat. Ein Staat würde folglich durch die Zulassung von konkurrierenden Privatwährungen und eines allumfassenden Währungswettbewerbs gezwungen, eine nachhaltigere Haushaltspolitik zu verfolgen. Die

Zulassung von konkurrierenden Privatwährungen und eines Wettbewerbs unterschiedlicher Währungen wären deshalb eine weit wirksamere Schuldenbremse als es heute die Grenzwerte des europäischen Stabilitätspaktes oder die Regelungen im Grundgesetz der Bundesrepublik Deutschland sind. Der Euro würde so durch seine größten Konkurrenten stabilisiert: die konkurrierenden Privatwährungen. Zudem würden kollektive Rechtsbrüche der Regierungen und der EZB sofort durch die Abwanderung aus dem Euro bestraft werden. Eine marktwirtschaftliche Geldordnung würde aus diesen Gründen die Rechtstreue unserer Regierungen und die Durchsetzung eines Primats von Recht und Freiheit in Europa fördern.

Vorschriften bezüglich der materiellen Deckung von Währungen oder gar ein Goldstandard sind sowohl unnötig als auch schädlich. Denn der »Wettbewerb würde sicherlich die emittierenden Institutionen weit wirksamer dazu zwingen, den Wert ihres Geldes (in Bezug auf ein festgesetztes Güterbündel) konstant zu halten, als es irgendeine Verpflichtung zur Einlösung des Geldes in diese Güter (oder in Gold) könnte«.[90] Natürlich könnte es geschehen, dass sich bei freiem Wettbewerb zwischen verschiedenen Geldarten zunächst Gold als die beliebteste Geldart erweist. Die zunehmende Nachfrage nach Gold würde aber vermutlich zu einem solchen Anstieg und eventuell zu heftigen Schwankungen des Goldpreises führen, dass Gold aufhören würde, sich als Geldeinheit für den Geschäftsverkehr und das Rechnungswesen zu eignen.[91]

Inwieweit in einer marktwirtschaftlichen Geldordnung gedeckte Währungen dominieren werden, lässt sich ex ante nicht bemessen, weil die einzelnen Menschen die freie Wahl haben, sowohl gedeckte als auch ungedeckte Währungen zu produzieren oder nachzufragen. Diese Währungen werden wie zurzeit auch über Kredite oder durch Verkauf gegen andere Währungen verfügbar gemacht. Inwieweit in einer marktwirtschaftlichen Geldordnung Kredite, die nicht durch reale Ersparnisse gedeckt sind, vergeben werden können, hängt vom Verhältnis von Angebot und Nachfrage nach ungedeckten Währungen ab. Da niemand freiwillig auf Dauer schlechtes Geld nachfragt, ist jedoch zu vermuten, dass sich der Anteil der Kredite, die nicht durch reale Ersparnisse gedeckt sind,

Schritt für Schritt verringern wird. Eine private Emissionsbank gefährdet durch ihre Kreditschöpfungsaktivitäten den Wert der von ihr emittierten Währung und ihre gesamte Existenz, da die privaten Sparer schnell zu einer konkurrierenden Währung von einer Bank wechseln werden, die eine zurückhaltendere oder gar keine Kredit- und damit Geldschöpfung betreibt.

Die Zulassung von konkurrierenden Privatwährungen und ein allumfassender Währungswettbewerb würden so aufgrund der individuellen Nachfrage nach gutem Geld und der Möglichkeit für alle Menschen, die Produzenten von schlechtem Geld durch Abwanderung zu bestrafen, dazu führen, dass sich evolutionär eine neue Geldordnung entwickelt, in der die Möglichkeiten zur Geld- und Kreditschöpfung aus dem Nichts aufgrund von Wettbewerb beschränkt sind, wodurch die Wahrscheinlichkeit von gefährlichen Investitionsblasen und Scheinwohlstand sinkt.

Die sofortige Zulassung von konkurrierenden Privatwährungen und eines allumfassenden Währungswettbewerbs im Euroraum wird jedoch nicht zu einem sofortigen vollständigen Verfall des Euro, zu einem »Rennen« aus der Staatswährung und einem Zusammenbruch unseres gesamten Finanzsektors führen. Dieses wäre nur dann der Fall, wenn von heute auf morgen eine Situation vom Himmel fallen könnte, in der es ausreichend private Emissionsbanken gäbe, die besseres als das staatliche Geld ohne Zeitverzögerung in ausreichender Menge und Verbreitung emittieren könnten, das bei den Menschen zudem schon größeres Vertrauen erlangt haben müsste als der Euro. Um aus einer Währung sofort hinausgehen zu können, benötigt man auch sofort eine andere bessere Währung, in die man zu vertretbaren Kosten hineingehen kann.

Menschliches Handeln benötigt immer Zeit. Und aus diesem Grund fällt eine funktionierende marktwirtschaftliche Geldordnung auch dann nicht über Nacht vom Himmel, falls unsere derzeitige, aus ungedecktem staatlichem Zwangspapiergeld bestehende Geldordnung, die sich zu einem riesigen Schneeballsystem entwickelt hat, zusammenbrechen wird. Auch eine marktwirtschaftliche Geldordnung kann sich nur schrittweise entwickeln. Aber genau deshalb sind die sofortige Zulassung von konkurrierenden Privatwährungen und die Ermöglichung eines allumfassenden Währungswettbewerbs die wichtigsten liberalen Forderungen unserer Zeit. Wir haben keine Zeit zu verlieren.

In der Zwischenzeit sollten wir uns aber auch keine Angst vor einem Zusammenbruch unseres Finanzsystems einjagen lassen, mit dem die angebliche Alternativlosigkeit der derzeitigen Euro-Rettungspolitik unserer europäischen Regierungen und der EZB begründet wird.

Allein zwischen 1981 und 2003 sind mehr als 100 Staaten zahlungsunfähig geworden und wurden umgeschuldet, ohne dass es dafür die Schuldenfonds EFSF oder ESM gab.[92] Die Behauptung, man benötige den ESM unbedingt für geordnete Staateninsolvenzen, entbehrt deshalb jeder sachlichen Grundlage. Jedes Land, auch wenn es Mitglied des Euroraumes ist, kann für sich allein umschulden, wenn das nötig sein sollte. Deshalb liegt auch keine Rechtslücke in den Europäischen Verträgen vor, wie verschiedentlich behauptet wird. Mit derartigen Behauptungen soll vielmehr vom kollektiven Rechtsbruch der Europäischen Verträge abgelenkt werden, die einen Bail-out, eine Haftung für die Schulden anderer Euro-Mitglieder, verbieten. Das Problem ist nicht die eigentliche Staateninsolvenz. Das Problem sind die Bankeninsolvenzen.

Durch den Beschluss der G-20 vom November 2008, keine systemrelevante Bank untergehen zu lassen, und durch das falsche Handeln der Zentralbanken und Regierungen haben unsere überschuldeten Großbanken ein Erpressungspotenzial in die Hand gelegt bekommen, das zu einem Haftungsausschluss für Banken geführt hat. Dieser Haftungsausschluss für Banken widerspricht sämtlichen marktwirtschaftlichen und rechtsstaatlichen Prinzipien. Das Erpressungspotenzial der Banken besteht in der Drohung, dass der Banken- und Finanzsektor und der Zahlungsverkehr zusammenbrechen würden, falls eine systemrelevante Bank Insolvenz anmelden müsste. Auf diesen Kurzschluss fällt man in unseren westlichen Gesellschaften angsterfüllt herein, weil wir uns das Denken in Ordnungen abgewöhnt haben. Das Erpressungspotenzial der Banken kann jedoch entkräftet werden, wenn das Gesamtinteresse der

Aufrechterhaltung des Zahlungsverkehrs vom Problem der Bankinsolvenz getrennt wird.

Erstens: Der Beschluss der G-20, keine systemrelevante Bank untergehen zu lassen, muss revidiert werden. Zweitens: Die Regierungen antworten auf die Erpressung der Banken, einen Insolvenzantrag bei Gericht einzureichen, mit: »Ja bitte, macht doch!« Eine Marktwirtschaft ohne Insolvenzrichter ist keine Marktwirtschaft. Für Banken soll das gleiche Recht wie für alle anderen Unternehmen gelten. Drittens: Der Staat übernimmt eine Garantie für die privaten Spareinlagen bei der insolventen Bank. Kredite an Unternehmen der Realwirtschaft, die diese insolvente Bank vergeben hat, bleiben bestehen, sodass die Vertragsbeziehungen zu Kreditnehmern aus der Realwirtschaft unbeeinträchtigt bleiben. Zahlungsverpflichtungen der insolventen Bank an andere Banken, die nicht die Konten der Kunden der anderen Bank betreffen, sondern direkt an die andere Bank gehen, werden aber nicht garantiert. Viertens: Ein Insolvenzverwalter übernimmt die Führung der insolventen Geschäftsbank und sorgt dafür, dass alle Zahlungen, für die eine staatliche Garantie vorliegt, ordnungsgemäß durchgeführt werden. Die Refinanzierung dieser Zahlungen erfolgt wie zurzeit auch über die Zentralbank.

Der Zahlungsverkehr wird bei Beachtung dieser vier Grundelemente aufrechterhalten. Denn durch einen Insolvenzantrag einer Bank werden nicht zeitgleich die Computer in dieser Bank abgestellt und die Leute entlassen. Durch einen Insolvenzantrag einer Bank wird die rechtliche Abwicklung dieser Bank eingeleitet. Der Zahlungsverkehr bricht durch einen Insolvenzantrag einer Bank nicht zusammen, wenn man ihn nicht zusammenbrechen lässt und das Kreditwesengesetz entsprechend ändert. Zu einem Sturm auf die Banken wird es nicht kommen, wenn der Staat die genannte Garantie für bestimmte Zahlungen übernimmt und wenn das beschriebene Szenario in der Öffentlichkeit durch die Massenmedien so weit verständlich verbreitet wird, dass die Menschen vor einem Insolvenzantrag der Deutschen Bank, der UBS oder der Hypo Real Estate keine Angst mehr haben. Ein 10-Euro-Schein ist in unserem ungedeckten staatlichen Papiergeldsystem auch nichts anderes als eine staatliche Garantie und unterscheidet sich deshalb nicht von Spareinlagen, wenn für diese eine staatliche Eigentumsgarantie vorliegt. Von einer Abhebung der

Spareinlagen hat deshalb kein Sparer einen Vorteil gegenüber Bargeld. Entscheidend ist, dass der Zahlungsverkehr aufrechterhalten wird und der Sparer weiß, dass seine Ersparnisse durch eine Bankinsolvenz nicht vernichtet werden. Es ist dann unerheblich, ob man eine 10-Euro-Note in der Hand hält oder ob man diese 10 Euro bei einer Bank eingelegt hat.

In diesem Szenario ist ausgeschlossen, dass der Staat alle Zahlungsverpflichtungen der insolventen Bank deckt. Natürlich kann diese bewusste Beschränkung der Übernahme von Zahlungsverpflichtungen einer insolventen Bank A dazu führen, dass eine Bank B ebenfalls Insolvenz anmelden muss. Auch für Bank B kommen die vier genannten Grundelemente des Bankenabwicklungsszenarios zur Anwendung, sodass die Zahlungen von Konten der Kunden der Bank B zu anderen Banken ausgeführt werden können und Kredite, die die Bank B an die Realwirtschaft vergeben hat, weiterhin gedeckt sind und nicht aufgekündigt werden. Der Zahlungsverkehr wird auch durch die Insolvenz der Bank B nicht zusammenbrechen, sondern durch einen Insolvenzverwalter kontrolliert aufrechterhalten. Da natürlich auch eine Bank C und weitere Banken durch die Insolvenzen der Banken A und B in Schwierigkeiten geraten könnten, kann es geschehen, dass das gesamte überschuldete Teilreservebanksystem abgewickelt werden müsste, ohne dass der Zahlungsverkehr zusammenbricht. Es könnte sogar ein positiv zu bewertender Dominoeffekt entstehen, der andere Staaten aufgrund der internationalen Verflechtung unserer Finanzwirtschaft dazu zwingt, dieses Szenario zur kontrollierten Abwicklung von überschuldeten Banken bei Aufrechterhaltung des Zahlungsverkehrs zu übernehmen. Zudem würden die ungedeckten Zahlungsverpflichtungen zwischen den Banken und große Teile der aus dem Nichts geschöpften Geld- und Kreditmenge aus früheren Interbankengeschäften zurück ins Nichts befördert. Das heißt auch, die Schrottpapiere, die zurzeit die Bad Banks füttern, würden vernichtet.

Notabene: Die staatliche Garantie für Spareinlagen ist nichts anderes als ein staatliches Gesetz, das festlegt, dass die Spareinlagen, die aus ungedecktem Geld bestehen, also ein Abstraktum sind, auch nach einem Insolvenzantrag einer Bank als nicht vernichtet gelten. Natürlich gehören diese nicht vernichteten Spareinlagen immer noch dem Sparer. Da hat kein Eigentümerwechsel stattgefunden. Diese Spareinlagen sind genauso Geld durch einen Rechtsakt wie der 10-Euro-Schein im Portemonnaie durch Rechtsakt Geld ist. Und deshalb gibt es auch keine staatliche Ausgabenwirksamkeit. Der Staat kauft den Sparern ihre Ersparnisse nicht ab. Und der insolventen Bank kann der Staat die Spareinlagen ohnehin nicht abkaufen, weil die Spareinlagen dem Sparer gehören und nicht der Bank. Und die Ersparnisse müssen auch nicht refinanziert werden, weil sie durch Rechtsakt bereits da sind. Die Pointe des Bankenabwicklungsszenarios bei Aufrechterhaltung des Zahlungsverkehrs besteht also darin, dass der größte Nachteil des staatlichen ungedeckten Zwangspapiergeldsystems – ungedecktes Papiergeld ist Geld, weil der Staat es durch Rechtsakt zu Geld erklärt – wunderbar zur Abwicklung des überschuldeten Teilreservebankensystems genutzt werden kann.

Wichtig ist zudem der Hinweis, dass eine Bank nach einem Insolvenzantrag nicht dem Staat gehört, sondern den Gläubigern. Die staatliche Garantie für Spareinlagen ändert daran überhaupt nichts. Diese Garantie ist eine positive Diskriminierung der Sparer gegenüber allen anderen Gläubigern der insolventen Bank. Diese positive Diskriminierung ist gerechtfertigt, weil der Staat zuvor die Banken durch das Teilreserveprivileg privilegiert und so systematisch die Überschuldung des gesamten Bankensystems herbeigeführt hat.

Die rechtlich abgewickelten, ehemals überschuldeten Banken könnten anschließend verkauft werden. Wir könnten das uns beherrschende Schneeballsystem des überschuldeten Teilreservebankwesens abwickeln und eine neue Geldordnung, die marktwirtschaftlichen und rechtsstaatlichen Prinzipien entspricht, gestalten, ohne dass es zu einem Zusammenbruch des gesamten Zahlungsverkehrs kommt. Da so das Erpressungspotenzial der Banken entkräftet wird, wären Ordnungspolitik und ein Primat von Recht und Freiheit in Europa wieder möglich. Der Übergang zu einer marktwirtschaftlichen Geldordnung und einer Euro-Stabilität durch konkurrierende Privatwährungen wäre abgesichert.

8.10 Das Ziel ist eine freie Gesellschaft

Der Eingriff in das individuelle Handeln von Menschen durch den Staat ist die Ursache für diese Fehlentwicklungen. Und die Wurzel dieser staatlichen Willkür ist das staatlich gelenkte Geldsystem. Alle Eingriffe wurzeln in diesem Umstand.

Nachdem Sie nun dieses Buch gelesen haben, gibt es für Sie zwei Möglichkeiten mit Ihrem Wissen umzugehen.

Erstens: Sie begeben sich in die Zuschauerrolle und versuchen aus dem fortschreitenden Interventionismus für sich persönlich Kapital zu schlagen. Das kann eine gewisse Zeit funktionieren. Im Energiesektor kann man den Interventionismus und seine Profiteure gut beobachten. Ganze Industriezweige wie die Windenergiebranche werden aus dem Boden gestampft – allein mithilfe von Subventionen und Interventionen. Einige wenige profitieren davon, weil sie entsprechenden Einfluss auf Politik und Parteien nehmen. Gleiches kann man in früheren Zeiten natürlich auch für die Kernkraft formulieren. Das Prinzip ist das gleiche. Oder Sie setzen darauf, dass Ihr Investitionsrisiko in Anleihen überschuldeter Euro-Staaten im Zweifel vom Steuerzahler oder von anderen Sparern übernommen wird. Auch dann kann es sein, dass Sie zu den Profiteuren staatlicher Intervention gehören. Wenn Sie dies so sehen, war dieses Buch für Sie eine Fehlinvestition. Denn es wäre bei dieser Einstellung besser gewesen, Sie hätten aus »Solidarität« eine griechische Staatsanleihe gekauft und sich anschließend zurückgelehnt. Vor dem Fernseher sitzend, Rotwein schlürfend und Käse verspeisend, könnten Sie die Bürokratie kritisieren, die Enteignung des Sparvermögens durch die staatliche Zinsmanipulation anprangern, die hohe Steuerbelastung und die schlechten Straßen beklagen oder schlaue Vorschläge machen, wie das Leben von Leuten verbessert werden kann, denen es vielleicht viel schlechter geht als Ihnen.

Es gibt aber auch den anderen Weg, den Weg einer freien Gesellschaft. Diese baut nicht auf Zuschauer, sondern auf Macher. Das Genossenschaftswesen unter Schulze-Delitzsch wurde 1848 aus individuellem Antrieb gegründet. Aus der Not heraus haben sich Gleichgesinnte zusammengeschlossen, um sich gegenseitig zu helfen. Krupp hat seine

Sozialwohnungen Anfang des 19. Jahrhunderts aus eigenem Antrieb und Überzeugung errichtet. Die SAP ist deshalb Marktführer, weil sie die Weiterbildung ihrer Mitarbeiter aus eigenem Antrieb überdurchschnittlich fördert. Daraus erwachsen selbstbewusste Arbeitnehmer, Arbeitgeber und damit auch Bürger, die nicht bei jedem Windstoß des Lebens nach dem Wohlfahrtsstaat rufen. Wieso hat meine Region Ostwestfalen-Lippe so viele erfolgreiche Familienunternehmen? Weil die Eigentümer hier verwurzelt sind und sich in Sportvereinen und karitativen Organisationen sozial engagieren. Und weil Düsseldorf, Berlin und Brüssel weit weg sind. Eine Einflussnahme auf die Politik und die Regierungen ist nur mit hohem Aufwand möglich. Darum lässt der bodenständige Ostwestfale das lieber.

All diese Menschen sind aber nicht deshalb so initiativ, weil der abstrakte Staat oder die aktuelle Regierung es von ihnen verlangt, sondern aus eigenem moralischen Antrieb. Das – und nichts anderes – sind im besten Sinne freie Bürger einer offenen Gesellschaft.

Der Erhalt einer freien Gesellschaft setzt jedoch mehrere konstitutive Merkmale voraus. Das sind:

1.   Machtteilung durch Gegenmacht in Parlament und Gesellschaft

2.   Ein Primat des Rechts und der Freiheit statt eines Primats der Politik

3.   Marktwirtschaft und Freihandel statt Willkür und Abschottung durch den Staat

4.   Non-Zentralismus für den Wettbewerb der Ideen

Im Deutschland des 19. Jahrhunderts war das Ideal der linksliberalen Fortschrittspartei und später der Freisinnigenpartei, deren wortgewaltiger Kopf Eugen Richter war, die Gleichheit vor dem Recht. Später verwässerten Liberale diesen Grundsatz, indem sie Gerechtigkeit nicht mehr als »Gleichheit vor dem Recht« interpretierten, sondern in »Chancengerechtigkeit« umdeuteten und damit den Weg in den Wohlfahrtsstaat, dessen Allzuständigkeit und Verschuldung bereiteten. Es sollte zur Versöhnung des Liberalismus mit dem Sozialismus führen, der »Chancengerechtigkeit«

stets als Chance zur Umverteilung verstanden hat, um damit »bessere Ergebnisse« zu erzielen. Dieser Liberalismus wird in Deutschland, aber auch darüber hinaus nicht mehr gebraucht. Was es braucht, ist eine links-liberale Agenda im Sinne Eugen Richters: eine Rückbesinnung auf die Tradition der Fortschrittspartei und des Freisinns in Deutschland.

Aus den oben genannten Grundsätzen ließe sich eine kurze, prägnante Agenda erstellen. Sie hätte lediglich folgende zehn Punkte:

1. Vorfahrt für *Freihandel, offene Grenzen und ein Sezessionsrecht.* Der Einzelne entscheidet, wo und wie er lebt, arbeitet, konsumiert oder investiert – und nicht der Staat. Die Vielheit ist das Ziel, nicht deren Abschaffung.

2. Vorfahrt für *Bildungsfreiheit.* Der Einzelne oder seine ihm Nächsten entscheiden über Bildungsinhalt, -zeitpunkt, -ort und -finanzierung.

3. Vorfahrt für *Religionsfreiheit.* Der Einzelne entscheidet, ob und wie er seinen Glauben lebt und wie er seine Kirchen, Moscheen oder Tempel finanziert und unterstützt. Das Eigentum, die Versammlungsfreiheit und die Religionsausübung sind geschützt. Die Finanzierung der Religionsgemeinschaften erfolgt ohne den Staat und seine Mithilfe.

4. Vorfahrt für die *Freiheit im Internet.* Der Staat sammelt keine Daten seiner Bürger und es geht ihn auch nichts an, wer über die Autobahnen der digitalen Welt fährt.

5. Vorfahrt für die *Freiheit des Geldes.* Der Staat legt kein »gesetzliches Zahlungsmittel« fest und lässt Währungswettbewerb zu. Das beste Geld setzt sich über ein Entdeckungsverfahren durch.

6. Vorfahrt für *Vereinigungsfreiheit.* Abschaffung des Kammerzwangs für Industrie, Handwerk und freie Berufe sowie Abschaffung der Zwangsgebühren für Rundfunkanstalten wie die ARD und ZDF.

7. Vorfahrt für *Marktwirtschaft* in der Energieversorgung und im Verkehr. Meint: Abkehr von der Energieplanwirtschaft und von jedwedem Abkassieren des Staates im Verkehr. Für private Straßen und Bahnen.

8. Vorfahrt für das *Recht*. Allgemeine, abstrakte und für alle gleiche Regeln statt eines Staates, der jeden Einzelfall regeln und dirigieren will.

9. Vorfahrt für *Gewaltenteilung*. Für eine direktere Demokratie im Zusammenspiel mit Judikative und Exekutive statt der bisherigen Machtkonzentration bei wenigen in Parlament und Regierung.

10. Vorfahrt für das *Eigentum* statt kalter Enteignung durch Steuern, Inflation und Regulierung.

Die Aufgabe der Regierung und des Parlaments sollte es sein, Eigeninitiative zuzulassen. Mehr nicht! Versuchen Sie einmal als freier Bürger einen Kindergarten zu gründen. Sie werden sehr schnell an der staatlichen Regelungswut scheitern. Doch freie Bürger müssen wieder Genossenschaften gründen, Kindergärten initiieren, Selbsthilfeorganisation ins Leben rufen und sich nicht mit einem Weinglas in der Hand zurücklehnen, sondern aufstehen. Daraus entsteht der gesellschaftliche Unterbau einer freien Gesellschaft, die schließlich auch wieder eine parlamentarische Vertretung haben wird. Bis dahin müssen wir mit der Erinnerung an den liberalen Reichstagsabgeordneten Eugen Richter vorlieb nehmen, der 1887 sagte: »Die Mehrheit dieses Reichstages ist ein Angstprodukt der Wähler.«

9. JETZT SIND SIE DRAN!

Nach acht Jahren als Abgeordneter im Deutschen Bundestag – vier Jahre davon als Mitglied einer Regierungskoalition aus Union und FDP – fällt meine Bilanz der real existierenden Politik nicht positiv aus.

Ich kann mich noch gut erinnern, dass zu Beginn der Legislaturperiode 2009 der Finanzminister auf die Koalition zukam und einen Entwurf für ein Jahressteuergesetz 2010 vorlegte. Seit Menschengedenken verabschiedet der Bundestag jedes Jahr ein Jahressteuergesetz. Ein Jahressteuergesetz ist ein sogenanntes Omnibusgesetz.

Als Omnibusgesetz wird nicht ein Gesetz für den öffentlichen Nahverkehr bezeichnet, sondern ein Gesetz in das alle »einsteigen« können. Alle Bürokraten dieser Welt können mit einem Problem, das sie schon immer mal in einem Paragrafen geregelt haben wollen, Platz nehmen. So ein Gesetz ist das Jahressteuergesetz. Es entsteht unter eifriger Mitwirkung der Finanzbürokratie der Länder, die bis zur Verabschiedung immer neue Umdrucke (neue Paragrafen) dranpappen. Würde es einmal in einem Jahr kein neues Jahressteuergesetz geben, die Welt würde nicht untergehen. Viele Unternehmen, Bürger und vielleicht sogar auch Steuerberater könnten sich um wichtigere Dinge kümmern, als die neuen Paragrafen auswendig zu lernen. Dieses Jahressteuergesetz 2010 wollte ein Fraktionskollege, ein Hüne von Mann, verhindern. Er verzögerte, taktierte, verschleppte und erklärte für die FDP, dass wir den Bedarf nicht erkennen könnten. Woche um Woche verging, der Finanzminister machte Druck, der Koalitionspartner, die Fachpolitiker, die Länder und die Betroffenen, am Ende war alles vergeblich. Auch 2010 gab es ein Jahressteuergesetz, wie auch 2011, 2012 und 2013. Und 2014? 2014 gab es einen Regierungsentwurf für ein sogenanntes »Kroatiengesetz«, weil auch irgendeine EU-Richtlinie Kroatien betreffend darin umgesetzt werden muss. Es ist im Detail ein Jahressteuergesetz, darf laut Finanzminister Schäuble aber nicht so heißen. Das 102 Seiten umfassende Sammelsurium ist ein Omnibus mit Überlänge. Von A wie Abgabenordnung bis Z wie Zerlegungsgesetz ist fast jeder Anfangsbuchstabe eines Gesetzes dabei. Insgesamt werden 20 Gesetze und Verordnungen geändert.

Der Erfüllungsaufwand (Bürokratiekosten) für die Bürger ändert sich »nur geringfügig«. Für die Wirtschaft reduziert sich der Erfüllungsaufwand im Saldo sogar um 149 000 Euro. Auf der ersten Seite wird pflichtgemäß nach »Alternativen« für das Gesetz gefragt. Die knappe Antwort: »Keine«. Alles wird gut! – Bis zum Jahressteuergesetz 2015.

Mein Eindruck im Nachhinein ist ernüchternd. Oftmals ist der Abgeordnete einer Regierungsfraktion nicht mehr und nicht weniger als der Überbringer und das Sprachrohr der guten oder schlechten Nachricht vor Ort. Die Gesetzentwürfe sowieso, aber oftmals auch die Parlamentsanträge werden von den Ministerialbeamten geschrieben. Bei Gesetzentwürfen kommt es vor, dass sich Branchenverbände mit konkreten Gesetzesinitiativen direkt an das Ministerium wenden. Das Ministerium hebt oder senkt lediglich den Daumen, ob es ein Gesetz macht oder nicht. Einzige Ausnahme: Geht es um fiskalische Interessen, entscheidet das Finanzministerium selbstherrlich.

Aber auch Anträge der Fraktionen werden von den Ministerien geschrieben. So wurde der gemeinsame Antrag von CDU/CSU und FDP zur Bankenunion (Bankenunion – Subsidaritätsgrundsatz beachten, DS 17/10781 vom 25.09.2012) komplett vom Finanzministerium geschrieben. Darin ging es um das Verhandlungsmandat, das der Bundestag der Bundesregierung mit auf den Weg gab, um die Bedingungen einer Europäischen Bankenaufsicht unter Einbeziehung der Europäischen Zentralbank zu regeln. Es klingt ein wenig absurd, wenn die beiden Fraktionen in ihrem Antrag schreiben: »Der Deutsche Bundestag fordert die Bundesregierung auf, sich bei den anstehenden Verhandlungen dafür einzusetzen [...]«, wenn die Ministerialbürokratie den Antrag selbst formuliert hat.

Es wäre jedoch zu kurz gesprungen, wenn dieser Sachverhalt lediglich auf die Koalition von Union und FDP reduziert würde. Das unter

Finanzminister Peer Steinbrück geführte Finanzministerium ließ in der Zeit der Großen Koalition 2005 bis 2009 sogar ganze Gesetzentwürfe von externen Beratern schreiben. So ist das Finanzmarktstabilisierungsgesetz von der Rechtsanwaltskanzlei Freshfields Bruckhaus Deringer LLP geschrieben worden.

Es kommt sogar vor, dass parlamentarische Anfragen an die Regierung von den Beamten in den Ministerien formuliert werden. Das hat den Vorteil, dass der Regierungsbeamte die Antworten schon kennt. Im Gesetzgebungsverfahren bleibt dem Abgeordneten oftmals nur die Formulierung eines höheren oder niedrigeren Schwellenwertes, eines späteren Inkrafttretens des Gesetzes oder einer moderateren Stichtagsregelung. Darüber wird wochenlang gefeilscht und gestritten. Das Plenum des Parlaments ist jedoch nicht der Ort des Diskurses unterschiedlicher Meinung, sondern die öffentliche Verlautbarung der unterschiedlichen Meinungen.

Doch bei aller Kritik am real existierenden parlamentarischen Alltag: Der Ausgangspunkt aller Eingriffe ist das Geldsystem. Alle Interventionen lassen sich darauf zurückführen. Die immer stärkere Regulierung des Bankensektors, die Überwachung der Anleger und seiner Konten, die hohe Verschuldung der Staaten, Banken und privaten Haushalte, die hohe Komplexität des Steuerrechts, die Vergemeinschaftung der Schulden in Europa, die leichtere Finanzierung militärischer Interventionen, aber auch der wachsende Wohlfahrtsstaat und seine steigende Ausgabenpolitik. Das auf Kredit basierende Geldsystem ist der Frontalangriff auf die bürgerliche Gesellschaft. Es zerstört nicht nur unser Wirtschaftssystem, sondern es verteilt um: von Arm zu Reich, von Dezentral zu Zentral, von Privat zu Staat, vom Einzelnen zum Kollektiv, von der Realwirtschaft zur Finanzwirtschaft, von Eigenkapital zu Fremdkapital und damit vom Eigentümer zum Schuldner. Es zerstört durch die Progression der Besteuerung das Eigentum. Der überbordende Wohlfahrtsstaat zerstört die Familien, indem dieser die Erziehungsaufgabe für die Eltern übernimmt. Selbst die Kirche ist in Gefahr. Sie ist nicht unabhängig vom Staat. Die Koppelung der Kirchensteuer an die Einkommensteuer führt zu einer nibelungentreuen Abhängigkeit der Kirche vom Staat. Die Amtskirche hängt am Tropf des Staates und seinem stetigen Einnahmenzuwachs. Dieses süße Gift infiziert fortwährend auch die Budgets der Amtskirchen.

Wladimir Iljitsch Lenin charakterisierte die Absicht der Sozialisten in allen Parteien treffend, als er sagte: Wer die bürgerliche Gesellschaft zerstören wolle, müsse ihr Geldwesen verwüsten. Alle Verwerfungen und Übertreibungen haben ihre Ursache in der Zerstörung des Geldwesens. Als Liberaler ist man eigentlich Optimist. Dennoch sehe ich die tatsächlichen Herausforderungen auf die Menschen und die Gesellschaft erst noch zukommen. Über den Weg und die Methode führten seinerzeit John Maynard Keynes und Friedrich August von Hayek einen heftigen Streit. Es war der berühmte Disput über Ursachen und die Konsequenzen der »Große Depression« Ende der 1920er- und in den 1930er-Jahren. Keynes war der Auffassung, es müsse alles getan werden, um die Depression zu bekämpfen. Dafür war ihm jedes kurzfristige geldpolitische und fiskalpolitische Mittel recht. Ganz so wie Mario Draghi heute. Im Zweifel soll die Notenbank Geld drucken, um die Wirtschaft wieder in Schwung zu bringen. Seinen Kritikern entgegnete er: »Langfristig sind wir alle tot.« Hayek war ganz anderer Meinung. Für ihn war die Depression die Korrektur unrentabler Investitionen, die durch eine expansive Politik des billigen Geldes hervorgerufen wurde. Dieser Korrektur könne man nicht ausweichen, sondern nur verschlimmern, wenn man mit den gleichen Rezepten auf die Krise reagiere, die zu ihr geführt haben. Deshalb war seine Antwort auf Keynes: »Brot heute, Hunger morgen.«

Genau darum geht es. Es ist die Sorge um die weitere Entwicklung zulasten unserer Kinder. Wir stehen zwangsläufig vor einem historischen Umbruch. Dieser Umbruch wird mit der faktischen Verstaatlichung des Kredits und damit des Bankensektors beginnen und mit noch stärkerer Intervention des Staates in alle Lebensbereiche fortgesetzt. Die Anpassungsrezession wird dennoch kommen, sie wird nur schlimmer sein und die Notenbanken und Staaten werden noch stärker intervenieren. Doch diese Manöver werden auf Dauer nicht funktionieren. Sehr wahrscheinlich werden sie irgendwann zum Ende unserer Währung und der Ersparnisse vieler Bürger führen. Stellen Sie sich darauf ein! Es wird auch zum vorläufigen Ende dieses Papiergeldregimes kommen. Ob es dann neu entsteht und alle mit neuem Geld aus dem Nichts von vorn beginnen, das ist die spannende Frage.

Sie müssen helfen, dies zu verhindern. Sie müssen helfen, den Boden für eine marktwirtschaftliche Geldordnung zu bereiten und auf den

Wettbewerb der Währungen und auf die Entmachtung der Notenbanken setzen. Das staatliche Geldmonopol ist die Ursache für die Pervertierung der Marktwirtschaft in allen Bereichen. Warten Sie nicht darauf, dass eine Änderung in der Gesellschaft von allein oder von Dritten kommt. Sie müssen diese Veränderung einleiten.

Es reicht nicht aus, den einen oder anderen Abgeordneten im Deutschen Bundestag zu überzeugen, um über ihn die Mehrheiten im Parlament zu verändern. Ich musste leider bitter erfahren, dass dies in unserem parlamentarischen System nicht möglich ist. Dort kämpft die parlamentarische Opposition gegen die regierungstragenden Fraktionen. Letztere stützen die Regierung und ihre Minister. Dies zu verändern hieße die Regierung zu beenden. Dazu aber ist die Mehrheit nicht bereit. Schließlich ist sie durch den Wählerauftrag zur Regierungsfraktion geworden. Das ist leider die Wirklichkeit. Erschwerend kommt noch hinzu, dass die Opposition – bis auf die Linke – während der CDU/CSU-FDP-Koalition in dieser Frage gar nicht in Opposition war. Seit 2013 ist die parlamentarische Opposition zudem zahlenmäßig marginalisiert. Immerhin gehören über 82 Prozent der Abgeordneten des Bundestages einer Regierungsfraktion an.

Es reicht auch nicht aus, meine Partei, die FDP, auf diesen Kurs zu bringen. Das ist zwar notwendig und auch möglich. Immerhin ist der von Burkhard Hirsch, mir und anderen Ende 2011 initiierte Mitgliederentscheid zum Euro und zum ESM an nur 2000 von 60000 Mitgliedern gescheitert. Das waren lediglich 3 Prozent! Deshalb werde ich auch weiterhin meine ganze Kraft aufwenden, um dieses Verhältnis zu verändern. Ansonsten wird sich die FDP selbst marginalisieren, damit hat sie bei der Bundestagswahl 2013 bereits begonnen. Mich bewegt auch die Sorge um meine Partei, der ich seit 27 Jahren angehöre. Nimmt die Krise des Geldsystems den von mir beschriebenen Verlauf, sieht es um eine Partei schlecht aus, die für Marktwirtschaft, Rechtstaatlichkeit und individuelle Freiheit eintreten will. Die Geschichte der liberalen Parteien in Deutschland ist ein Beleg dafür. Sie sind zu Beginn des vergangenen Jahrhunderts vom Totalitarismus überrollt worden. Ich will verhindern, dass es erneut so weit kommt. Aber die FDP auf einen wirklich liberalen Kurs zu bringen, wird nicht ausreichen.

Es braucht vor allem eine breite gesellschaftliche Diskussion über die tatsächliche Ursache der aktuellen Krise des Geldsystems. Das erfordert einen Wandel in der Gesellschaft. Der Nobelpreisträger Douglass C. North spricht von »Shared Mental Models«, von »gemeinsamen mentalen Modellen«, die neben einer Theorie der Eigentumsrechte und einer Theorie des Staates in einer Theorie der Ideologie zu berücksichtigen sind, um institutionellen Wandel in Gesellschaften zu analysieren. Diese »Shared Mental Models« sind sehr langlebig und von Politikern kurzfristig nicht zu ändern. Seit den Fünfzigerjahren ist in den westlichen Gesellschaften ein Kulturkampf gegen bürgerlich-liberale Institutionen zu beobachten. Er hat die »Transformation des liberalen Rechtsstaats in den Sozialstaat« zum Ziel und soll heute auf die supranationale Ebene eines »europäischen Sozialstaats« gehoben werden, der als notwendige Bedingung einen europäischen Superstaat voraussetzt. Bis zur nächsten oder übernächsten Bundestagswahl können diese Kräfte nicht zurückgedrängt werden.

Diese Kräfte sind sehr stark. Denn die Gesellschaft hegt mehrheitlich eine stille Liebe zur Planwirtschaft. Das Institut für Demoskopie Allensbach befragte Ende 2013 die Bürger zu ihrer grundsätzlichen Einstellung über Markt und Staat. Das Ergebnis kann Liberale kurzfristig nicht hoffnungsvoll stimmen.

Auf die Frage, ob sie der Meinung seien, dass es ihnen »*in einem stärker vom Staat kontrollierten Wirtschaftssystem besser*« gehe, antworteten in Ostdeutschland 42 Prozent und in Westdeutschland 36 Prozent mit »*genauso*« oder »*besser*«. Lediglich 34 Prozent in Westdeutschland und 18 Prozent im Osten meinten, es gehe ihnen dann »*schlechter*«. Weiter wurde gefragt, ob die Befragten der folgenden Aussage zustimmen:

»Ich fände es gut, wenn der Staat Obergrenzen für die Preise für Grundnahrungsmittel festlegen würde. Durch solche Höchstpreise könnte man sicherstellen, dass die Preise für Grundnahrungsmittel nicht so stark steigen und sich jeder diese weiterhin leisten kann.«

Die relative Mehrheit von 46 Prozent schloss sich dieser Aussage an. Bei einer analogen Frage, bei der nicht von Lebensmittelpreisen, sondern von

Mieten die Rede war, entschieden sich sogar 71 Prozent für eine staatlich verordnete Preisgrenze.[93]

Es ist also ein langer Weg. Bei diesem Kulturkampf handelt es sich um Prozesse kultureller Evolution, die 25 bis 30 Jahre und vielleicht länger dezentral kulturelle Veränderungen bewirken müssen, eine Evolution, in der sich neue dominierende »Shared Mental Models« bilden und behaupten müssen. Diese Prozesse können von den verbliebenen und von neuen bürgerlich-liberalen Kulturträgern angestoßen werden und in den letzten 10 bis 15 Jahren haben sich in der Tat überall in Europa hochinteressante Gruppen von liberalen Überzeugungstätern außerhalb der etablierten Parteien entwickelt. Ob dieser Prozess aber zu einer Verschiebung des Verhältnisses von 25 zu 75 zugunsten der klassischen Liberalen in Richtung 30 zu 70, 35 zu 65 hinsichtlich der »Shared Mental Models« führt, ist vollkommen offen. Die weitere Entwicklung hängt nicht zuletzt davon ab, ob die sich überall entwickelnden Freiheitsinseln überzeugend und anziehend genug sind, um im täglichen kulturellen und gesellschaftlichen Wandel der westlichen Gesellschaften zu bestehen, und sich in den nächsten 25 bis 30 Jahre vergrößern können. Diese Freiheitsinseln gibt es nicht nur in Parteien, sondern auch im Internet, in Blogs, Zeitschriften oder in Think Tanks und Organisationen. So hat sich im Internet seit Jahren eine wachsende Zahl von Freiheitsfreunden entwickelt. Nennen will ich hier die »Achse des Guten« (www.achgut.de), das »Antibürokratieteam« (www.antibuerokratieteam.net), die Zeitschriften *Eigentümlich frei* (www.ef-online.de) und *Schweizer Monat* (www.schweizermonat.ch), Novo Argumente (www.novo-argumente.com), die Friedrich-August-von-Hayek-Gesellschaft (www.hayek.de), das Ludwig-von-Mises-Institut Deutschland (www.misesde.org), die Freiheitsfreunde (www.freiheitsfreunde.net), die Studentenorganisation »Students for Liberty« (www.studentsforliberty.org/europe/network/germany), den »Liberalen Aufbruch in der FDP« (www.liberaler-aufbruch.net) und bald auch »Prometheus – Das Freiheitsinstitut« (www.prometheusinstitut.de).

Ich bin der Überzeugung, dass der Denkprozess von wenigen angestoßen werden muss. Friedrich August von Hayek setzte auf Ideen, die sich wie eine zarte Pflanze im Verlauf der Zeit immer stärker zu einem starken Baum entwickeln. Als nach dem Zweiten Weltkrieg ein gewisser Anthony

Fisher das Buch von Hayek *Der Weg zur Knechtschaft* las, war er der Überzeugung, dass er aktiv in die Politik einsteigen müsse, um Großbritannien vor dem schleichenden Sozialismus zu bewahren. Großbritannien trieb damals auf den Staatsbankrott zu. Steuern von bis zu 90 Prozent und einer Inflation von 25 Prozent zerstörten jeden Impuls in der Gesellschaft. Als er Hayek um Rat fragte, soll dieser ihm davon abgeraten haben. Er empfahl ihm stattdessen, seine Zeit sinnvoller in den Aufbau einer klassisch-liberalen Denkfabrik zu investieren. Hayek ging davon aus, dass »Ideen zählen«. Fisher befolgte Hayeks Rat und gründete das Institute of Economic Affairs in London. Dort sammelte sich ein Kreis von marktwirtschaftlich denkenden Ökonomen, die durch öffentliche Stellungnahmen und Meinungsbildung den Boden für die Thatcher-Revolution Ende der 1970er-Jahre ebneten, was zur marktwirtschaftlichen Erneuerung in Großbritannien führte. Ebenso wie die Thatcher-Revolution wurden die als »Reagonomics« bezeichneten Reformen von Ronald Reagan in den 1980er-Jahren von einer Denkfabrik, hier dem Cato-Institute in Washington, vorbereitet. Und auch das »Kiwi-Wunder« in Neuseeland in den 1990er-Jahren, in dessen Verlauf sich der Inselstaat innerhalb weniger Jahre zum wettbewerbsfähigsten Land auf dieser Welt entwickelte, wurde von einer klassisch-liberalen Denkfabrik, dem New Zealand Business Roundtable, initiiert.

Seien Sie sich im Klaren darüber, dass nicht der kurzfristige Blick entscheidend ist, sondern der mentale Wandel eingeleitet und fortgesetzt werden muss. Das ist ein mittelfristig bis langfristiger Prozess. Wer nur auf kurzfristige Mehrheiten schielt, ohne das Fundament zu erneuern, baut auf Sand. Dann wiederholen sich die Fehler im Geldsystem immer wieder aufs Neue, und die Erpressung der überschuldeten Staaten und Banken gegenüber dem Steuerzahler und Sparer wird zum Dauerzustand. Wer sich um die künftige Entwicklung Sorgen macht, sollte sich ein Beispiel an Anthony Fisher nehmen und helfen, eine klassisch-liberale Denkfabrik in Deutschland aufzubauen, die das Feuer in den Köpfen der Menschen entfacht. Es lohnt sich!

Mein Ziel ist es, in Deutschland eine solche Denkfabrik zu gründen, die daran mitwirkt, ein Meinungsklima zu etablieren, in dem die Forderungen nach mehr Freiheit, Marktwirtschaft und das Recht erfolgreich sein können. Diese Denkfabrik mit dem Namen »Prometheus – Das Freiheits-institut« (www.prometheusinstitut.de) soll Ende 2014 an den Start gehen. Die griechische Sagengestalt Prometheus ist Sinnbild für die Befreiung des Menschen aus seiner Unmündigkeit. Das Feuer, das Prometheus den Menschen brachte, befähigte sie zur Selbstverantwortung und zur Frei-heit. Wir wollen dieses Feuer in den Herzen der Menschen entfachen. Was in England und den USA, in Neuseeland und Kanada, in Dänemark und Chile sowie in Japan und Litauen möglich ist, muss auch im Land von Ludwig Erhard möglich sein. Diese Denkfabrik darf jedoch nicht im akademischen Elfenbeinturm operieren, sondern direkt in Berlin. Sie soll nicht von Verbands- oder Staatsgeld abhängig sein, sondern von und mit unabhängigen Persönlichkeiten aufgebaut werden. Sie soll nicht allein marktwirtschaftlich, oder nur für eine bestimmte gesellschaftliche Grup-pe und vor allem nicht im Kleinen tätig werden, sondern sie soll klas-sisch-liberal, wortmächtig und konsequent, ohne Wenn und Aber für den Einzelnen streiten.

Denn es braucht Menschen, die sich aus innerer Überzeugung gegen die beharrliche Zersetzung des Geldwesens und seine freiheitszerstören-de Wirkung stellen. Dieser Prozess setzt eines voraus: Standhaftigkeit. Eugen Richter, der wohl wichtigste Liberale des 19. Jahrhunderts, sagte in einer seiner Reden im Reichstag 1884:

> »Den richtigen Kämpfer jedoch für die Rechte und Freiheiten des Volkes er-kennt man daran, dass er auch in den für den Liberalismus ungünstigen Zei-ten auf dem Platze bleibt.«

Sie müssen sich jetzt bewegen und aufraffen. Nur so entsteht eine offe-ne Gesellschaft, die sich nicht auf den parternalistischen Staat verlässt. Machen Sie sich bemerkbar, stehen Sie auf, nehmen Sie nicht alles hin, engagieren Sie sich und wehren Sie sich. Sorgen Sie dafür, dass die Sozi-alisten in allen Parteien – die Herz-Jesu-Sozialisten, die Ökosozialisten, sozialen Zentralisten, die nationalen Sozialisten, die Steuererhöher, die Subventionsgrabscher, die Ober-Planer, die konservativen Beckenrand-schwimmer, die ewigen Geldausgeber und die nimmersatten Umvertei-ler – endlich eine wirkliche Gegenmacht verspüren, die sich gegen sie stellt.

Deshalb müssen Sie sich einbringen. Es geht nicht nur um unser Geld, es geht um viel, viel mehr: Es geht um unsere Freiheit und die Freiheit unserer Kinder. Fangen Sie an. Jetzt!

ÜBER DEN AUTOR

Quelle: »www.frank-schaeffler.de / studio kohlmeier«

Frank Schäffler war von 2005 bis 2013 Mitglied des Deutschen Bundestages. In dieser Zeit stemmte er sich vehement gegen die sogenannte Eurorettung und stimmte gegen sämtliche Maßnahmen der Schuldenvergemeinschaftung im Euro-Klub. In der FDP initiierte er 2011 einen vielbeachteten Mitgliederentscheid gegen den Europäischen Stabilitätsmechanismus (ESM), den er knapp verlor.

Frank Schäffler ist Vertreter der Österreichischen Schule der Nationalökonomie und tritt für eine marktwirtschaftliche Geldreform ein. Er gründet derzeit in Berlin den klassisch-liberalen Thinktank »Prometheus – Das Freiheitsinstitut«, der an die Tradition der angelsächsischen Denkfabriken anknüpfen will.

LITERATURVERZEICHNIS

Baader, Roland (1992). *Kreide für den Wolf: Die tödliche Illusion vom besiegten Sozialismus.* Anita Tykve Verlag.

Baader, Roland (2004). *Geld, Gold und Gottspieler. Am Vorabend der nächsten Weltwirtschaftskrise.* Gräfelfing: Resch-Verlag.

Baader, Roland (2010). *Geldsozialismus.* Gräfelfing: Resch-Verlag.

Böhm-Bawerk, Eugen von (1914). »Macht oder ökonomisches Gesetz.« Aufsatz.

Brandeis, Luis D. (1914). *Other People's Money: And how the Bankers Use it.* Mansfield Centre, CT: Martino Publishing.

Cantillon, Richard. *Essay on the Nature of Commerce in General,* Library of Congress, USA. Deutsch: (1931). *Abhandlung über die Natur des Handelns im allgemeinen,* Frankfurt am Main: Fischer Verlag.

Eijffinger, C. W. & de Haan, Jakob (2000). *European Monetary and Fiscal Policy.* Oxford: Oxford University Press.

Erhard, Ludwig (1957). *Wohlstand für Alle.* Düsseldorf: Econ Verlag.

Walter Eucken (1975): *Grundsätze der Wirtschaftspolitik,* hrsg. von Edith Eucken und K. Paul Hensel, 5., unveränderte Auflage, Tübingen: Mohr Siebeck UTB.

Froot, Kenneth A., Obstftfeld, Maurice (1991). Intrinsic Bubbles. The case of stock prices.

Habermann, Gerd (2006). Richtigstellung. Ein polemisches Soziallexikon, Olzog Verlag.

Hennecke, Hans Jörg (2000). *Friedrich August von Hayek. Die Tradition der Freiheit.* Düsseldorf: Verlag Wirtschaft und Finanzen.

Hayek, Friedrich August von (1929/1976). *Geldtheorie und Konjunkturtheorie.* Wien und Leipzig. Nachdruck Salzburg 1976.

Hayek, Friedrich August von (1943). *Der Weg zur Knechtschaft.* München: Olzog Verlag.

Hayek, Friedrich August von (1977). *Die Entnationalisierung des Geldes.* Tübingen: Mohr Siebeck.

Hayek, Friedrich August (1981): *Recht, Gesetzgebung und Freiheit,* 3 Bde, München 1980, Landsberg am Lech 1981, Verlag moderne industrie.

Hayek, Friedrich August von (1991). *Die Verfassung der Freiheit.* Tübingen: Mohr Siebeck.

Hayek, Friedrich August von (2004). Wissenschaft und Sozialismus. In: Gesammelte Schriften in deutscher Sprache: Abt. A, Aufsätze; Bd. 7. Mohr Siebeck.

Hazlitt, Henry (2010). *ECONOMICS in one Lesson!* München: Olzog Verlag.

Huerta de Soto, Jesús (2011). *Geld, Bankkredit und Konjunkturzyklen.* Stuttgart: Lucius & Lucius.

Hülsmann (2005): Nachwort: Schöne neue Zeichenwelt, in: Murray N. Rothbard (2005): Das Schein-Geldsystem. Wie der Staat unser Geld zerstört, Gräfelfing, 2. Auflage, S. 111-154.

Hülsmann, Jörg Guido (2007). *Ethik der Geldproduktion.* Waltrop: Edition Sonderwege bei Manuscriptum.

Hülsmann, Jörg Guido (2013). *Krise der Inflationskultur. Geld, Finanzen und Staat in Zeiten der kollektiven Korruption.* München: Finanzbuchverlag.

Lambsdorff, O. G. (2000): Finanzpolitische Folgen der EU-Erweiterung, Interview vom 28. April 2000 im Deutschlandradio, www.dradio.de/dlf/sendungen/interview_dlf/156323/.

Lambsdorff, Otto Graf (2006). *Der Freiheit verpflichtet*. Stuttgart: Lucius & Lucius.

Lüthje, Bernd (2013). *Basel Vier. Das Ende des Basel-Regimes*, Berlin: Berliner Wissenschafts-Verlag.

Mill, John Stuart (2008 [1859]). *Über die Freiheit*. Stuttgart: Reclam.

Mill, John Stuart, Ashley W. J. (1921). Principles of Political Economy, London 1948.

Mises, Ludwig von (1922). *Die Gemeinwirtschaft, Untersuchungen über den Sozialismus*, Jena: Verlag Gustav Fischer.

Mises, Ludwig von (1940). *Nationalökonomie, Theorie des Handelns und Wirtschaftens*. The International Carl Menger Library. München: Philosophia Verlag.

Mises, Ludwig von (1976 [1929]). *Kritik des Interventionismus*. Darmstadt: Wissenschaftliche Buchgesellschaft.

Mises, Ludwig von (1997 [1944]). *Die Bürokratie*. Sankt Augustin: Academia.

Mises, Ludwig von (2005 [1924]). *Theorie des Geldes und der Umlaufmittel*. Neudruck der 2. Aufl., Berlin: Duncker & Humblot.

Mises, Ludwig von (2006). *Liberalismus*. Hrsg. Friedrich-Naumann-Stiftung, 4. Aufl. Sankt Augustin: Academia Verlag.

Nef, Robert (2002). *Politische Grundbegriffe. Auslegeordnung und Positionsbezüge.* Zürich: Verlag Neue Zürcher Zeitung.

Neumann, Manfred J. M., Blankart, Charles B., Vaubel, Roland & von Hagen, Jürgen (2011).»Überschuldung und Staatsinsolvenz in der Europäischen Union, 26.11.2010«. Gutachten des Wissenschaftlichen Beirats beim Bundesministerium für Wirtschaft und Technologie, Gutachten 01/11. Vorsitzende Prof. Dr. Claudia M. Buch. Berlin.

Polleit Thorsten & Prollius, Michael von (2011). *Geldreform – vom schlechten Staatsgeld zum guten Marktgeld*. Grevenbroich: Lichtschlag Verlag.

Raico, Ralph (1999). *Die Partei der Freiheit. Studien zur Geschichte des deutschen Liberalismus*. Stuttgart: Lucius Verlag.

Richter, Eugen (2007/[1891]). *Sozialdemokratische Zukunftsbilder – frei nach Bebel.*: Edition Eigentümlich frei. Grevenbroich: www.capitalista.de.

Rose, Manfred (2003). *Vom Steuerchaos zur Einfachsteuer*. Stuttgart: Schäffer Poeschel Verlag.

Rose, Manfred (Hrsg.) (2002). *Reform der Einkommensbesteuerung in Deutschland. Konzepte, Auswirkungen und Rechtsgrundlagen der Einfachsteuer des Heidelberger Steuerkreises*. Heidelberg: Verlag Recht und Wirtschaft.

Rothbard, Murray N. (2005). *Das Schein-Geldsystem. Wie der Staat unser Geld zerstört*. Gräfelfing: Resch-Verlag.

Schäffler, Frank (2011).»Das Zentralbanken-Monopol muss fallen!«. Vortrag vom 6.6.2011. Bern: Verlag Johannes Müller.

Schiml, Markus, H. (2011).»Die permanente Blase – Internationale Finanzmärkte manisch-depressiv im Drogenrausch«, in: *Smart Investor. Das Magazin für den kritischen Anleger*. 12/2011.

Shiller, Robert (2011)

Speck, Dimitri (2010). *Geheime Goldpolitik. Warum die Zentralbanken den Goldpreis steuern*. München: FinanzBuchVerlag.

Stanislaw, Yergin (1999). *Staat oder Markt. Die Schlüsselfrage unseres Jahrhunderts*. Frankfurt: Campus Verlag.

Wagner, H. (1998). Europäische Wirtschaftspolitik, Berlin.

Willeke, Franz-Ulrich (2011). *Deutschland, Zahlmeister der EU. Abrechnung mit einer ungerechten Lastenverteilung*. München: Olzog Verlag.

Stichwortverzeichnis

Kreditblase 9, 11

Kungelwirtschaft 188-189

L

Lambsdorff, Graf Otto 48, 154

Lebensversicherung 16, 161, 194-197

Lehman Brothers 43, 811, 162, 205-206

Lindner, Christian 45, 100, 106, 112, 114-115

M

Maastricht Vertrag 10, 98

Marktwirtschaft 28, 64, 72, 93, 99, 101, 104, 106, 116, 132, 135, 157, 160, 162, 164, 171, 188, 198-200, 210, 212, 221-224, 232, 237-248, 250, 252, 257, 260

Mayer, Thomas 9-14

Merkel, Angela 47, 51, 67, 69, 117, 138, 151, 163, 165, 167-168, 170, 210, 227

Murray, Rothbard 21

N

Nachkriegsgeldordnung 22, 30

O

Österreichische Schule der Nationalökonomie 21, 157

P

Papst Benedikt XVI. 86

Planwirtschaft 63, 65, 71, 87, 164, 172, 178, 221-223, 258

Polleit, Prof. Dr. Thorsten 43-45, 153,

Portugal 31, 52, 68, 72-75, 77, 79, 82, 85, 94-95, 122, 126, 139-140, 142, 155, 160, 175, 177, 183, 184, 188, 207

Privatgläubigerbeteiligung 116-117

R

Rajan, Raghuram 202

Religionsfreiheit 251

Rettungsschirm 54, 58, 62, 66, 68-72, 75-76, 83-85, 97, 99, 102, 118, 124-126, 180

Ricardo, David 217

Riester-Rente 16

Rösler, Philipp 90, 111-112, 114-115, 163,

Rürup-Rente 16

S

Sarrazin, Manuel 141

Schattenwirtschaft 94

Schäuble, Wolfgang 47, 75, 88, 113, 117, 160, 163, 165, 168, 194, 227, 233, 254

Scheel, Walter 103

Schiml, Markus H. 35-39

Schuldenschnitt 33, 57, 65, 80-82, 92, 136, 179, 184, 197, 219,

Schuldenwirtschaft 177-178

Schwarzarbeit 94

Sezessionsrecht 251

Sinn, Hans-Werner 80, 105

Smith, Adam 217

Smoot-Hawley Tariff Act 28

Spanien 11, 26, 52, 77, 82-83, 93-96, 113, 122, 126, 131, 140, 150, 150, 155, 158, 160, 175, 180, 183-184, 188, 192, 204, 206-207

Staatsanleihen 10, 11, 13, 16, 42, 51, 59, 62, 74, 81, 99, 117, 121-123, 127, 132, 136-138, 153, 158, 160, 184, 186, 191-192, 196, 202, 204-205, 229

Staatsbankrott 124, 260
Stabilitätsunion 101, 103, 116
Steuererhöhung 32, 68, 73, 188-190

T

Trichet, Jean-Claude 30, 59-60, 109

U

Überschuldungskrise 16, 35, 63-64, 71, 73-74, 77-78, 86, 158, 176, 178, 181, 242
Überwachungsstaat 191-193
Umverteilung 226-227
Unzufriedenheit, ökonomische 78

V

Vaubel, Roland 80-81, 105-106
Vereinigungsfreiheit 251
von Hayek, Friedrich August 13-14, 17, 21-22, 106, 197, 214, 225-226, 231, 237, 239, 256, 259-260
von Mises, Ludwig von 19, 21, 158, 185, 187, 189, 198, 259
von Prollius, Michael 45

W

Währungsreform 1923 22
Währungsunion 9, 12-13, 51, 53, 55, 62, 82, 92, 98-99, 111, 129, 156, 167, 222
Weltfinanzkrise 1929 22
Weltwirtschaftskrise 26-30, 239
Westerwelle, Guido 47, 103, 106-108, 111, 163, 167
Willsch, Klaus-Peter 53, 70, 84, 88, 90, 120, 141-143
Wohlfahrtsstaat 158, 198, 216, 250, 255

Z

Zentralismus 63, 71, 87, 113-114, 133, 178-187, 250
Zweiter Weltkrieg 22
Zypern 77, 95, 126, 131, 135-138, 140-141, 177, 183-185, 207

ANMERKUNGEN

1. Ludwig Von Mises (2007): Human Action: A Treatise on Economics, Liberty Fund, Auburn, Alabama.
2. Friedrich August von Hayek: Die verhängnisvolle Anmaßung. Die Irrtümer des Sozialismus, Tübingen 1996, S. 112.
3. Roland Baader: *Geldsozialismus* 2010, S. 70 ff.
4. *FAZ*, 10.05.2014, S. 15, »Staatsschulden um 80 Prozent gestiegen«.
5. *Der Spiegel* 9/2009, S. 75.
6. Polleit Thorsten, Prollius, Michael, Schäffler, Frank & Tofall, Norbert F.: »Die Überwindung der Krise durch gutes Geld.« In: *Frankfurter Allgemeine Zeitung* Nr. 128 vom 5. Juni 2009.
7. *Die Welt*, 13.09.2010.
8. Lambsdorff (2000).
9. *Süddeutsche Zeitung* Nr. 110 vom 13. 05. 2011.
10. http://www.welt.de/politik/ausland/article106261458/Griechenland-verscherbelt-im-Netz-seine-Trauminseln.html.
11. http://www.n24.de/n24/Nachrichten/Politik/d/1599952/samaras-will-griechische-inseln-verkaufen.html.
12. http://www.handelsblatt.com/politik/deutschland/handelsblatt-aktion-wir-kaufen-griechische-staatsanleihen/3426508.html.
13. Drs. 14/111, S. 10455.
14. Vgl. Willeke, Franz-Ulrich (2011). *Deutschland, Zahlmeister der EU*, S. 75.
15. http://www.spiegel.de/spiegel/print/d-13679245.html.
16. *Handelsblatt* online vom 12. 04. 2010.
17. Schriftliche Erklärung von Hermann Otto Solms, MdB zur Abstimmung über den Gesetzentwurf zur Übernahme von Gewährleistungen im Rahmen eines europäischen Stabilitätsmechanismus, 21.Mai 2010 http://www.hermann-otto-solms.de/files/19964/10-05-21_Schriftliche_Erkl.aerung_Euro-Stabilitaetsgesetz.pdf.
18. Bundeskanzlerin, 05.05.2009: »Die zu beschließenden Hilfen für Griechenland sind alternativlos, um die Finanzstabilität des Euro-Gebietes zu sichern.«
19. Siehe Neumann (2010), S. 2.
20. Erklärung nach § 31 GO der Abgeordneten Frank Schäffler und Klaus-Peter Willsch (CDU/CSU) vom 17.3.2011, Plenarprotokoll 17/96, Seite 11094.
21. *FAZ*, 16. 11. 2004.
22. CEP, Centrum für Europäische Politik.
23. David Bencek, Henning Klodt, IfW Kiel, »Fünf Prozent sind (zu) viel, *Wirtschaftsdienst* 9/2011.
24. Ebd.
25. *Ifo Schnelldienst*, Sonderausgabe November 2011, S. 10.
26. Veröffentlicht u. a. in der *FAZ* vom 23.09.2011, »Die Ökologie des Menschen«, Papst Benedikt XVI, S. 8.
27. Focus.de, »Warum Kauder keine Abweichler in der Unionsfraktion duldet«, 21.05.2014.
28. *Querschuesse*, 18.02.2014.
29. *FAZ*, 03.05.2014, S. 22.
30. http://elde-online.de/pdf/Sonderelde112011.pdf.
31. http://stabileuropa.files.wordpress.com/2011/11/brief_genscher_kinkel.pdf.
32. http://www.faz.net/aktuell/politik/fremde-federn-das-europaeische-deutschland-11525283.html.

33. http://www.elmundo.es/elmundo/hemeroteca/2011/11/16/n/.
34. Th. Mann. *Gesammelte Werke* in XIII Bänden. Band XIII. S. Fischer Verlag. Frankfurt/M. 1974.
35. *FAZ* vom 08.11.2011, »Die FDP wird zur Basispartei«.
36. http://www.fdp.de/files/5620/EPT-Europawahlprogramm.pdf.
37. *Hamburger Abendblatt*, 11.12.2011.
38. http://www.faz.net/aktuell/wirtschaft/wirtschaftspolitik/rede-von-wolfgang-schaeuble-institutionel-ler-wandel-und-europaeische-einigung-12021794.html.
39. http://dipbt.bundestag.de/dip21/btd/17/102/1710211.pdf.
40. http://www.bverfg.de/pressemitteilungen/bvg14-009.
41. Siehe Neumann et al (2010) S. 14.
42. vgl. http://www.bloomberg.com/news/2013-04-04/ecb-s-data-show-possible-increase-in-borrowing-by-cypriot-banks.html.
43. Pressemitteilung Eurogruppe vom 25.03.2013: http://www.eurozone.europa.eu/newsroom/news/2013/03/eg-statement-cyprus-25-03-13/.
44. http://sharonbowles.org.uk/en/article/2013/689223/banking-union-is-a-greater-pooling-of-sovereign-ty-than-signing-up-to-the-euro-sharon-bowles-mep.
45. http://europa.eu/rapid/press-release_STATEMENT-14-77_de.htm?locale=en.
46. http://dipbt.bundestag.de/doc/btp/13/13230.asc.
47. »EZB öffnet Füllhorn, Banken erhalten Mega-Kredite«, *Deutsche Mittelstandsnachrichten* vom 20.12.2011 http://www.deutsche-mittelstands-nachrichten.de/2011/12/34032/.
48. Siehe Wagner (1998, S. 169).
49. Siehe Eijffinger und de Haan (2000) S. 89.
50. *Börsenzeitung* Nr. 17 vom 25.1.2012, S. 8.
51. Hülsmann (2005), S. 133 f.
52. Jörg Guido Hülsmann aus dem Nachwort der deutschen Übersetzung »Das Scheingeldsystem – Wie der Staat unser Geld zerstört« von Murray N. Rothbard, Gräfelfing: Resch-Verlag.
53. Vgl. Böhm-Bawerk, *Macht oder ökonomisches Gesetz*.
54. Greenspan (1966). Die Übersetzung stammt von Reinhard Deutsch. http://www.goldseiten.de/arti-kel/96–Gold-und-wirtschaftliche-Freiheit-Alan-Greenspan.html.
55. *FAZ*-Gastbeitrag »Solidarität bewährt sich in der Solidität«, von Burkhard Hirsch, Frank Schäffler und Wolfgang Gerhardt, 24.04.2010.
56. Hasselfeldt kündigte an, auch für einen stabilen Euro werde sich die Landesgruppe weiter einsetzen. So halte sie an der Forderung fest, einen Ausschluss von Schuldenstaaten aus dem Euroraum zu ermöglichen. SZ-Online vom 05.01.2012. http://www.sueddeutsche.de/bayern/wildbad-kreuth-csu-gibt-sich-kaempferisch-1.1251497.
57. http://www.faz.net/aktuell/wirtschaft/wirtschaftspolitik/fdp-auf-in-den-kulturkampf-12172315.html.
58. Richard Cantillon, *Abhandlung über die Natur des Handelns im allgemeinen*, Verlag Gustav Fischer, 1931, S. 105.
59. Ludwig von Mises (1997 [1944]). Die Bürokratie. Sankt Augustin: Academia.
60. *FAZ*, 28.05.2014, S. 27.
61. Friedrich August von Hayek (1977): Die Entnationalisierung des Geldes. Tübingen: Mohr Siebeck, S. 251.
62. Ludwig von Mises.
63. *FAZ*, 18. 12. 2013, S. 17.
64. *The Economist*, 04.01.2014, S. 55.
65. *The Economist*, 02.2014, S. 81.
66. *FAZ* 16.05.2014, S. 13.
67. *FAZ*, 08.05.2014, »In London droht die nächste Immobilienblase«, von Marcus Theurer.
68. *FAZ*, 02.05. S. 13.
69. Habermann (2006): Richtigstellung. Ein polemisches Soziallexikon, Olzog Verlag.
70. Der Anfang der Erklärung soll nur in dieser Endnote zur Vollständigkeit und als Hinweis auf die Lage in der FDP angegeben werden: »Bereits 1992 wurden für eine klassisch-liberale Partei in Deutschland Wählerpotenziale von 20 bis 25 Prozent ermittelt. Aber weder das Projekt 18 aus den Jahren 2001/2002, noch der historische Wahlsieg der FDP bei der Bundestagswahl 2009 haben dieses Wählerpotenzial

nachhaltig für die FDP erschließen und sichern können. Sowohl 2002 als auch 2009/2010 erfolgte ein jäher Absturz. Mag man den Absturz 2002 noch mit Möllemanns Ausfällen und illegalen Finanzierungspraktiken begründen, der Absturz 2009/2010 offenbart tieferliegende Ursachen. Unser durchgestyltes Marketing konnte dieses Problem zwar bis zum Herbst 2009 verdecken, und so konnten wir von der zunehmenden Sozialdemokratisierung von CDU und CSU profitieren. In den letzten Monaten wurde aber offensichtlich, daß die FDP keine klassisch-liberale Partei ist.«

71. Vgl. http://www.presseportal.de/pm/30621/2659547/rheinische-post-hofreiter-freihandels-verhandlungen-mit-usa-aussetzen.

72. Vgl.: http://www.welt.de/wirtschaft/article124697127/Schweizer-pfeifen-auf-die-Interessen-ihrer-Wirtschaft.html.

73. http://www.welt.de/wirtschaft/article124732903/EU-stoppt-Gespraeche-mit-Schweiz-ueber-Stromhandel.html.

74. Vgl.: http://www.zeit.de/1960/05/der-comecon-wirbt.

75. Friedrich August von Hayek (2004): Wissenschaft und Sozialismus. In: Gesammelte Schriften in deutscher Sprache: Abt. A, Aufsätze; Bd. 7. Mohr Siebeck, S.61f.

76. John Stuart Mill, W. J. Ashley, (Hrsg.) (1921): Principles of Political Economy, London (1948).

77. Siehe: http://www.einfachsteuer.de.

78. Friedrich August von Hayek (1981): Recht, Gesetzgebung und Freiheit, 3 Bde, München 1980, Landsberg am Lech 1981, Verlag moderne industrie, S. 172.

79. Vgl. http://www.federalreserve.gov/boarddocs/speeches/2005/200503102/default.htm.

80. Siehe: www.bitcoinkiez.wordpress.com.

81. http://www.wsj.de/article/SB10001424052702304439804579206861656323966.html.

82. Der Beitrag stammt aus einem gemeinsamen Papier von Frank Schäffler und Norbert Tofall, zu finden auch unter: http://www.libinst.ch/publikationen/LI-Paper-Schaeffler-Euro.pdf.

83. Vgl. Hans Jörg Hennecke (2000): *Friedrich August von Hayek. Die Tradition der Freiheit.* S. 110.

84. Siehe hierzu: Robert Higgs:»Regime Uncertainty. Why the Great Depression Lasted So Long and Why Prosperity Resumed after the War«, in: *The Independent Review*,Vol. I, No. 4, Spring 1997, pp. 561–590; Lawrence W. Reed: *Great Myths of the Great Depression*, reprint of the original edition printed in 1981, Mackinac Center and the Foundation for Economic Education, o. O. 2008.

85. Vgl. Hans Jörg Hennecke (2000), S. 317.

86. Friedrich A. von Hayek (1977): *Entnationalisierung des Geldes. Eine Analyse der Theorie und Praxis konkurrierender Umlaufmittel.* S. 94.

87. Ebd. S. 127.

88. Walter Eucken (1975): *Grundsätze der Wirtschaftspolitik*, hrsg. von Edith Eucken und K. Paul Hensel, 5., unveränderte Auflage, Tübingen (Mohr) 1975, S. 179.

89. Ebd. S. 375–376.

90. Friedrich A. von Hayek: *Entnationalisierung.* S. 32.

91. Ebd. S. 102 und 127.

92. Zu den folgenden Ausführungen siehe Norbert F. Tofall:»Neustart ohne Systemzusammenbruch. Der Zahlungsverkehr kann auch nach der Pleite ›systemrelevanter‹ Banken aufrechterhalten werden«, in: *Smart Investor. Sonderheft »Gutes Geld«*, September 2011, S. 68–69 sowie Frank Schäffler und Norbert F. Tofall:»Banken müssen in Konkurs gehen können«, in: *Neue Zürcher Zeitung* vom 25. 04 2012, Nr. 96, S. 23 sowie Norbert F. Tofall und Frank Schäffler:»Staats- und Bankeninsolvenzen in der Sozialen Marktwirtschaft«, in: Peter Altmiks und Jürgen Morlok (Hg.): *Noch eine Chance für die Soziale Marktwirtschaft? Rückbesinnung auf Ordnungspolitik und Haftung*, München: (Olzog) 2012, S. 133–142.

93. *FAZ* vom 27.11.2013, S. 8, »Stille Liebe zur Planwirtschaft«.